# おとな旅プレミアム PREMIUM

付録

とりはずして使える

**MAP ソウル街歩き地図**

狎鷗亭洞

現代百貨店 **SC**

江南観光情報センター **i**

スターバックスコーヒー

狎鷗亭駅 Apgujeong 압구정 336

**R** リー・キムパプ P.

銀行 25

**H** アンダズ

CGV
・CGV

光林教会

光沙洞

光林アート

**R** サノ

セブンイレブン **S**

**S** CU

ピザ・エクスプレス **R**

**S** ロウ・クラシック554

P.73 江南

アロマティカ **S**

**S** イース・ライブラリ P.144

**S** ミニストップ

P.144 ソナ **C**

**S** GS25

**H** サンシャイン

新韓銀

P.96 サプン **S**

**S** メゾン・ド・パルファム P.97

ハイマート **S**

**S** ダミ P.97

**C** パリバゲット

**C** ピンク・メロウ P.145

江南乙支病院

**S** セブンイレ

## 地図凡例

| | |
|---|---|
| ★ 観光・見どころ | **S** ショップ |
| 🏛 博物館・美術館 | **C** エステ・マッサージ |
| 卍 寺院 | **H** 宿泊施設 |
| **E** エンターテインメント | **i** 観光案内所 |
| **N** ナイトスポット | ✈ 空港 |
| **R** 飲食店 | 🚏 バス停 |
| **C** カフェ | **B** 銀行 |
| **SC** 複合施設・ショッピングセンター | |

**H** ハイランド

サムダヨン論峴店

P.54 油井食堂 **R**

セブンイレブン **S**

切り取り線 ✂

**TAC出版**
TAC PUBLISHING Gro

# 旅の韓国語
## KOREAN CONVERSATION

せっかくのソウル旅行だから、
韓国語で地元の人とのやりとりにトライ!
貴重な思い出の1ページができるはずだ。

## 基本フレーズ

こんにちは/こんばんは
**안녕하세요**
アンニョンハセヨ

はい/いいえ
**네/아니요**
ネ/アニョ

さようなら(見送るとき)
**안녕히 가세요**
アンニョンヒ カセヨ

さようなら(見送られるとき)
**안녕히 계세요**
アンニョンヒ ケセヨ

ありがとうございます
**감사합니다**
カムサハムニダ

わかりました
**알겠습니다**
アルゲッスムニダ

すみません(謝るとき)
**죄송합니다**
チェソンハムニダ

すみません(呼びかけ)
**여기요**
ヨギヨ

## 移動するときの会話

地下鉄の駅は近くにありますか?
**가까운 곳에 지하철역이 있어요?**
カッカウン ゴセ チハチョルヨギ イッソヨ

明洞まで行ってください。
**명동에 가주세요.**
ミョンドンエ カジュセヨ

領収証をください。
**영수증 주세요.**
ヨンスジュン チュセヨ

## レストランでの会話

空席はありますか?
**빈자리 있어요?**
ピンジャリ イッソヨ

☐人です。
☐ **명이요.**
ミョンイヨ

どれくらい待ちますか?
**얼마나 기다려야 돼요?**
オルマナ キダリョヤ テヨ

日本語のメニューはありますか?
**일본어 메뉴판 있어요?**
イルボノ メニュパン イッソヨ

おいしい!
**맛있어!**
マシッソ

☐のおかわりをください。
☐ **더 주세요.**
ト チュセヨ

会計をお願いします。
**계산해 주세요.**
ケサネ チュセヨ

## ショッピングでの会話

これはいくらですか?
**이건 얼마예요?**
イゴン オルマイェヨ

見ているだけです。
**그냥 볼게요.**
クニャン ボルケヨ

カード払いはできますか?
**카드로 계산할 수 있어요?**
カドゥロ ケサナル ス イッソヨ

試着してもいいですか?
**입어봐도 돼요?**
イボバド テヨ

これください。
**이거 주세요.**
イゴ チュセヨ

ほかの色はありますか?
**다른 색 있어요?**
タルン セッ イッソヨ

安くしてください。
**깎아 주세요.**
カッカ チュセヨ

## ホテルでの会話

チェックインをお願いします。
**체크인 해주세요.**
チェックイン ヘジュセヨ

日本語がわかるスタッフはいますか?
**일본어 하시는 직원 분 계세요?**
イルボノ ハシヌン チグォン ブン ケセヨ

荷物を部屋に運んでください。
**짐을 방에 갖다 주세요.**
チムル パンエ カッタ チュセヨ

## トラブル時の会話

警察を呼んでください。
**경찰을 불러 주세요.**
キョンチャル プルロ チュセヨ

財布を盗まれました。
**지갑을 도난 당했어요.**
チガブル トナン タンヘッソヨ

パスポートをなくしました。
**여권을 잃어 버렸어요.**
ヨクォヌル イロ ポリョッソヨ

ここが痛いです。
**여기가 아파요.**
ヨギガ アパヨ

病院へ連れていってください。
**병원에 데려다 주세요.**
ピョンウォネ テリョダ チュセヨ

## 行動範囲がぐっと広がる

 路線バス　バス

ソウル市内をすみずみまで網羅する、地元民のメイン移動手段。地下鉄のない地域もカバーしているが、表示や車内アナウンスもほぼ韓国語なので、上級者向き。

### どこから乗る?

基本的にバス停は道路脇にあるが、大通りでは横断歩道を渡った真ん中に、中州のように設置されている。待ちながら、バスの番号と進行方向を確認。

### どんな路線がある?

ソウル市内バスは、広域・幹線・支線（マウル）・循環の4種に、深夜運行のオルペミバスがあり、路線別に色分けされている。

| 広域バス(赤)<br>運賃:W3000 | 都心と首都圏各都市を、少ない停留所で結ぶ急行バス。路線番号は4ケタ。 |
|---|---|
| 幹線バス(青)<br>運賃:W1500 | 都心と主要な郊外各地を結ぶため、長い路線が多い。路線番号は3ケタ。 |
| 支線バス(緑)<br>運賃:W1500 | 地下鉄駅〜主要地域を連結する。路線番号は4ケタ。 |
| 循環バス(緑)<br>運賃:W1400 | 都心〜副都心を循環している。路線番号は2ケタ、まれに4ケタも。 |
| マウルバス(緑)<br>運賃:W1200 | 支線バスを補い、連携する役割の短距離小型バス。路線番号は地名＋2ケタ。 |
| オルペミバス<br>運賃:W2500 | 深夜〜早朝をカバーする深夜バス。全9路線。車体は青で、路線番号はN＋2ケタ。 |

※T-moneyカードの場合、運賃はW100引き

### 観光に便利な路線はある?

明洞などの中心地とその周辺をつなぐ路線は、観光客にとっても利用価値が高いので、覚えておきたい。

#### 幹線バス(青)143
主要なエリアを南北に縦断する。主なバス停は、鍾路、明洞、経理団通り、高速ターミナル、カロスキル、狎鷗亭ロデオ駅、清潭駅、コエックス、三成駅。

#### 幹線バス(青)472
明洞周辺からカロスキルなど江南方面へ行けて便利。主なバス停は、新村駅、梨大駅、市庁駅、乙支路入口、カロスキル、狎鷗亭ロデオ駅、江南区庁駅、宣陵駅。

#### 支線バス(緑)鍾路11
地下鉄のない三清洞エリアをカバー。主なバス停は、三清洞、景福宮、光化門駅、市庁駅、ソウル駅。最後に南大門市場を通って三清洞へ折り返す。

#### オルペミバスN15
中心部の観光地とソウル大入口方面を行き来する深夜バス。24:00〜3:30まで、約30分間隔で運行。主なバス停は東大門、鍾路、明洞、南大門市場、ソウル駅。

## バスの乗り方

### ① 乗車する
ソウルの市バスは前乗り・先払い。T-moneyカードはカードリーダーにタッチ。現金の場合は運転席横の運賃箱へ入れる。

### ② ブザーを押す
目的地が近づいたら降車ボタンを押す。停車時間は短いので出口付近に行って待つとよいが、運転が荒いので注意。

### ③ 下車する
後ろのドアから降りる。乗り換え割引があるのでT-moneyカードのタッチを忘れずに。現金支払いの場合はそのまま降りてOK。

### バス利用の注意点

停留所のアナウンスは、次の駅と、その次の駅が続けて流れるので、1つ手前で降りないように注意。カフェのテイクアウト用ドリンクや、カップ麺はバス内に持ち込めない。

---

📍 ソウルシティツアーバス

ソウル市が運営する循環型観光バス。チケットは車内か販売所、ネット予約も可能。出発地は、光化門と東大門デザインプラザの2カ所。

#### ●都心・古宮コース
光化門を出発し、徳寿宮、南大門市場、国立中央博物館、梨泰院、明洞、Nソウルタワー、景福宮など、ソウルの歴史スポットが多数見られる。

#### ●ソウルパノラマコース
光化門を出発し、14カ所の停留所を順番に回るコース。清渓川、南山、漢江と、ソウルの絶景ポイントをバッチリ押さえている。

#### ●夜景コース
光化門発はルートが2種類あり、ライトアップされたソウル市内の夜景を巡る。東大門発は、市場や歴史建築を中心に、効率よく観光できる。

**問い合わせ先：ソウルシティツアーバス**
☎02-777-6090 🌐www.seoulcitybus.com(日本語あり)

## 日本よりも安くて気軽に乗れる

# タクシー 택시

観光地はもちろん、ソウル市内ならどこにでも走っているのでつかまえやすい。種類によってサービスや料金が異なるが、終電のあとはかなり重宝する。

どこから乗る？

路上で手を挙げてつかまえるのが一般的。交差点や、目的地に向かって反対路線からの乗車は断られることもある。主要駅や空港ならタクシー乗り場へ。

### どんな種類がある？

ソウルの主なタクシーは4種類。どれに乗ってもあわてないように、色や特徴を押さえておきたい。

### 一般タクシー

ソウルで最もよく見かけるタイプ。中型車で、色は白、シルバー、またはオレンジがある。日本語はほぼ通じない。

| | |
|---|---|
| 初乗り1.6kmまで | W4800 |
| 131mまたは30秒ごと | W100加算 |
| 深夜割増料金(22:00〜23:00、翌2:00〜4:00) | 約20%加算 |
| 深夜割増料金(23:00〜翌2:00) | 約40%加算 |

### 模範タクシー

数は少なく値段は高いが、優良認定されたドライバーで安心。高級ホテルの乗り場などにこのタイプが多い。

| | |
|---|---|
| 初乗り3kmまで | W7000 |
| 164mまたは39秒ごと | W200加算 |
| 深夜割増料金 | なし |

### ジャンボタクシー

最大8人まで乗車できる。ただし、これによく似たぼったくり車が多いので、ホテルで手配してもらうのが安心。

| | |
|---|---|
| 初乗り3kmまで | W7000 |
| 164mまたは39秒ごと | W200加算 |
| 深夜割増料金 | なし |

### インターナショナルタクシー

オレンジの車体で、かつ「International TAXI」と書いてあるもの。日本語や英語ができるドライバーが乗車。一般のタクシーとは料金体系が異なるので詳細はHPを確認。

---

**自動車配車アプリを活用**

いつでもどこでもタクシーを呼び出せる、便利なアプリ「カカオタクシー」。外国人でも使えるうえに、料金とドライバーの顔・名前が事前にわかるので安心。カードを登録すれば、車中で払う必要もなし。日本語は表示のみで、入力は韓国語か英語だが、移動が非常に楽になるのでおすすめ。

## タクシーの乗り方

### 1 タクシーを拾う

路上で手を挙げて流しのタクシーを止める。タクシー乗り場を探すか、ホテルのフロントで呼んでもらってもOK。

🖊 赤いランプが空車の目印

### 2 タクシーに乗る

日本と違い、ドアは手動なので自分で開けて乗車する。降りるときもドアを閉めるのを忘れずに。近距離だと、まれに乗車拒否されることも。

### 3 目的地を伝える

「○○カジカジュセヨ」で、「○○まで行ってください」の意味。行き先のメモや地図を一緒に見せたほうが確実。

### 4 メーターを確認する

ぼったくりを防ぐためにも、出発したらメーターをチェック。動いていないときは、指をさして伝えればOK。

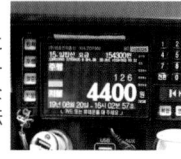

### 5 料金を支払う

現金はもちろん、T-moneyカードやクレジットカードも利用できる。チップは不要だが、おつりやレシートはきちんと確認を。

---

## タクシー利用の注意点

車内に運転手の身分証明書とメーターがあるかを必ず確認。料金を交渉してくるタクシーは乗らないようにしよう。深夜や早朝はつかまりにくく、違法ではあるが勝手に相乗りにされることも。平日の夕方は渋滞し、到着が遅れるので避けたい。

# TRAFFIC INFORMATION
## ソウルの市内交通

観光客にとって、最も使いやすくて便利なのが地下鉄。駅から離れた場所なら、日本より安いタクシーも利用価値あり。バスは最も安いが、日本語表記はなく、上級者向き。

## 最もポピュラーな移動手段

 地下鉄 　지하철

市内のすみずみまでカバーする地下鉄。路線ごとに色と番号で分かれ、案内表示も各国語でわかりやすい。5時30分〜24時30分（休日は23時30分）ごろまで運行。

### 乗車券の種類

観光旅行には、1回のみ使い切りカードか、繰り返しチャージして使えるICカードが便利。

#### 地下鉄専用の使い切り乗車券

1回用交通カード　교통카드

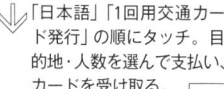

ソウルの地下鉄は切符ではなく、再利用可能なプラスチック製カードを使用。下車後は保証金が戻るので、改札付近の換金機で返却を忘れずに。

| 購入場所 | 各駅構内の自動販売機で購入可能。 |
| デポジット | 保証金はW500。運賃に加算される。 |
| 初乗り | 10km以内はW1500。以降、5kmごとにW100が加算。50km以上は、8kmごとにW100加算。 |

#### 地下鉄、バス、タクシーでも利用可

T-moneyカード　티머니

公共交通機関をよく利用するという人におすすめ。1枚W2500〜。乗り換え割引がつくほか、コンビニでの支払いや公衆電話にも使えて便利。
また、Mpassという外国人専用定額券（1日W1万5000〜）は、首都圏の地下鉄1〜9号線、空港鉄道の一般車、市バスに最大20回乗車できる。

| 購入場所 | 各駅構内の自動販売機、コンビニなど。 |
| デポジット | 保証金はないが、返品は不可。 |
| チャージ | 各駅の自動販売機のほか、T-moneyマークのついたコンビニでも可能。チャージ金額はW1000〜。 |
| 初乗り | 10km以内はW1400。以降は1回用交通カードと同じで、5kmごとにW100が加算。50km以上は、8kmごとにW100加算。 |

## 地下鉄の乗り方

### ①1回用交通カードを購入する

「日本語」「1回用交通カード発行」の順にタッチ。目的地・人数を選んで支払い、カードを受け取る。

同じ販売機でT money カードのチャージも可能

### ②改札を通る

自動改札右側のセンサーに1回用交通カードもしくはT-moneyカードをタッチして通過。

### ③ホームで電車を待つ

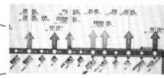

電光掲示板には、地下鉄の現在の場所や到着時間が表示される。柱やドア上部のサインで進行方向も確認。

ホームドアの案内表示で、乗り換え駅をチェック

### ④乗り換える

乗り換え駅のホームには、必ず路線案内がある。路線の色と番号、矢印に沿って進めばOK。

### ⑤改札を出る

乗車時と同じ要領でタッチ。T-moneyカード残高が不足の場合は、改札前にチャージ機がある。

### ⑥保証金を払い戻す（1回用交通カードの場合）

改札を出たところに、返金機が設置されている。カードを入れると、購入時に支払ったW500が戻る。

---

### 地下鉄利用の注意点

優先席は座席の色が違い、空いていても対象者以外は座る習慣がない。上下線で改札が分かれていることがあるので、進行方向の確認を。間違えても5分以内であれば一定条件で再入場が可能。

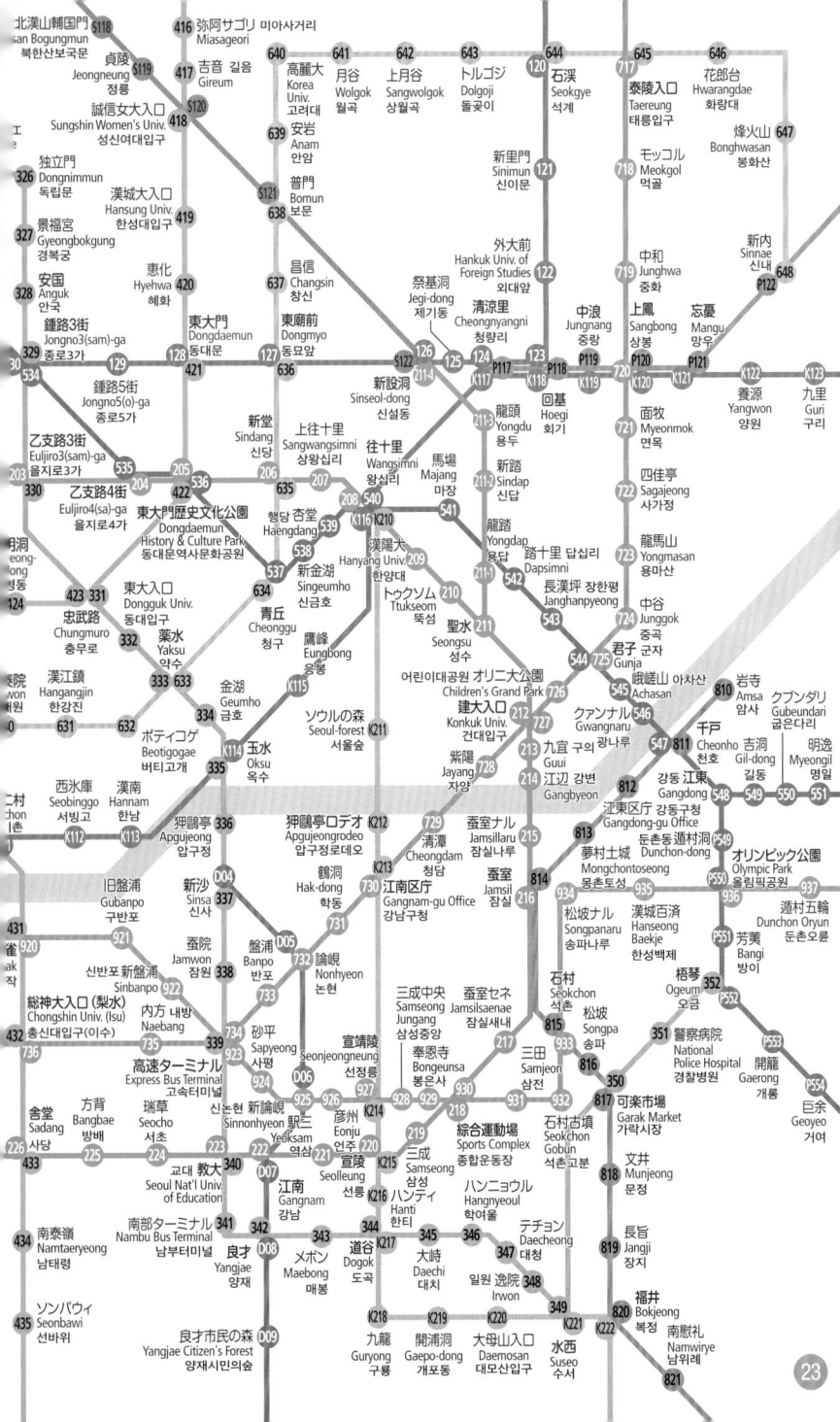

23

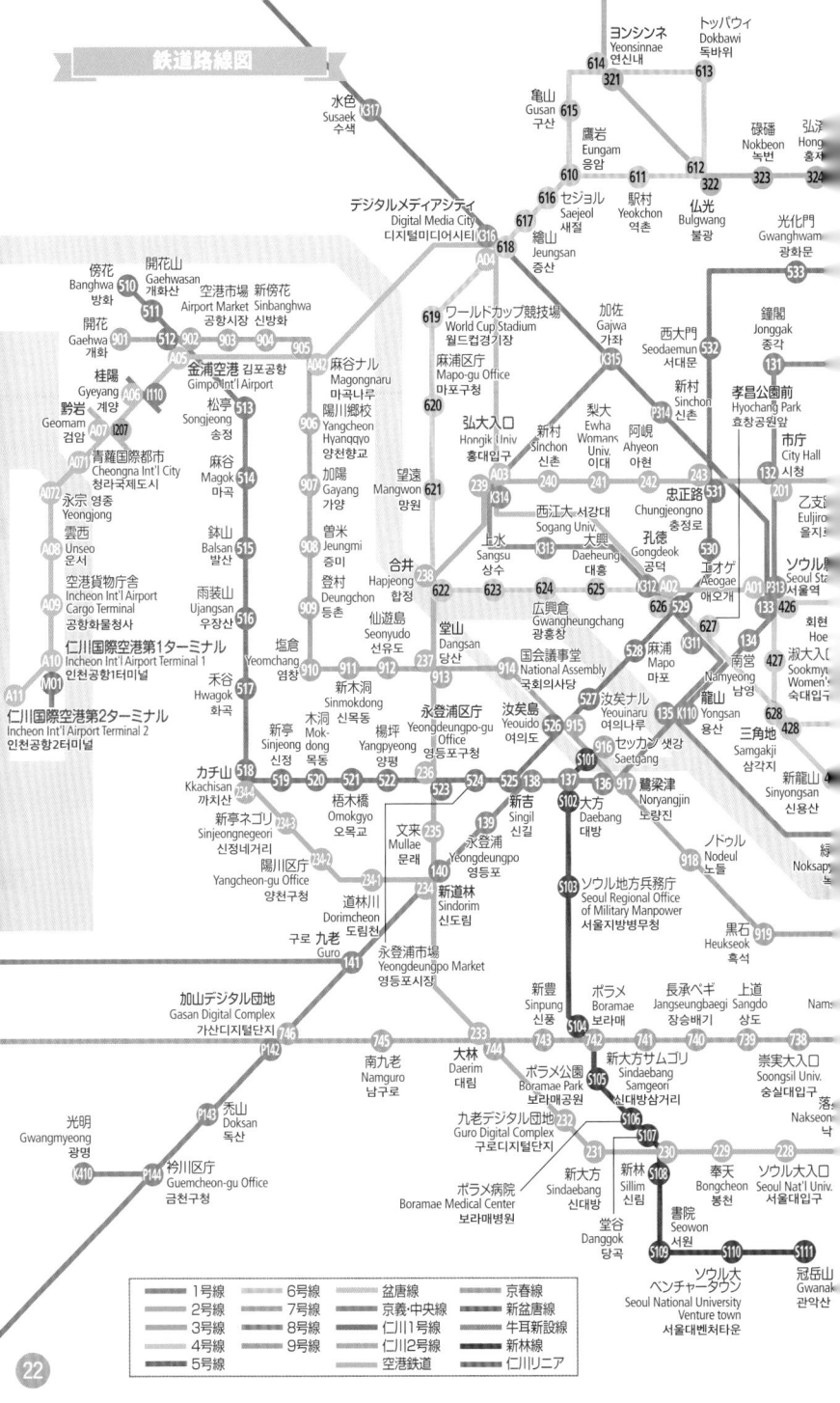

鉄道路線図

# 三清洞/仁寺洞
**Samcheongdong/Insadong**

周辺図 P.6-7

0  50  100m
1:8,000

**D**

- 北村三景
- 大東税務高校 ⊗
- 嘉会民画博物館 P.127
- 鍾路区
- 北村路
- H 楽古齋 P.161
- ⊗ソウル斉洞小学校

106
ジョンイナム・ギャラリー
斉洞

- R 利バ
- 共感陶 S P.110
- 苑西公園
- 現代ビル
- 憲法裁判所
- C カフェ・オニオン P.36

**E**

P.6-7  P.20-21上
P.18-19
P.10-11  P.8-9  P.21下
P.20下
P.14-15  P.12-13

演慶堂 •

- 大春塘池

- P.130
- 昌徳宮
  - 宣政殿
  - 仁政殿
  - 北村一景
  - 仁政門
  - 進善門
  - 敦化門

**F**

- 大造殿
- 秘苑入口
- 景春殿
- P.130 昌慶宮 ★
- 観天台 •

3号線

安国駅
Anguk
안국
(328)

- ★ 雲峴宮 P.133
- ⊗ 雲峴小学校

- 国際刺繍院 P.106
- S トゥスン P.124
- S ホッ・コレクション P.124
- SC サムジキル P.124
- C 月鳥は月だけ思う P.125
- S 工芸 長生壺 P.111
- ⊗徳成女子大学
- ⊗ソウル校洞小学校

- R 宮 P.46
- ★ 耕仁美術館 P.30
- C 伝統茶院 P.91
- S ウリ美 P.107
- S 通仁カゲ P.107
- C 太極堂 P.125
- SC 仁寺洞マル
- ★ キムチ間 P.150

三大路

- 永寧殿
- 典祀庁
- 正殿
- P.132
- 宗廟

- 益善洞韓屋村
- C 楽園駅 P.23
- P.23 トンベク洋菓店 C
- C マダンフラワーカフェ P.22
- C ソウル・コーヒー
- P.23 ミルトースト C
- オラカイ・スイーツ H
- 益善洞
- 楽園商街

5号線

- C アルムダウン茶博物館 P.91
- † 勝洞教会
- 南仁寺観光案内所 i
- タプコル公園
- 敦義洞
- H メイカーズ・ホテル P.162
- 鳳翼洞
- 鍾路3街駅
  (329) Jongno3(sam)-ga
  종로3가
- "MCA H

(534)

6  7
8
5
4

2-1
9
1  2  10  11
15 14  13  12
(130)

19

**D**  **E**  **F**

A · B · C

1

- 神武門
- 乾清宮
- 泰元殿
- 香遠亭
- 北村韓屋村 P.127

🏛 国立民俗博物館 P.129

- 正読図書館

孝子路

- 伝統文化体験館

2

Hyojaro

- 慶会楼
- 交泰殿
- 康寧殿
- 国立民俗博物館案内所 ℹ️
- 思政殿
- 修政殿
- 迎秋門
- 勤政殿

**景福宮** P.122/P.128

- 建春門
- 勤政門
- 興礼門

三清路 / Samcheongno

- 北村まちの案内所 P.126 ℹ️
- P.32 ティ・セラピー C
- 🏛 国立現代美術館ソウル館 P.126
- 徳成女子高
- 栗谷路ッキル
- 徳成女子中学校 ⊗
- P.107 閨房都藍

🏛 国立古宮博物館 P.129 ℹ️

- ソウル工業博物館 🏛
- ヨルリン松峴緑地広場

🏛 オヌルハル韓服 P.148

- 光化門
- 東十字閣
- 栗谷路 / Yulgongno
- P.80 コッパベビダ R
- 北仁寺観光案内所 ℹ️

3号線 (327)

- ツインツリータワー
- P.172 在大韓民国日本国大使館 ℹ️
- サマーパレスソウル H
- P.80 仁寺トダム R

3

景福宮駅 Gyeongbokgung 경복궁

- 政府ソウル庁舎
- The-Kツインタワー
- P.81 本粥 R
- 🏛 仏教中央博物館
- 光化門プラチナム
- ナインツリープレミア H
- 🏛 大韓民国歴史博物館
- P.123 曹渓寺 卍
- 郵政局路
- 鉢盂供養 P.79

世宗大路

- 世宗路公園
- 鍾路区庁
- ○
- KOREAN REビル
- アメリカ大使館
- 光化門広場
- 世宗大王像
- P.63 教大二階家 R
- 世宗文化会館

- ロイヤルビル 1
- 2
- ライナタワー
- ソウル鍾路警察署
- セントロポリス

4

唐珠洞

- 8
- 光化門駅 (533) 9
- Gwanghwamun 광화문
- 3
- SC銀行本店
- 2 3-1
- 鍾路タワー
- P.162 フォーシーズンズ・ホテル・ソウル H
- 4
- 光化門Dタワー
- グランソウル
- ルメイエル鍾路たうん
- 7
- 李舜臣像
- 1号線
- 鍾路 1
- 鐘閣駅 Jonggak 종각
- 3
- (131)

18

A · B · C

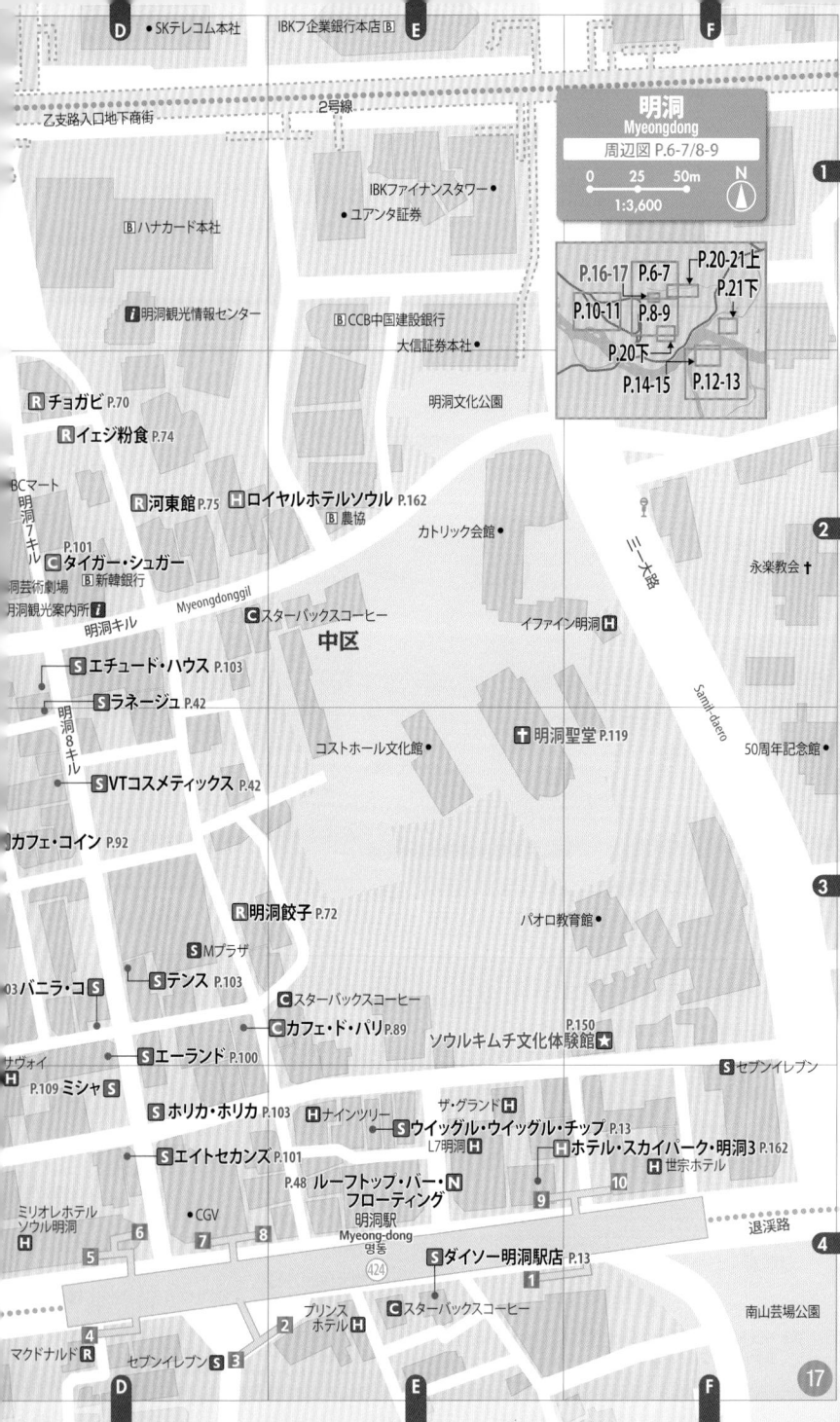

• SKテレコム本社
IBKフ企業銀行本店 B
2号線
乙支路入口地下商街

IBKファイナンスタワー•
• ユアンタ証券

B ハナカード本社

i 明洞観光情報センター
B CCB中国建設銀行
大信証券本社•

P.16-17 P.6-7 P.20-21上
P.21下
P.10-11 P.8-9
P.20下
P.14-15 P.12-13

R チョガビ P.70
R イェジ粉食 P.74

BCマート
明洞7キル
R 河東館 P.75　H ロイヤルホテルソウル P.162
B 農協

C タイガー・シュガー P.101
カトリック会館•
B 新韓銀行
明洞芸術劇場
月洞観光案内所 i
明洞キル　Myeongdonggil
C スターバックスコーヒー
中区
イファイン明洞 H

S エチュード・ハウス P.103

S ラネージュ P.42
明洞8キル
† 明洞聖堂 P.119
50周年記念館•

S VTコスメティックス P.42
コストホール文化館•

カフェ・コイン P.92

R 明洞餃子 P.72
パオロ教育館•

S Mプラザ
03バニラ・コ S　S テンス P.103

C スターバックスコーヒー

サヴォイ
H　P.109 ミシャ S
S エーランド P.100
C カフェ・ド・パリ P.89
ソウルキムチ文化体験館 ★ P.150
S セブンイレブン

S ホリカ・ホリカ P.103　H ナインツリー
ザ・グランド H
S ウイッグル・ウイッグル・チップ P.13

S エイトセカンズ P.101
L7明洞 H
H ホテル・スカイパーク・明洞3 P.162
H 世宗ホテル

P.48 ルーフトップ・バー・N
フローティング
ミリオレホテル
ソウル明洞　6
•CGV　7　8
明洞駅
Myeong-dong
명동
10
9
退渓路

5
S ダイソー明洞駅店 P.13

4
プリンス
C スターバックスコーヒー
南山芸場公園
マクドナルド
R
セブンイレブン S 3
ホテル H

川一大路
永楽教会 †
Samil-daero

17

釜山銀行 Ⓑ **A**　ザ・ゾーン乙支タワー・　**B**　ハナ銀行本店 Ⓑ　**3**　Ⓒ スターバックスコーヒー **C**　ハナ銀

Ⓒ スターバックスコーヒー　**2**　**1**　**4**　KB国民銀行 Ⓑ

**202** 乙支路入口駅
Euljiro1(il)-ga
을지로입구

**8**

**1**

Ⓗ プレジデント　・本館　Ⓗ **ロッテ・ホテル・ソウル** P.162　**7**　**6**　**5**　Ⓒ スターバックコーヒー

・新館　・KEPCO

南大門路
Namdaemunno

円丘壇・　・メトロ Ⓗ

**P.102 ロッテ百貨店** Ⓢ🄲　スタンフォード Ⓗ

Ⓒ スターバックスコーヒー　Ⓗ ウェスティンチョースン・ソウル　KB国民銀行 Ⓑ

イビス・ Ⓗ アンバサダー明洞　**ホテル28明洞** P.16

**AVENUEL** Ⓢ🄲　味成屋 P.74

ロッテシネマ・

小公洞地下商街　Ⓢ **水晶社** P.103　クラウンパーク Ⓗ　セブンイレブン Ⓢ 明洞地下商街　Ⓢ

セブンイレブン Ⓢ

**P.101 ナンニング9** Ⓢ

OCIビル・　⊗　ヌーン・スクエア Ⓢ🄲　P.151 ナンタ( **E**

小公路

Ⓒ スターバックスコーヒー

韓進ビル・　セブンイレブン Ⓢ

ウリ銀行 Ⓑ　中華人民共和国大使館・

韓国銀行 Ⓑ　Ⓑ 韓国銀行　**P.13 ニュー・ニュー** Ⓢ

Sogongno

韓国銀行
貨幣金融博物館 🏛　韓国漢城華僑小学校 ⊗

地下歩道　切手博物館 🏛

ソウル中央郵便局 ✉　Ⓗ ルメルディアン＆モクシーソウル明洞

噴水・　Ⓒ スターバックスコーヒー　明洞8カキル

南大門路

自由商街・　Ⓢ セブンイレブン

セブンイレブン Ⓢ　スターバックスコーヒー Ⓒ　4号線

Ⓢ🄲 新世界百貨店・

P.120 **南大門市場** ★　会賢地下商街

**16**　**A**　**B**　**C**

# カロスキル/狎鴎亭洞
## Garosu-gil/Apgujeongdong
周辺図 P.12-13

0　50　100m
1:8,000

P.6-7　P.20-21上
P.10-11　P.8-9　P.21下
P.20下
P.14-15　P.12-13

玉水駅

漢江公園
(蚕院)

オリンピック大路
Olimpicdaero

狎鴎亭洞

リムジンバス(空港
リムジンバス(到着)
B ハナ銀
B ウリ銀行

現代百貨店 C
江南観光情報センター i
スターバックス
コーヒー

狎鴎亭駅
Apgujeong
压구정

KB国民銀行 B
B ハナ銀行
S GS25

R リー・キムパプ P.82

GS25 S

H アンダズ

現代高校
新沙中学校

GS25 S

Apgujeongno

セブンイレブン S
B ウリ銀行

狎鴎亭聖堂

光林教会
新沙洞

CGV
• CGV

B 農協

セブンイレブン S

狎鴎亭路

CU
A ランド S

• 光林アートセンター

スターバックスコーヒー C

リムジンバス
(到着)

S イズナナ
P.96

カロスキル

新鴎小学校

セブンイレブン S
KB国民銀行 B

S CU

R サノ

ピザ・エクスプレス R

S ユクシムウォン P.97

P.73 江南麺屋

P.41 アロマティカ S

S ロウ・クラシック554

S イース・ライブラリ P.144

3号線

新韓銀行

P.144 ソナ C

S GS25

S ミニストップ

H サンシャイン

P.96 サプン S

S メゾン・ド・パルファム P.97

ハイマート S

C ピンク・メロウ P.145

S ダミ P.97

C パリバケット
S セブンイレブン

江南乙支病院

セブンイレブン S

サムダヨン論峴店

S セブンイレブン

H ハイランド

P.54 油井食堂 R

島山大路
Dosan-daero

H VOCO
ソウル江南

S セブンイレブン

S セブンイレブン
R マクドナルド

新沙駅
Sinsa
신사

14

D

P.67 オバルタン R
4号線

424 明洞駅
Myeong-dong
명동

423 忠武路駅
331 Chungmuro
충무로

パシフィック
e アスカ P.158

P.153 コリア・ハウス E
3号線

★ 南山コル韓屋村 P.121

山洞2街

332

東大入口駅
Dongguk Univ.
동대입구

芸場洞

三大路

筆洞2街

P.44 羅宴 R
P.83 ザ・パークビュー R

中区

ソウル新羅ホテル H

南山ケーブルカー P.119

南山1号トンネル

★ Nソウルタワー P.155

南山2号トンネル

南山公園

南山3号トンネル

ノ・モンブラン
89

山洞2街

梨泰院 P.20下

タモトリ
ハウッ R

6号線

ブルースクエア・

漢江鎮
Hangangjin
한강진

梨泰院洞

P.31 サムスン美術館 リウム 血

梨泰院駅

9

D

E

F

# ソウル駅周辺
## Seoul Station
周辺図 P.4-5

0　150　300m
1:15,000

**2号線**

P.120 セボサ S
P.120 スド商社 S
P.120 パゴダ商社 S
南大門野菜ホットク S
P.121

南大門路
Namdaemunno

明洞 P.16-17

243 忠正路駅
Chungjeongno
충정로

京義線

P.118 南大門（崇礼門）★

蓬莱洞1街
七牌路
P.120 モンシリ S
P.121 カメゴル・イェンナル
ソンワンマンドゥ＆ソンカルグクス S

大都南街 C棟
大都南街 D棟
★ 南大門市場 P.120

4号線

小公路

425 会賢駅
Hoehyeon
회현

H レックス

会賢洞2街

P.155 ソウル路7017 ★

退渓路
Toegye-ro

南大門路5街

1号線

P.115 ロッテマート S
コネクトプレイス
P.00 家族会館 R

133 ソウル駅
Seoul Station
서울역

白凡広場

ソウル駅
Seoul Station
서울역

空港鉄道A'REX
ソウル駅 A01

A231B

426 ソウル駅
Seoul Station
서울역

南山公園
噴水広場

P.166 ソウル駅 都心空港
ターミナル

青坡路

漢江大路

東子洞

厚岩路

南山図書館

龍山図書館

厚岩洞

染月路

P.37 ザ・ロイヤル・フード＆ドリンク C

空港鉄道A'REX

淑大入口駅
427 Sookmyung Women's Univ.
숙대입구

1号線

4号線

134 南営駅
Namyeong
남영

龍山区

P.6-7
P.20-21上
P.21下
P.10-11　P.8-9
P.20下
P.14-15　P.12-13

8

龍山駅

三角地駅

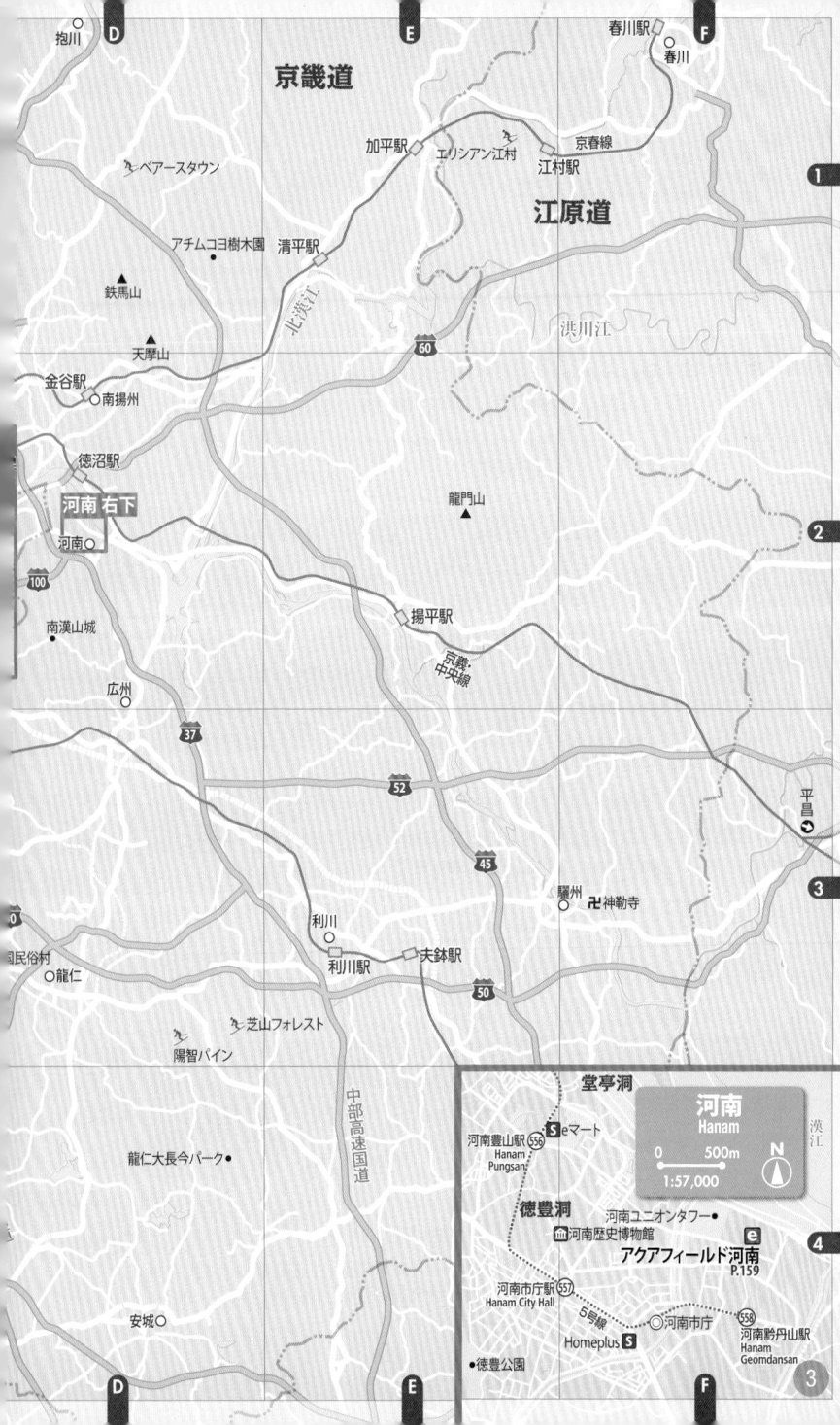

ソウル周辺
Seoul and its Vicinity
0　5km
1:550,000
N

■E インスパイア・
エンターテインメント・
リゾート
P.12

P.58 ハンミ書店（トッケビロケ地）

仁川×
国際空港
パラダイスシティ
H
P.161

第2ターミナル駅
第1ターミナル駅

金浦国際空港
ロッテモール金浦空港 SC

ソウル中心部 P.4-5

高麗山
江華島
摩尼山
信島
永宗島
仁川駅
仁川大橋
舞衣島
京畿湾
霊興島
大阜島
大蘭芝島

臨津江駅
汝山駅
坡州ヘイリ芸術村
坡州
京義中央線
高陽
金浦○
富川
仁川○
始興○
華城

揚州○
議政府
議
道峰山
北漢山国立公園
北漢山
上
ソウル
ソウル駅
清涼
龍山駅
漢江
光明
光明駅
果川○
安養○
軍浦○
義王○
水原○
水原駅
東灘

平沢芝制駅
西井里駅
平沢駅
烏
平沢港国際旅客
ターミナル

おとな旅
プレミアム
PREMIUM

**付録**

# CONTENTS

# ソウル
# MAP
## 街歩き地図

街の
交通ガイド
付き

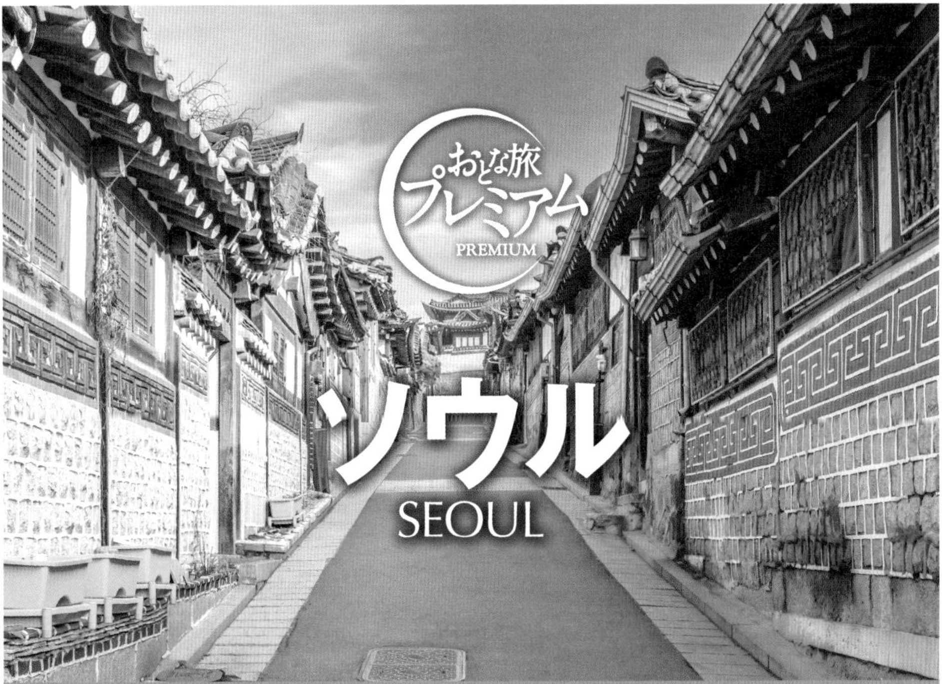

おとな旅プレミアム
PREMIUM

# ソウル
SEOUL

### 日本からの✈フライト時間
1時間30分～3時間

### ソウルの空港
**金浦国際空港** MAP 付録P.2 B-2
ソウル駅へ空港鉄道A'REXで約20分

**仁川国際空港** MAP 付録P.2 A-2
ソウル駅へ空港鉄道A'REXで約40分～1時間10分

### ビザ
90日以内の観光なら不要

### 時差
なし

### 通貨と換算レート
ウォン
W1＝0.11円（2024年4月現在）

### チップ
基本的に不要 ▶P.169

### 言語
韓国語

# ソウル

## 本書の使い方

●本書に掲載の情報は2024年1〜4月の取材・調査によるものです。料金、営業時間、休業日、メニューや商品の内容などが、本書発売後に変更される場合がありますので、事前にご確認ください。

●本書に紹介したショップ、レストランなどとの個人的なトラブルに関しましては、当社では一切の責任を負いかねますので、あらかじめご了承ください。

●料金・価格は「W」で表記しています。また表示している金額とは別に、税やサービス料がかかる場合があります。

●電話番号は、市外局番から表示しています。日本から電話をする場合には→P.163を参照ください。

●営業時間、開館時間は実際に利用できる時間を示しています。ラストオーダー(LO)や最終入館の時間が決められている場合は別途表示してあります。

●休業日に関しては、基本的に旧正月、年末年始、祝祭日などを除く定休日のみを記載しています。

### 本文マーク凡例

| | | |
|---|---|---|
| ☎ 電話番号 | | Ｊ 日本語が話せるスタッフがいる |
| ✆ 最寄り駅、バス停などからのアクセス | | Ｊ 日本語のメニューがある |
| Ⓜ 地下鉄駅 | | Ｅ 英語が話せるスタッフがいる |
| 所 所在地（Ⓗはホテル内にあることを示しています） | | Ｅ 英語のメニューがある |
| | | ☎ 予約が必要、または望ましい |
| 休 定休日 | | 💳 クレジットカードが利用できる |
| 料 料金 | | |
| Ⓗ 公式ホームページ | | |

### 地図凡例

| | | |
|---|---|---|
| ★ 観光・見どころ | Ｒ 飲食店 | Ｈ 宿泊施設 |
| 血 博物館・美術館 | Ｃ カフェ | ⓘ 観光案内所 |
| 卍 寺院 | ℮ エステ・マッサージ | ✈ 空港 |
| Ｅ エンターテインメント | Ｓ ショップ | ⛾ バス停 |
| Ｎ ナイトスポット | ＳＣ 複合施設・ショッピングセンター | |

あなたのエネルギッシュな好奇心に寄り添って、
この本はソウル滞在のいちばんの友だちです！

## 誰よりもいい旅を！ あなただけの思い出づくり

# ソウルへ出発！

伝統的な家並みの向こうに近代的なビルがそびえ、
新旧が交錯しながら、トレンドを発信する韓国随一の街、ソウル。
歴史ある古宮を訪ねてみたり、最新のカフェやスイーツ、
コスメ探しなどを楽しんでみたり、
伝統と流行が共存する街の魅力は尽きることがない。

最新トレンドも
伝統も楽しむ街

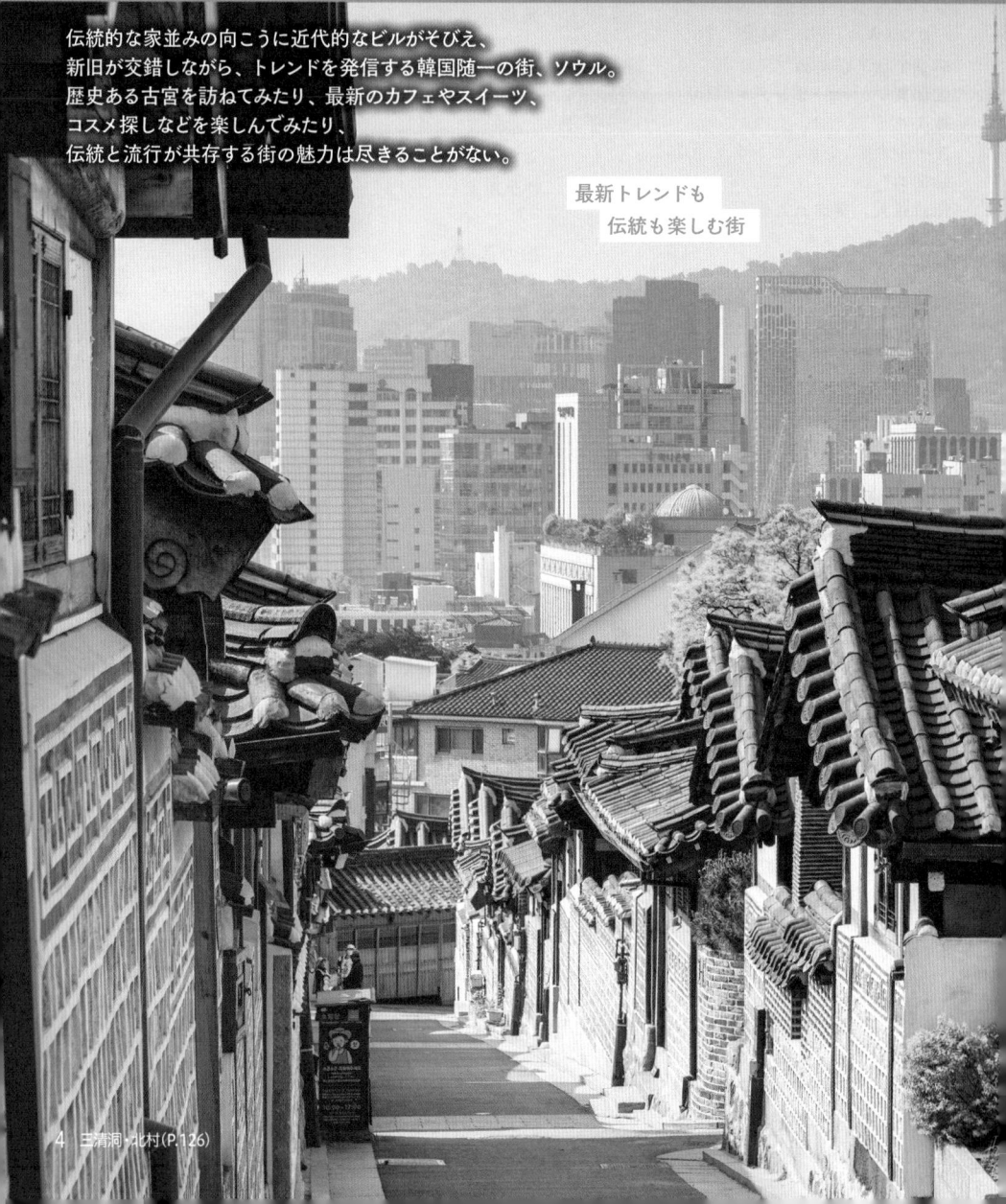

# SEOUL

**PALACE**

1日2回実施される景福宮の守門将交代式も楽しみたい

李朝の栄華を伝える古宮を巡る

出国 DEPARTED 10. SEP 2026 IMMIGRATION

いにしえの時の流れを感じる

韓服に着替えて韓屋村をおさんぽ

**CAFE**

伝統建築の韓屋を利用したカフェで穏やかな時間を過ごしたい

**TRADITIONAL CUISINE**

美しい数十種類の皿が並ぶ石坡廊の韓定食。歴史ある店舗の建築にも注目

TREND TOWN

伝統的な韓屋建築が並ぶ益善洞には、リノベーションカフェが増加中

聖水洞にあるショッピングセンターはカラフルなコンテナがフォトジェニック

ソウル随一の超高層ビルから進化を続ける街を一望

K-POP

世界が注目するK-POP。グッズ探しや聖地巡礼など推し活スポットは豊富

**BEAUTY**

韓方から最新コスメまで
美を極めるための選択肢は多彩

高品質な自然派コスメ
はブランドの旗艦店で
探すのが正解

コンディションに合わせ
てブレンドしてもらえる
韓方茶でデトックス

**CAFE & SWEETS**

おしゃれなカフェで
フォト映えスイーツを

見た目も味も◎なスイー
ツを目の前にテンション
がアガること間違いなし

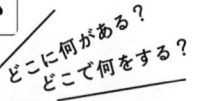

出発前に知っておきたい

どこに何がある？
どこで何をする？

## 街はこうなっています！
# ソウルのエリアと主要スポット

仁寺洞には昔ながらの建物が多く残っている

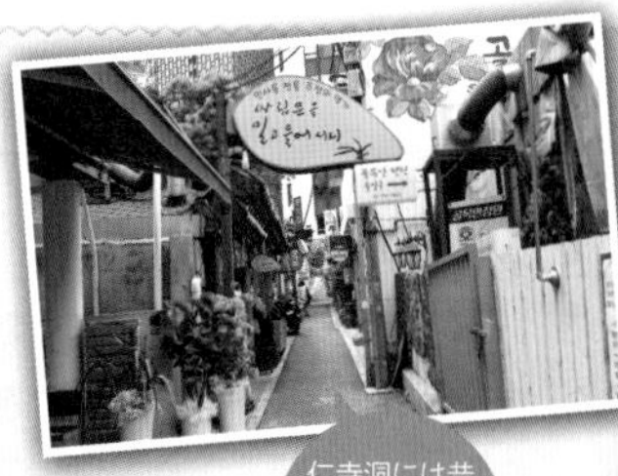

**中央を漢江が横断し、南北に分かれるソウル。江北は繁華街や歴史地区、江南は新開発エリアがある。**

若さあふれる、個性豊かな学生街

## A 弘大 ▶P.98/P.136

홍대 ● ホンデ

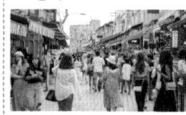

美大の弘益大学があることから、街は自由な雰囲気で、活気がいっぱい。若者向けのカフェやクラブが多く、ストリートパフォーマンスのメッカでもある。

由緒ある2つの名門大学のお膝元

## B 新村・梨大 ▶P.138

신촌・이대 ● シンチョン・イデ

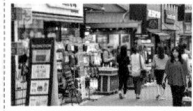

新村には延世大学、梨大には梨花女子大学がある。プチプラショッピングの店や安ウマ食堂が軒を連ねる学生街。

楽しみ方無限！ソウル随一の繁華街

## C 明洞 ▶P.100/P.118

명동 ● ミョンドン

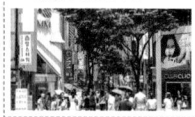

有名コスメブランドの路面店が集結するコスメロードや、激安スーパー、エステ、屋台街に、宿泊施設もたくさん。何でも揃う、人気No.1観光地。

市民の日常を支える巨大市場

## D 南大門 ▶P.118

남대문 ● ナムデムン

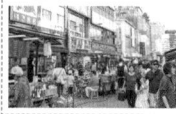

600年という歴史を有する、ソウル最古の総合市場。ファッションや寝具、食器などの日用品はもちろん、食材やグルメまで多様な店が集まる。

レトロでモダンな伝統工芸の街

## E 仁寺洞 ▶P.122

인사동 ● インサドン

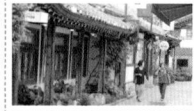

韓国の伝統小物を探すならココ。古い韓屋をリノベした茶房が多いのも特徴。最近は若手アーティストの手作り雑貨を扱うショッピングモールも人気。

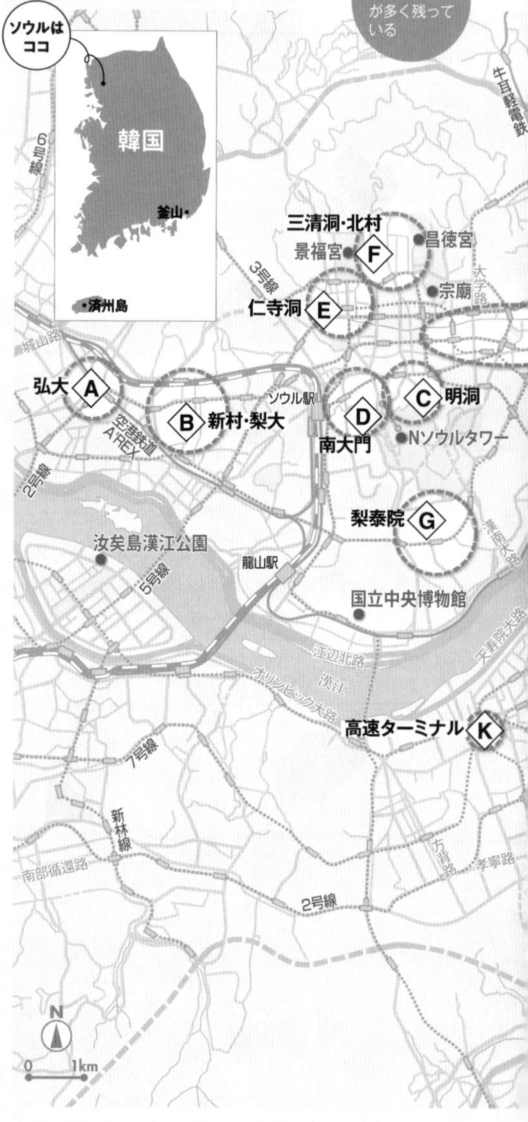

ソウルはココ
韓国
釜山
済州島
牛耳軽電鉄
6号線
3号線
三清洞・北村
景福宮
F
昌徳宮
宗廟
大学路
仁寺洞
E
城山路
弘大
A
B
新村・梨大
ソウル駅
D
C
明洞
南大門
Nソウルタワー
空港鉄道A'REX
2号線
梨泰院
G
漢南大路
汝矣島漢江公園
5号線
龍山駅
国立中央博物館
江辺北路
漢江
オリンピック大路
天寿院大路
高速ターミナル
K
7号線
新林線
方背路
孝寧路
南部循環路
2号線
N
0
1km

## ソウルってこんな街

長い歴史を有する古都でありながら、次々と新しいものを生み出すエネルギーに満ちている。エリアごとに多様な表情を見せる、韓国の首都。

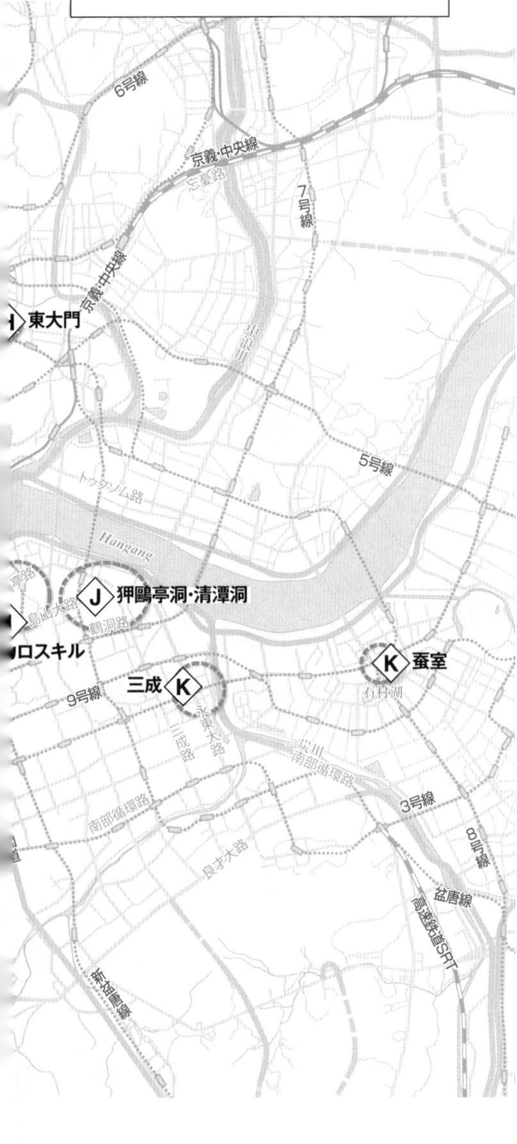

### ゆっくりと散策したい歴史地区

**F 三清洞・北村** ▶P126

삼청동·북촌● サムチョンドン・プッチョン

朝鮮王朝時代を偲ばせるエリア。ソウル最大規模の韓屋村があり、伝統家屋や歴史建築に囲まれている。

### 異国情緒あふれるおしゃれエリア

**G 梨泰院** ▶P140

이태원● イテウォン

外国人の居住区として発展した、国際色豊かな街。センスの良いショップやエキゾチックな料理店、クラブなどが集まる。経理団通りも人気。

### 眠らない街で夜通しショッピング

**H 東大門** ▶P104

동대문●トンデムン

卸売りの東大門市場とファッションビルが乱立する。朝まで営業する店も多いので、夜も無駄なく買い物が楽しめる。広蔵市場では屋台グルメも！

### 流行の発信地として注目の的

**I カロスキル** ▶P96/P144

가로수길

整然と街路樹の並ぶメインストリートには有名ブランドがずらり。個性的なショップが点在する裏路地のセロスキルと併せて、おしゃれな通りとして有名。

### ソウルきってのセレブエリア

**J 狎鷗亭洞・清潭洞** ▶P142

압구정동·청담동● アブクジョンドン・チョンダムドン

高級デパートやハイブランドが集結するセレブ街。芸能事務所も多く芸能人御用達店があり、ファンの聖地にもなっている。

### 発展のめざましい新開発地区

**K 高速ターミナル・三成・蚕室** ▶P146

고속터미널역·삼성·잠실●コソクトミノルヨク・サムソン・チャムシル

三成のコエックスモールと蚕室のロッテワールドは、ソウル最大規模の総合エンタメ施設。グルメにカジノと一日中遊べる。

6号線

京義・中央線

7号線

5号線

**東大門**

Hangang

**狎鷗亭洞・清潭洞**

**カロスキル**

三成 **K**

**K 蚕室**

9号線

3号線

8号線

高速鉄道SRT

盆唐線

# まずはこれをチェック！
# 滞在のキホン

ソウルへ出発する前に知っておきたいフライトや交通、通貨と物価、季節のイベント情報などをチェック。

## 韓国の基本

- ❖ **国名**
  大韓民国
  Republic of Korea
- ❖ **首都**
  ソウル特別市
  Seoul
- ❖ **人口**
  約5156万人
  (2023年、韓国統計庁)
  ソウルの人口は
  約964万人
  (2022年推計)
- ❖ **面積**
  約10万200km²
  ソウルの面積は
  約605 km²
- ❖ **言語**
  韓国語(表記はハングル)
- ❖ **宗教**
  キリスト教、仏教、
  儒教など
- ❖ **元首**
  尹錫悦 大統領
  (2022年5月～)

## ✈ 日本からの飛行時間

❖ **直行便で日本各地から1時間30分～3時間程度**

空港は2カ所あり、日本各地から直行便が就航している。所要は1時間30分～3時間程度。空港からは鉄道で約20分～1時間10分で中心部へアクセスできる。

金浦国際空港 MAP 付録P.2 B-2
仁川国際空港 MAP 付録P.2 A-2

## 💵 為替レート＆両替

❖ **W1=約0.11円**(2024年4月現在)。**銀行などを利用**

通貨単位はウォンで、表記は W。4種類の紙幣と4種類の硬貨がある。両替は空港やホテル、街なかの銀行や公認両替所などで可能。ウォンへの両替はパスポート、日本円への再両替時は外国為替買入証明書(両替時にもらえる)の提示が求められる。

## 🛂 パスポート＆ビザ

❖ **90日以内での観光ならビザは不要**

パスポートは韓国入国時に残存有効期間が3カ月以上あれば有効。観光目的で滞在90日以内ならビザは不要。だが、往復の予約済み航空券(または乗船券)を所持する必要がある。それ以上の滞在日数の場合は、駐日本国大韓民国大使館でビザを申請。

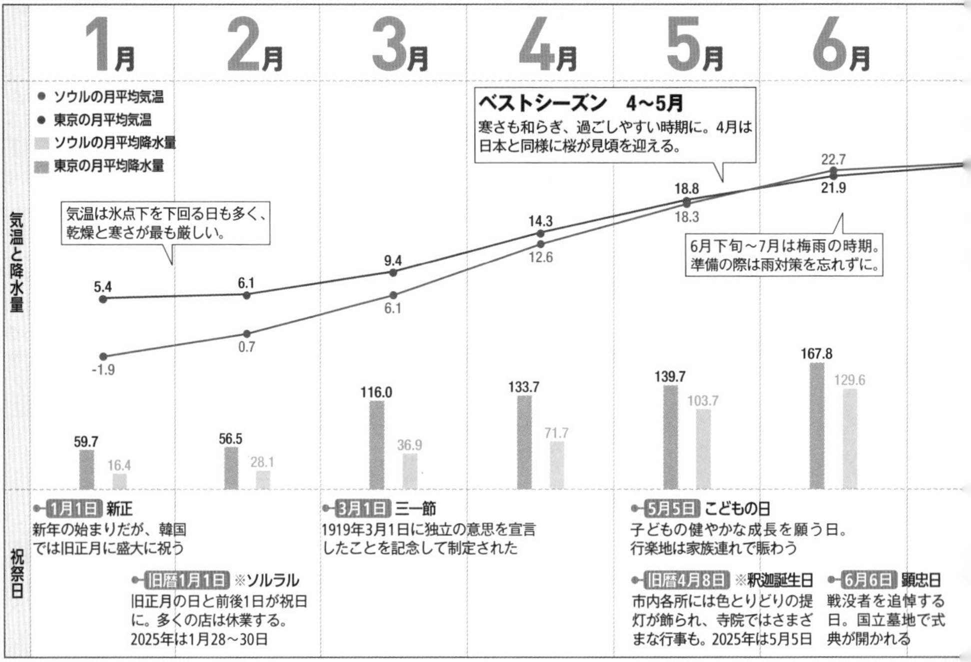

---

## 気温と降水量

凡例:
- ● ソウルの月平均気温
- ● 東京の月平均気温
- ■ ソウルの月平均降水量
- ■ 東京の月平均降水量

**ベストシーズン　4～5月**
寒さも和らぎ、過ごしやすい時期に。4月は日本と同様に桜が見頃を迎える。

気温は氷点下を下回る日も多く、乾燥と寒さが最も厳しい。

6月下旬～7月は梅雨の時期。準備の際は雨対策を忘れずに。

| | 1月 | 2月 | 3月 | 4月 | 5月 | 6月 |
|---|---|---|---|---|---|---|
| ソウル気温 | 5.4 | 6.1 | 9.4 | 14.3 | 18.8 | 22.7 |
| 東京気温 | -1.9 | 0.7 | 6.1 | 12.6 | 18.3 | 21.9 |
| ソウル降水量 | 59.7 | 56.5 | 116.0 | 133.7 | 139.7 | 167.8 |
| 東京降水量 | 16.4 | 28.1 | 36.9 | 71.7 | 103.7 | 129.6 |

## 祝祭日

- ●**1月1日** 新正
  新年の始まりだが、韓国では旧正月に盛大に祝う

- ●**旧暦1月1日** ※ソルラル
  旧正月の日と前後each日が祝日に。多くの店は休業する。2025年は1月28～30日

- ●**3月1日** 三一節
  1919年3月1日に独立の意思を宣言したことを記念して制定された

- ●**5月5日** こどもの日
  子どもの健やかな成長を願う日。行楽地は家族連れで賑わう

- ●**旧暦4月8日** ※釈迦誕生日
  市内各所に色とりどりの提灯が飾られ、寺院ではさまざまな行事も。2025年は5月5日

- ●**6月6日** 顕忠日
  戦没者を追悼する日。国立墓地で式典が開かれる

日本との時差

#### ❖ 日本との時差はない

日本より西側に位置するため、日の出と日の入りの時間が遅い。以前はサマータイムが設けられていたが、現在は廃止されている。

 言語

#### ❖ 公用語は韓国語（朝鮮語）

文字はハングルと呼ばれる表音文字。李氏朝鮮時代の1446年、世宗大王により発明され、10個の母音と14個の子音を組み合わせて1つの文字を形成する。なお、高級ホテルや免税店、観光客の多い店や施設では、日本語を話せるスタッフがいる場合が多い。

👛 物価＆チップ

#### ❖ 物価は日本とほぼ変わらず。チップは不要

物価は全般的に日本と同じくらいだが、商品・サービスによっては日本より高いことも。地下鉄やタクシーの料金は日本より安い。また、韓国ではチップの習慣はなく、ホテルやレストランでの料金には、サービス料が加算されている。ただし、ホテルのスタッフやタクシーのドライバーなどが、特別なリクエストに応じてくれたときは、W1000程度のチップを渡そう。

 交通事情

#### ❖ ICカードを使って、地下鉄を乗りこなす

ソウル市内のほぼ全域を網羅する地下鉄が移動のメイン。駅ナンバーと路線の色を確認して利用しよう。運賃の支払いは、地下鉄のほかバスやタクシー、一部のコンビニで利用できるチャージ式ICカードのT-money（→付録P.24）が便利だ。タクシーを利用するのもよい。

☑ 治安

#### ❖ スリや置き引きなどの盗難に注意

治安は比較的落ち着いているが、混雑する場所でのスリなどの盗難は多い。荷物から離れない、夜の一人歩きやタクシーの乗車は避けるなど、十分な安全対策をとろう。また、日本語で話しかけられても安易についていかないように。

📋 儒教思想

#### ❖ 目上の人を敬う行動を心がけたい

儒教とは古代中国の孔子による思想のこと。公共交通機関で目上の人に席を譲るほか、目上の人が箸をつけてから食べる、目上の人の前ではたばこは吸わないなど、「目下の者は目上の人を敬う」という教えが日常生活に根付いている。

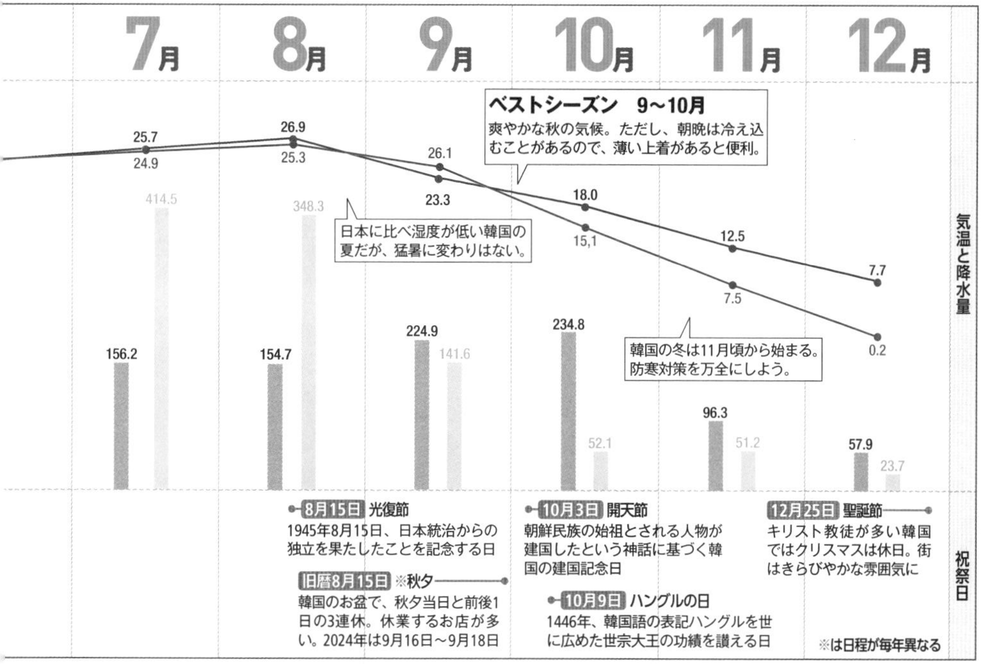

**7**月 **8**月 **9**月 **10**月 **11**月 **12**月

気温と降水量

25.7
24.9
26.9
25.3
26.1
23.3
18.0
15.1
12.5
7.5
7.7
0.2

414.5
348.3
224.9
141.6
234.8
156.2
154.7
52.1
96.3
51.2
57.9
23.7

**ベストシーズン　9〜10月**
爽やかな秋の気候。ただし、朝晩は冷え込むことがあるので、薄い上着があると便利。

日本に比べ湿度が低い韓国の夏だが、猛暑に変わりはない。

韓国の冬は11月頃から始まる。防寒対策を万全にしよう。

祝祭日

● **8月15日** 光復節
1945年8月15日、日本統治からの独立を果たしたことを記念する日

**旧暦8月15日** ※秋夕
韓国のお盆で、秋夕当日と前後1日の3連休。休業するお店が多い。2024年は9月16日〜9月18日

● **10月3日** 開天節
朝鮮民族の始祖とされる人物が建国したという神話に基づく韓国の建国記念日

● **10月9日** ハングルの日
1446年、韓国語の表記ハングルを世に広めた世宗大王の功績を讃える日

**12月25日** 聖誕節
キリスト教徒が多い韓国ではクリスマスは休日。街はきらびやかな雰囲気に

※は日程が毎年異なる

※月平均気温、月平均降水量は国立天文台編『理科年表2023』による

# NEWS & TOPICS

ハズせない
街のトレンド！

## ソウルのいま！ 最新情報

トレンド発信地のソウルで今話題になっているものや新しくオープンしたショップを一挙ご紹介！

2024年3月オープン

### 仁川国際空港から車で10分！
### インスパイア・エンターテインメント・リゾート が誕生

外国人専用カジノやホテル、スパ、プールのほか約90店舗が集まるショッピングエリアもある巨大なエンターテインメント施設。最新のテクノロジーを使い、超高画質のLEDスクリーンが壁から天井までを覆う「インスパイア・ワンダー」と「オーロラ」も話題。

仁川 **MAP** 付録P.2 A-2

☎032-580-9000
⊗仁川国際空港から車で10分(仁川空港から無料シャトルバスも運行) 中区空港文化路127 중구 공항문화로127 施設により異なる 無休

30分ごとに3分間上映するデジタルショーは圧巻！

🔺雨が降っても遊べる巨大なプールエリアは子どもから大人まで楽しめる。夜のライトアップも素敵

🔻3棟あるホテルはそれぞれ異なるデザインで高級感あふれる客室

30余年ぶりに復活した「ハッピーラーメン」

## 懐かしくも新しい
## ニュートロブーム がまだまだ続く！

「New」と「Retro」を合わせた造語で、2018年後半頃に生まれたトレンド。中高年層には懐かしく、若年層には新鮮...そんなちょっとダサくてかわいい商品が、食品、雑貨ファッション業界を席巻している。特に食品業界は、韓国の伝統的なおやつである「クァベキ」や「薬菓」などがブームとなり、それらを使った新しいメニューも登場している。

🔻80年代に人気だった「ウカバン」などはパッケージが当時のまま。ともにスーパーで購入可能

## 人気のコスメブランド
2023年12月オープン
## タンバリンズ が聖水洞に登場

「タンバリンズ」はアイウェアブランド「ジェントルモンスター」が手がける人気の韓国コスメ。今ソウルでいちばんホットなエリア聖水洞にフラッグシップ店をオープンし、連日行列ができている。ハンドクリームや香水が人気で、BLACKPINKのジェニーがアンバサダーを務めていることでも知られている。

ハンドクリームは貝殻をモチーフにしたパッケージ

**MAP** 付録P.21 F-3

☎0507-1491-2126 ⊗2号線聖水駅4番出口から徒歩5分 城東区 練武場5キル 8、B1F 성동구 연무장5길 8, B1F 11:00～21:00 無休
🔻コンクリートとガラス張りのフォトジェニックな外観が印象的

↓イートインテーブルもカップ
ラーメン形でおもしろい

## インスタ映えスポットとしても人気!
## コンビニの ラーメンライブラリー がアツい

韓国の大手コンビニ「CU」によるラーメン特化型コンビニが
2023年12月にオープン。100種類以上の袋ラーメンが図書館
のように並ぶ。トッピングも用意。

### ラーメンライブラリー
### （CU弘大サンサン店）
라면 라이브러리（CU 홍대상상점）

弘大 **MAP** 付録P10 B-3

☎なし Ⓜ M2、6号線合井駅3番出口
から徒歩8分 ㊟麻浦区チャンダリ路25 마
포구 잔다리로 25 Ⓗ24時間 Ⓚ無休 🈳

→自動調理器
で約2分30秒
で簡単にでき
あがり！

## 漢江公園で食べる
## 漢江ラーメン が話題

自粛期間中、韓国ドラマが流行したり、屋外で過ごす人
が増え、SNSなどで現地の人が漢江ラーメンを楽しむ姿
を目にすることが多くなった。近年、観光客の間でソウ
ルでしたいことのひとつに漢江ラーメンをあげる人が
増えている。コンビニで袋麺を買って体験しよう。

**MAP** 付録P4 B-3
汝矣島漢江公園☎02-
3780-0561（汝矣島
案内センター）Ⓜ5号
線汝矣ナル駅3番出口
からすぐ ㊟永登浦区
汝矣東路 330 영등포
구 여의동로 330

→汝矣島漢江公園では
ピクニックグッズのレ
ンタルもある

## 環境にも肌にもやさしい
## ヴィーガンコスメ が人気

スキンケアからメイク用品までヴィー
ガンコスメのブランドが続々登場する
韓国。動物性の原料を使用せず、動物
実験も行わない自然由来のものを使っ
たコスメを使う人が増えている。

ディアダリア
はメイクブラ
シもヴィーガ
ン仕様

→今人気のア
ミューズも
ヴィーガンコス
メブランド。ク
オリティが高く
注目されている

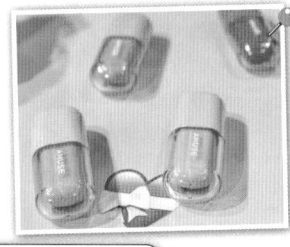

→ヴィーガン
スキンケアブ
ランドのアロ
マティカのト
リコになる人
増加中

---

# 明洞に賑わいが戻ってきた! 注目店をチェック

他エリアの人気店が明洞に新店を続々オープン！日々進化する明洞で絶対押さえておきたい3店舗をご紹介。

### ダイソー明洞駅店
다이소 명동역점 **DAISO**
**MAP** 付録P.17 E-4

駅前に位置する12階建てのダイソー。
韓国ならではの品揃えで、バラマキみ
やげを選ぶのにぴったりのスポット。
韓国キャラのグッズにも注目したい。

☎1522-4400 Ⓜ
4号線明洞駅1番
出口からすぐ ㊟中
区 退渓路 134-1
중구 퇴계로 134-1
Ⓗ10:00～22:00
Ⓚ無休

**2023年2月再開**

### ニュー・ニュー
뉴뉴 **nyu nyu**
**MAP** 付録P16 C-3

東大門にあるアクセサリーショップが明
洞に登場。各階にズラリと小物やアパレ
ルが並び、豊富な品数とお手ごろな価格
が人気で、多くの観光客が訪れている。

☎010-9884-
6925 Ⓜ4号線明
洞駅6番出口から徒
歩5分 ㊟中区 明洞
キル 22 중구 명동4
길 22 Ⓗ10:00～
23:00 Ⓚ無休

**2024年1月オープン**

### ウィッグル・ウィッグル・チップ
위글위글집 **WIGGLE WIGGLE ZIP**
**MAP** 付録P.17 E-4

韓国アイドルも愛用することで話題の
ショップ。ビビットカラーとお花やク
マなどのキャラクターが印象的なかわ
いい雑貨が人気。

☎0507-1451-
0111 Ⓜ4号線
明洞駅8番出口か
ら徒歩3分 ㊟中区
明洞8ガキル 24
중구 명동8가길 24
Ⓗ11:00～22:
00 Ⓚ無休

**2024年4月オープン**

# 至福のソウル **モデルプラン**

## とびっきりの 2泊3日

グルメに歴史散策、そして美容大国ならではのコスメまで。
せっかく行くなら、効率的にソウルのいいとこ全部取り！

### 旅行には何日必要？

初めてのソウルなら
## 2泊3日以上

目的を1つに絞れば1泊2日でも可能だが、出発日・帰国日で各半日程度を移動に費やしてしまうため、初めてのソウル旅行なら最低2泊3日はみておきたい。

### プランの組み立て方

❖ 宿は明洞か弘大がおすすめ。
**初日はホテルの近場で活動**
限られた時間を有効に使うため、ホテルはソウルの中心地の明洞や弘大がおすすめ。初日はチェックインしてからすぐ遊びに行けるエリアを攻略しよう。すぐにホテルへ戻れるから、夕食もゆっくりでOK。
❖ **市内の移動は地下鉄と**
**タクシーで効率よく**
ソウル市内は、すみずみまで地下鉄が張り巡らされているので便利。グループ旅行や、駅から少し離れた場所なら、タクシーが日本より安くて使いやすいのでおすすめ。
❖ **定時のイベントを中心に**
**移動を考える**
守門将交代式や日本語ガイドツアーなど、時間の動かせないものを先に決め、合間に調整のきくカフェやレストランを挟んでいくと、スムーズにプランが立てられる。
❖ **レストランの予約は早めに**
高級店や人気店は予約が取れないことも多いので、まずお店の予約が取れることを確認してから航空券やホテルを手配しよう。

【移動】日本 → ソウル
# DAY 1

*Town*

到着したら、何はともあれ韓国グルメで腹ごしらえ。
初日はホテル近くから攻めるべし！

↑移り変わりの激しいエネルギッシュな巨大都市

**11:00**
空港鉄道A'REXで市内まで約20分〜1時間

→ **ソウル到着** ✈ 📷

仁川国際空港から市内へは約40分〜1時間。
金浦国際空港からは約20分。いずれも空港鉄道A'REXで。

**12:00**
明洞駅から4号線で1分、忠武路駅から3号線で5分、安国駅から徒歩7分 🧳 🚇

→ **ホテルに荷物を預けて明洞でランチ**

*Noodle* ▶P72

初心者は明洞周辺のホテルがおすすめ。チェックイン前でも荷物の預かりが可能なホテルが多い。荷物を預けたら街の人気店でお腹を満たしたい。
↪明洞餃子のカルグクス

🍴

**14:00**
安国駅から3号線で2分、鍾路3街駅から1号線で1分、鍾路5街駅からすぐ 📷 ☕ 🚇

→ **北村韓屋村をおさんぽ** ▶P126

仁寺洞は伝統的な韓屋をリノベしたカフェやレストランが多い。雰囲気を楽しみながら写真撮影を。

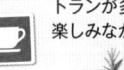
↪敷地内に線路がある人気の韓屋カフェ・楽園駅

↑どこを切り取っても絵になる

**17:00**
*Stand* 🍴 🏢

→ **広蔵市場で店をハシゴ** ▶P84

韓国の名物グルメは市場の屋台をハシゴして好きなものだけ食い尽くそう。絶品メニューの数々に大満足！

↪指さし注文で伝わる店員さんとの距離感も楽しんで

【移動】ソウル市内

# DAY 2

↑店内で焼き上げたパンが続々と運ばれてくる

土地と調和したインテリアが特徴的

まるっと使える2日目は、宿泊エリアを離れて
注目のスポットを味わい尽くす!

**8:30**

安国駅から3号線で2分、景福宮駅からすぐ

### 朝ごはんは焼きたての ベーカリーで決まり! ▶P.36

Bakery

支店がオープンするたびに話題を呼ぶカフェ・オニオン。韓屋をリノベした雰囲気あふれる場所でおいしいパンで朝ごはん。

**10:00**

タクシーで13分

### 景福宮で交代式を見る ▶P.128

景福宮は韓服を着ていくと入場が無料に。韓服レンタルをチェック

↑式の所要時間は10分程度

定時のイベントは初心者ならマストで見ておきたい。逞しい守門将交代式は演者の華やかな衣装にも注目。イベント終了後は演者と撮影することも。

Gyeongbokgung

**12:00**

タクシーで13分、景福宮駅から3号線で25分、教大駅から2号線で8分、三成駅から直結

### ランチには伝統の 韓定食を ▶P.78

見た目も美しい韓定食はソウルに来たならぜひとも味わいたい。上品な韓国式のコース料理を楽しもう。

空間や敷地内の庭園も見どころ

↑季節に合わせたメニューがうれしい

## プランの組み立て方

❖ 江南のセレブエリアでは
積極的にタクシーを利用
江南には、上質がコンセプトのショップやレストランが広範囲に点在。狎鷗亭ロデオ駅ができてから便利にはなったが、それでも駅から離れた店が多く、積極的にタクシーを利用するのがおすすめ。

❖ 悪天候時の代替プランも
準備しておこう
せっかくのソウルだからあれこれ詰め込みたいけれど、悪天候時の移動はなかなか大変。天気に左右されないスポットを覚えておくと便利。

**14:00**

三成駅から徒歩4分

### コエックスモールでショッピング ▶P.147

カジノや水族館も入る大型ショッピングモール。コスメやアパレルの人気店が集まるので買い物がしやすい。

↑地下鉄直結で雨でも濡れずに一日遊べる

施設内のピョルマダン図書館が人気

**16:00**

### スパで
## リラックスタイム ▶P156 *Spa*

↑「正官庄」が運営するスパ1899でリラックス

高級感漂う雰囲気に包まれて、極上のご褒美タイム。頭から足までフルケアでゆっくりと旅の疲れを癒やしたい。

ヘッドスパのプログラムも用意する

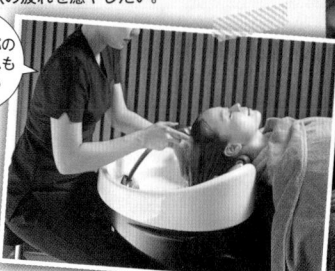

三成駅から2号線で3分、宣陵駅から盆唐線で4分、江南区庁駅から徒歩3分

**19:30**

## カンジャンケジャンを堪能 ▶P46

*Dinner*

江南のおしゃれなカンジャンケジャン店でディナー。スタイリッシュな内観と、一人でも入りやすいのもポイント。

カフェのようなインテリアが新しい

### プランの組み立て方

❖ 人気のミシュラン店は、出発前に予約を
人気レストランは、事前予約が望ましい。日本からでも、レストランの公式ウェブのほか、日本語で予約できる代行サイトもある。キャンセル規定も要確認。

↑カニと白ワインの組み合わせがピッタリ！

江南区庁駅から盆唐線で3分、宣陵駅から2号線で10分、蚕室駅直結

**21:00**

### ロッテワールドタワーで
## 夜景を楽しむ ▶P146

ロッテワールドタワーの最も高い場所にあるソウルスカイ展望台へ。曜日によって営業時間は変動、チケットの販売は営業時間の1時間前までなので夜間の見学は注意しよう。

*Tower*

上るなら天気の良い日がおすすめ

↑117～123階まで趣向を凝らしたフロアが数多く入っている

【移動】ソウル □ 日本

# DAY 3

最終日は、ローカル朝ごはんに
国宝鑑賞、そして出発ギリギリまで
コスメやおみやげ探し。

有名コスメ
ブランドや
人気ショップ
が集中する

*Soup*

**8:00**

## スープでヘルシーに 一日をスタート！
▶P.75

明洞には朝早くから営業
するお店が多い。名店で、
庶民的な韓国の家庭料理
を楽しみたい。

→胃腸を癒やしてくれる
河東館のコムタンスープ

明洞駅から4号
線で11分、二村
駅から徒歩5分

**10:00**

## 国立中央博物館で 至宝を間近で鑑賞！ ▶P.28

韓国では最大の博物館。歴史、
書画、彫刻・工芸、文物などを6
セクションに分けて展示してい
る。常設展示物は1万点にも及
び、入場無料なのもうれしい。

*History*

韓国の仏像・
半跏思惟像は
必見！

1日でもまわりきれないほど
広いので先に展示内容を要確認

二村駅から4号
線で11分、明
洞駅すぐ

↑展示物のほか、美しい建物にも注目したい

**12:00**

## コスメロードで コスメハント ▶P.103
*Cosmetics*

韓国の主要コスメブランドはほぼすべてここ
で買えるといっても過言ではない。人気のK
ブランドのコスメをチェックしよう。

→明洞の店舗は外国人
慣れしているので買い
物もスムーズにできる

←↓人気のコスメを試
しながらお気に入りを
見つけてみよう

徒歩5分

**14:00**

## 最後にロッテ百貨店へ

免税店やスーパーもある百貨店で
おみやげをまとめ買い。▶P.102

百貨店では両替所や免税、
荷物預かりまでサービス豊富

乙支路入口駅
から2号線で
13分、弘大入
口駅から空港
鉄道A'REX
で空港まで約
20分～1時間

→特別なお
みやげを探
すのに◎

**16:00**

## 空港へ移動して 日本へ帰国

フライトの2時間前には到着して
おきたい。空港には免税店やフー
ドコートがある。

# 好みのままに。アレンジプラン

魅力いっぱいのソウルには、まだまだ人気スポットがたくさん。好みに合わせて行き先をチョイスしよう。

## アイドルを身近に感じる

### 芸能事務所や聖地を巡って推し活を楽しむ ▶P52

K-POP好きなら推しの所属事務所を訪れるのはマスト！ソウル市内にはMVのロケ地や公式グッズを販売する店などアイドルの聖地が点在する。

↑↓SMエンターテインメント内にあるクァンヤ@ソウル

世界中からファンが訪れる推し活のマストスポット

←↓BTSの宿舎をリノベしたカフェ休家

## お手軽に技術を体験

### 美容大国で美肌を求めてクリニックを巡る ▶P34

アイドルのようなピカピカなお肌を求めて美容クリニックへ。日本語でカウンセリングが可能な施設も多いので自分の希望をしっかり伝えよう。

↑充実の設備とサポートに驚くこと間違いなし

悩みを細やかに話し自分にピッタリの施術を

## 韓国の定番のお酒で乾杯

### 本場のマッコリと焼酎を満喫する ▶P86

夜は韓国を代表するお酒で一杯やるのもよし。フルーツ焼酎などお酒が苦手な人にもうれしい、飲みやすいものもある。

↑写真映えもバッチリで気分もアガる

## 流行はココから発信！

### 今ホットなトレンドタウンを散策する ▶P20

移り変わりの激しいソウルだから、流行りの街を楽しめるのは今のうち。最近は家賃の高騰のため、人気エリア周辺の住宅地に新しい店が続々とオープンする傾向がある。

延南洞や聖水洞には、個性的な店が点在

←聖水洞やソウルの森エリアは要チェック

# BEST 8 THINGS TO DO IN SEOUL

## ソウルで ぜったいしたい 8 のコト

### Contents

# 新しい息吹に満ちた街路を歩く楽しみ

## 01 ソウルで今いちばんのトレンドタウン

最新のソウルをお届けします!

トレンドタウンのカフェは空間だけでなく、味も◎なスイーツにも注目したい

日々変化し続けるソウルの街で、
昨今注目を集めている4エリアを紹介。
ソウルに行くのが初めての人も
そうでない人も楽しめること間違いなし!

## 行きたくなるおしゃれなカフェがひしめく

### 延南洞 연남동 ●ヨンナムドン　*Yeonnam-dong*

学生街・弘大の北側に広がる閑静な住宅地。近年おしゃれなカフェが続々オープン。
さらに食堂街や中華街、緑豊かな公園と、バラエティに富むエリアだ。

MAP 付録P.10上

### 初めて行く人は要チェック!
### 延南洞ってどんなところ?

　弘大入口駅から北西に向かって、スッキル公園が広がる。この周辺の住宅街が延南洞と呼ばれるエリアだ。地元の人々はグルメを目当てに、国内外からの旅行者はおしゃれなカフェ巡りをしに訪れる。華僑が多く住み、中国料理店が多いことから、リトル・チャイナタウンとの異名も。この付近には、毎週金・土・日曜の午後にフリマが開催される通仁市場がある。

交 Ⓜ 2号線、空港鉄道弘大入口駅からすぐ

住宅街の路地裏にかわいいカフェが点在。散歩の休憩にも便利

廃線跡を再利用した京義線スッキル公園は絶好の散策スポット

京義線ブックストリートには電車をイメージした展示ブースも

### 繁華街の中のオアシス的公園
### 京義線ブックストリート
경의선책거리　キョンイソンチェッコリ

MAP 付録P.10 C-2

列車車両をモチーフにした展示・販売ブースを設置したりと、いた
る所でかつての面影にふれられる。

☎ 02-324-6200(韓国出版協同組合)
交 Ⓜ 京義・中央線、2号線弘大入口駅6番出口からすぐ 所 麻浦区臥牛山路35キル一帯 마포구 와우산로35길 일대 開 11:30~20:00 休 月曜

↑ ミニプラットフォームを再現

← 「本」と書かれた看板

# 延南洞の
# 話題のスポットへ

**テーマを強く打ち出した個性派
カフェが点在しているので、
好みや気分に合わせて訪れたい！**

### おなじみの名作にふれる
### スタジオジブリ公認カフェ

## コリコ・カフェ
코리코카페　**Koriko Cafe**
**MAP** 付録P.10 B-1

➡クッキーマグタルト
W8900、コットンキャン
ディーラテ W8000

スタジオジブリの人気作『魔女の宅急便』の世界
観が溶け込んだカフェ。ジジとキキにちなんだ特
別なスイーツや温かみのあるインテリアが人気。
ジブリのグッズショップも併設している。

☎02-338-8865 🚇京義・中央線、2号線弘大入口駅3番出
口から徒歩14分 🏠麻浦区ソンミ山路165-7　마포구 성미산로
165-7 🕐10:00〜19:00(LO18:30、ダッチベビーのLOは
18:00) 🈂無休 🇪🏧

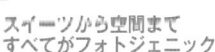
⬆温かい雰囲気の2階は「オキノ邸」をモチーフにしている

⬆「グーチョキパン店」を
テーマにした1階の様子

➡ダッチベビー（バナナ＆
ピーカン）W1万4800

### 北欧調の一軒家カフェで
### 旬の果物のスイーツを

## カフェ・スコン
카페 스콘　**Cafe Skön**
**MAP** 付録P.10 B-1

➡赤い扉が目を引
く。屋上にはテラ
ス席もある

スウェーデンをイメージしたインテリアと、季節
によって変わるフルーツ満載メニューが人気のカ
フェ。フロアは1〜3階あり、少しずつ雰囲気を
変えているので撮影もいろいろ楽しめる。

☎02-323-7076 🚇京義・中央線、2号線弘大入口駅3番出
口から徒歩12分 🏠麻浦区ソンミ山路172　마포구 성미산로
172 🕐11:00〜22:00(LO21:30) 🈂無休 🇯🇪🏧

➡パッケージがかわいいレモンケーキW3500など

### スイーツから空間まで
### すべてがフォトジェニック

## ハウエバー延南
하우에버연희　**however Yeonnam**
**MAP** 付録P.10 C-2

ベーカー兼ペイントアーティストの
部屋がコンセプトで、ポップアート
のような空間演出が特徴。4階建て
の店内は空間ごとに違う雰囲気を楽
しめる。レインボークリームをかけ
たカステラもSNS映え抜群。

☎02-6351-0110 🚇京義・中央線、2号線弘
大入口駅3番出口から徒
歩6分 🏠麻浦区延禧路1
キル45-6 마포구 연희
로1길 45-6 🕐11:00〜
22:00(LO21:40) 🈂
無休 🇯🇪🏧

⬆「三和ペイント」とのコラボによる
独自のカラーを披露

⬆カラフルなテラス席も用意

➡レインボークリーム
＆カステラW1万1600

### レンガの小高い丘で
### 思い思いに過ごせる

## コーヒー・ナップ・ロースターズ
커피 냅로스터스
**Coffee Nap Roasters**
**MAP** 付録P.10 B-1

広くない空間を活用するために、
レンガを積んで丘にした店内。
上って腰をかけても、テーブルと
して使ってもよし。2種類のコー
ヒー豆から選べる、香り高いオリ
ジナルブレンドでひと息つこう。

☎02-332-4131 🚇京義・中央線、2号
線弘大入口駅3番出口から徒歩17分 🏠麻浦
区ソンミ山路27キル70　마포구 성미산로
27길 70 🕐10:00〜18:00(土・日曜は〜
20:00)LOは各30分前 🈂無休 🇪🏧

➡コーヒー豆
やボトルドリ
ンクの販売も
している

⬆アメリカーノW
5000、クッキーW3200

➡イラストが
かわいい、カフェラ
テW5500

⬆天気の良い時季には大きな窓がオープン
になり、外にもベンチが出される

# レトロとモダンが入り交じる路地

## 益善洞 익선동 ●イクソンドン *Ikseon-dong*

歴史ある韓屋街に、リノベしたおしゃれスポットがたくさん誕生。往時の雰囲気を偲ばせる路地裏散歩が楽しい。また、夜は地元の人々で賑わう飲み屋街も。

**MAP** 付録P.19 右下

和洋中韓と、世界各国の料理が幅広く集結しているのもおもしろい

### 初めて行く人は要チェック！益善洞ってどんなところ？

仁寺洞の隣に位置する益善洞は、何といっても韓屋街が有名。ソウル最古ともいわれ、韓屋の数は約100戸にも上る。2015年頃からレストランやカフェ、ショップが入居し一躍人気の観光地へと変貌を遂げた。また、最寄り駅の鍾路3街駅周辺には、焼肉通り、ポッサム横丁、屋台通りなど、ディープでローカルな飲食スポットが多数あり観光客で賑わう。

週末や夜は混雑。独り占めしたいなら、平日の早い時間がおすすめ

ドラマやCMのロケ地にも頻繁に選ばれるほどフォトジェニック

🚇 1、3、5号線鍾路3街駅からすぐ

---

# 益善洞の話題のスポットへ

**伝統家屋をリノベしたカフェは必訪！新旧が同居する魅惑の雰囲気を心ゆくまで味わいたい。**

女子のハートをわしづかみ
映えるフラワーカフェ

## マダンフラワーカフェ

마당 플라워 카페　マダンプルラウォカペ

**MAP** 付録P.19 E-3

花があふれ、益善洞韓屋村の数ある店のなかでも別格の有名店。手の込んだブランチが自慢で、季節のフルーツがのったワッフルがイチオシ。15時まで注文できるので、ランチ後のデザートとしても◎。

☎ 02-743-0724 🚇 1、3、5号線鍾路3街駅4、6番出口から徒歩3分 🏠 鍾路区水標路28キル33-12　종로구 수표로28길33-12 🕐 8:00～23:00(LO22:30) 🈳 無休 🇪🇫📶

⬆店の外にもミニブーケやドライフラワーがいっぱい

⬆たっぷりの花や緑のなかでくつろげる(右)。韓屋式の扉を入ると店内。陳列商品は購入も可(中)。ブランチ ワッフルW1万8500、グレープフルーツティーW8000(左)

### 特別な思い出がつくれる
### 駅テーマの韓屋カフェ
## 楽園駅
낙원역
ナグォンニョッ
**MAP** 付録P19 E-3

昔ながらの線路があり、自然のなかの穏やかな風景に癒やされるスポット。ライトアップされる夜にはまた違う雰囲気を楽しめる。オリジナルのスイーツからワイン、カクテルまでメニューも豊富。

☎02-763-1112 ❿M1、3、5号線鍾路3街駅6番出口から徒歩3分 ⊕鍾路区水標路28キル33-5 종로구 수표로28길 33-5 11:30～22:30(LO22:00) ⊛無休 ⋯

01 FRIEND TOWN

↑大人気のフォトゾーン。入口から路線に沿ってカフェに入るのが楽しい♪

さまざまなスイーツがぐるぐる回転するレールもおもしろい見どころ！

→さわやかなパウンドケーキ、レモン・ラズベリー・クグロフW9300
↓ピーナッツラテW7800、ニューヨークチーズケーキW9300

↑日光が差し込む明るい店内。積み重なったせいろまで絵になる

### スフレパンケーキが絶品の
### アンティークカフェ
## トンベク洋菓店
동백양과점 トンベクヤングァジョム
**MAP** 付録P19 E-3

1杯ずつていねいに淹れる、炒ったナッツのように香ばしいドリップコーヒーが自慢。看板のスフレパンケーキは、口に入れた瞬間、消えてしまうほどふわっふわの食感。

☎02-3144-0429 ❿M1、3、5号線鍾路3街駅4番出口から徒歩2分 ⊕鍾路区水標路28キル17-24 종로구 수표로28길 17-24 9:00～22:00(LO21:30) 夏季は時間に変動あり ⊛無休 ⋯

↑スフレトースト あんバターW1万3500、牛乳 イチゴW8000

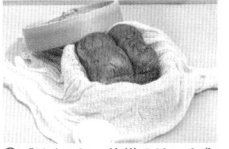
↑ブリオッシュ仕様のリッチ感。スチーム食パンW1万2000～

### せいろ入り食パンが斬新！
### 映えるメニューが勢揃い
## ミルトースト
밀토스트 ミルトストゥ
**MAP** 付録P19 E-4

せいろで蒸したほかほかの食パンや、卵液でしっとりのスフレトーストが人気を呼び、早朝から行列ができる1軒。韓屋造りの店内も粋で、どこを切り取っても映えるポイントだらけ。

☎02-766-0627 ❿M1、3、5号線鍾路3街駅4番出口から徒歩2分 ⊕鍾路区水標路28キル30-3 종로구 수표로28길 30-3 8:00～22:00(LO21:30) 夏季は時間に変動あり ⊛無休 ⋯

↑スフレパンケーキ(イチゴ) W2万3500、ドリップコーヒー 益善1937 W7500
←高級感のあるアンティーク家具(左)、行列時、待っている人にドリンクを配る(右)

23

「大林倉庫」は聖水洞のランドマークともいえるギャラリーカフェ

*Seongsu-dong*

## 工場街をリノベーション

# 聖水洞 성수동 ●ソンスドン

町工場の中に突然現れるおしゃれベーカリー「カフェ・オニオン」

かつて工場と靴屋街で栄えたエリアで、現在はアートやカルチャーの力でじわじわと再生。新旧のコントラストが若者たちを惹きつけてやまない。

**MAP** 付録P21 下

歩くと意外と広いので、じっくり時間をとって探索したい

### 初めて行く人は要チェック! 聖水洞ってどんなところ?

　工場や倉庫の密集地帯に、ヴィンテージ感あふれるショップやレストラン、本格的なコーヒー・ロースターがオープン。若手アーティストのギャラリーや、壁画通りなどもあり、アートスポットとしても注目を集める。また古くから靴屋街としても有名で、職人手作りの靴が安く手に入る。すぐ隣には、市民の憩いの場・ソウルの森も。

🚇Ⓜ2号線聖水駅からすぐ

# 聖水洞周辺の話題のスポットへ

聖水駅周辺は街工場を、ソウルの森駅周辺はレトロ住宅を活用したお店が多い。

済州島の世界観を楽しめるフラッグシップストア

### イニスフリー・ジ・アイル

이니스프리 디아일
innisfree THE ISLE
**MAP** 付録P21 F-4

印刷所だった建物をリノベーションし2023年10月にニューオープン。イニスフリーのスキンケアアイテムからDIYキャンドルなどの限定品が揃う。カフェも併設している。

☎02-465-9788 🚇Ⓜ2号線聖水駅3番出口から徒歩6分
🏠城東区聖水2路7カキル11　성동구 성수이로7가길11 🕙10:00～21:00 🚫無休 ⒿⒺ🅹Ⓔ 💳

→4種類の香りを楽しめるハンドクリーム4個セットW1万6000

↑自然の映像が流れるスクリーンや岩のオブジェ、植物で心が落ち着く

↑フラッグシップ限定品のボディー＆ハンドウォッシュW2万2000

→島をモチーフとした異色のメニューを提供。メロン・パクチーバフェW1万2000(左)、フォレストケーキW6500(右)

↑ショッピングや撮影スポットとしても人気

## カラフルなコンテナ群が絶好のSNS映えスポット

# アンダー・スタンド・アベニュー

언더 스탠드 에비뉴
**Under Stand Avenue**
MAP 付録P.21 D-4

↑鮮やかなブルーは、敷地内でも1、2を争う映えポイント

グルメもショッピングもここで完結できる、コンテナを利用したショッピングセンター。TWICE が撮影で訪れたことで話題になり、ここを訪れるファンや自撮りを楽しむ人も多い。公園「ソウルの森」の散策時に立ち寄るのも◎。
☎02-725-5526 Ⓜ盆唐線ソウルの森駅3番出口から徒歩2分 ㉿城東区往十里路63　성동구 왕십리로 63 ⏰10:00～22:00 休無休

←高級住宅エリアに位置する

↑コンテナが2階構造になっている一画もある。ぜひ上がってみよう
↓日光が当たった部分がネオンカラーに変化するモニュメント

## 1日1000個以上売れるアメリカン手作りクッキー

# クーウッキー

구욱희씨
**KOOWOOKHEE**
MAP 付録P.21 D-3

↑クッキーW4000～、ハイビスカスエイドW7000

↑好みのクッキーやスコーンを自分で取って会計へ

当日生産・当日販売を原則に、全て自家製の手作り食材で作るプレミアムクッキーやスコーンが評判。クッキーをもじってク・ウッキ氏という韓国の女性っぽい店名が面白い。
☎070-4282-7799 Ⓜ盆唐線ソウルの森駅5番出口から徒歩7分 ㉿城東区ソウルの森2キル12-22　성동구 서울숲2길12-22 ⏰11:00～22:00(LO21:00) 休無休 EⒸ

↓パステル色のかわいらしい店内にはフォトゾーンも多数

↑豚肉の炒め物やご飯を野菜に包んで食べる、サンパプ定食W1万5000
↓満席の場合は、テーブルや椅子のある庭で待機する

↑店内はすべてテーブル席。定食のほか、ビビムバブもおすすめ

## 小さな民家でいただく韓国のやさしい家庭料理

# ハルモニのレシピ

할머니의레시피　ハルモニエレシピ
MAP 付録P.21 D-3

女性シェフが祖母（ハルモニ）の味を受け継ぎ、民家を改装した店舗で振る舞う。「ミシュランガイド2019」に掲載され、特にランチは行列覚悟。丹精込めた仕事が信条で、生産者がわかる食材を使うことにもこだわる。
☎0507-1429-5101 Ⓜ2号線トゥクソム駅8番出口、盆唐線ソウルの森駅4番出口から徒歩6分 ㉿城東区ソウルの森2キル44-12　성동구 서울숲2길44-12 ⏰11:30～15:00(LO) 17:00～20:40(LO20:30) 休無休 EⒸ

# 大学近くの活気あふれるエリア *Sharosugil*

## シャロスキル 샤로기술

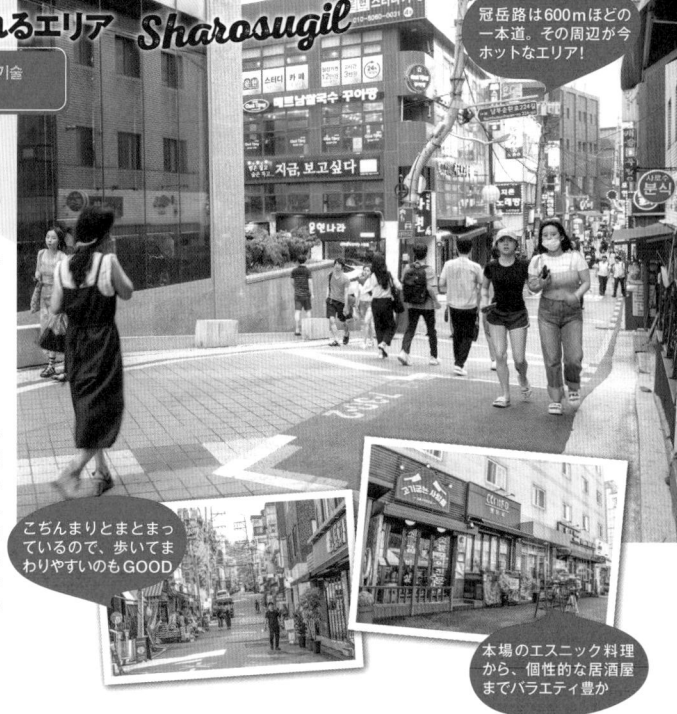

冠岳路は600mほどの一本道。その周辺が今ホットなエリア！

ソウル大近くの小さなストリートに、オリジナリティあふれる店がずらりと連なる。学生街らしい自由な雰囲気に惹かれ、遠くからも観光客が訪れる人気エリア。

**MAP** 付録P4 B-4

### 初めて行く人は要チェック！
### シャロスキルってどんなところ？

もともと平凡な住宅街だったソウル大入口駅近くの冠岳路。安い家賃に惹かれて比較的若いオーナーが営業する個人店が集まり、庶民の生活感あふれる独特の雰囲気を形成している。名前の由来はソウル大学正面のオブジェに書かれた「シャ」と、有名なストリート「カロスキル」を掛け合わせたもので、大学が近いことから学生も多い。

**Ⓜ** 2号線ソウル大入口駅からすぐ

こちんまりとまとまっているので、歩いてまわりやすいのもGOOD

本場のエスニック料理から、個性的な居酒屋までバラエティ豊か

# シャロスキルの
# 話題のスポットへ

**意欲的な若いオーナーたちの店が軒を連ね、独創的な雰囲気を醸し出している。**

👉✋商品は作家別にディスプレイ。ほとんど韓国作家の作品で、一部海外のアイテムも取り扱う

## 好きなモノが見つかるデザイン雑貨の宝庫

### メニーベリーマッチ

매니베리머치

MANYVERYMUCH

**MAP** 付録P4 B-4

インスタなどのSNSで人気の高い韓国作家たちの作品が揃うセレクトショップ。ステーショナリーや生活雑貨、スマホグッズ、アクセなど、かわいくてたまらないアイテムがいっぱい。

☎010-2632-3079 **Ⓜ** 2号線落星垈駅4番出口から徒歩8分 ㊰冠岳区冠岳路14キル105 관악구 관악로14길 105 ⏰14:00～21:00 ㊡無休 🈺

↑白い建物に緑の植木鉢が並ぶ温かい雰囲気の外観

👉✋ティースプーンは各W4000（左）、ぬいぐるみのキーリングW1万2000（中）、粘着メモ用紙W4000（右）

### こだわりいっぱいの 感性豊かなケーキが人気

# ミエル・ケイクリ

미엘 케이커리　Miel cakery

**MAP** 付録P4 B-4

こぼれそうなドリンクと圧倒的なビジュアルのケーキが自慢。自家製シロップや済州産の抹茶を使用するなど材料にもこだわりがある。人気の飲食店が入店するビルに移転し、再オープン。

☎なし ⊗ⓂＭ2号線 ソウル大入口駅1番出口から徒歩8分 ⓟ冠岳区 冠岳路14キル 71、3F 관악구관악로14길 71,3F ⓣ13:00〜22:00(LO21:30) ⓗ無休 Ⓔ Ⓕ🖼

⬆店内はアンティーク調でまとめられ、フォトスポットも ➡バターで炒めた赤エビをのせたロゼソースのリゾット

### ていねいに作ったイタリアンを アンティークな雰囲気で

# オヌルクデワ

오늘 그대와

**MAP** 付録P4 B-4

メイン食材のインパクトが抜群で、ボリューミーなパスタとリゾットが人気のイタリアンレストラン。ワインメニューも豊富。「今日、君と」という店名のとおり、カップルや、女子会の利用も多い。

⬆ステーキが豪快なあいびきトマトソースパスタ W1万9000

☎02-882-0303 ⊗ⓂＭ2号線 ソウル大入口駅4番出口から徒歩7分 ⓟ冠岳区落星垈路22-10 관악구 낙성대로 22-10 ⓣ12:00〜22:00(LO20:50) ⓗ無休 Ⓙ Ⓔ Ⓕ🖼

⬆上にアイスクリームがのったチョコフロート W8800(左)、濃厚でとろける抹茶ガトーショコラ W9000(右)

⬅白を基調とした店内。テーブル間隔が広いのもうれしい

### そそり立つパンケーキに あふれるドリンクのインパクト

# 恍惚境

황홀경　ファンホルギョン

**MAP** 付録P4 B-4

独特なフォルムのパンケーキ「ダッチベイビー」と、自家製マシュマロを浮かべたドリンクが有名。見た目は強烈だが、パンケーキの生地や、マシュマロの弾力の強さに、オーナーの工夫が見られる。

☎02-6449-7362 ⊗ⓂＭ2号線ソウル大入口駅2番出口から徒歩5分 ⓟ冠岳区冠岳路14キル37、B1 관악구 관악로 14길 37, B1 ⓣ12:00〜22:00(LO21:30) ⓗ無休 Ⓙ Ⓔ Ⓕ🖼

⬆ボリューム満点! ダッチベイビー ジェラート W1万1900

⬆ダークチョコラテ W5500

⬆主に韓国のアンティーク家具で整えられた店内。やや暗めで雰囲気がある

個人ミュージアムもあってサマザマです！

*Art Spots*

## 02 ときにはソウルアートにハマるのもいい

おみやげが買えるところも！

アートといっても内容は多岐にわたる。王道の博物館から今流行のSNS映え間違いなしのミュージアムなど、4つを紹介。

### 国立中央博物館

국립중앙박물관
クンニッチュンアンパンムルグァン
二村 **MAP** 付録P4 C-3

身近に感じるひとときを 歴史と文化を

アジアでも最大級と評される博物館として圧倒的なスケールを誇る。約60の国宝と80の宝物、全展示品を合わせるとその数は1万5000点にも及ぶ。外国人観光客向けのツアーやイベントも充実している。

☎02-2077-9085(日本語) ⊗Ⓜ4号線、京義・中央線二村駅2番出口から徒歩5分 ⊕龍山区西氷庫路137 龍山区西氷庫路137 ⊕10:00〜18:00(水・土曜は〜21:00) 最終受付は各閉館30分前 ⊛4・11月の第1月曜、秋夕 ⊕入館無料(企画展を除く) ⊕www.museum.go.kr/site/jpn/home ⒿⒺ

*information*

● 外国人のための定期解説　外国人観光客向けに多言語に対応。インフォメーションで日本語パンフレットの配布や日本語スタッフも駐在している。また、日本語解説員による館内見学も可能(要事前予約)。

国立中央博物館の外観。韓国を代表する博物館として親しまれている

**野外儀式用の仏画**
「仏教絵画室」に展示。9mにも及ぶ絵画のスケールと迫力に圧倒される

必見！

**半跏思惟像**
穏やかで繊細な表情、しなやかな肢体に心が洗われる。必見の国宝

↑個人から博物館に寄贈された、歴史的所有物が展示されている

↑水・土曜は21時まで開館。ゆっくり見学をしたい人におすすめ

**敬天寺十層石塔**
高さ13.5mの大理石の石塔。凛としたたたずまいに仏陀、菩薩、草花の文様の彫刻が施されている

↑ガラス張りの屋根から差し込む自然光が明るく開放的な雰囲気を演出

## 耕仁美術館

경인미술관
キョンインミスルグァン

仁寺洞 **MAP** 付録P.19 D-3

伝統家屋を利用した美術館

ゆったりとした時間が流れる

仁寺洞の路地の奥にある広々とした韓屋群を利用した美術館。計4つの展示室とアトリエ、そして伝統茶院が、500坪もの敷地内に集合している。アーティストもよく在廊しており、市民の気軽な文化交流の場として、地元民や観光客で賑わう。

### information

● ちょっと変わった運営スタイルに注目　すべての展示室は入場無料で観覧できる。内容は週替わりで、火・水曜は入れ替えが行われるので注意。作品はすべて取材時のもの。

☎02-733-4448 ⊗ Ⓜ3号線安国駅6番出口から徒歩7分 ⓐ鍾路区仁寺洞10キル11-4 ⓣ10:00～18:00 ⓗ秋夕 ⓡ無料

必見!

**ウォーター・リリーズ**
韓国人画家キム・シニョン氏による蓮の油絵。アトリエ内では最大の作品

**ビューティフル・リーフ**
「美しい葉」をテーマにした展示会。韓国墨画協会が主催している

**ハワイアンキルト**
ソウルのハワイアンキルト教室「ミノアカ」の企画展。フラやウクレレ体験も

⤵第2展示室は開放的な2フロア。写真展なども多い(右縦)
⤵⤵韓屋を利用した第3展示室。障がい者団体による作品展を開催(上)。最大スペースを誇る第1展示室。団体展示が多く開催(下)

**カフェがあります**

## 伝統茶院 ▶P.91

전통다원
チョントンタウォン

## Dミュージアム

ディ뮤지엄
**DMuseum**

聖水洞 **MAP**付録P.21D-3

2022年に漢南洞から聖水洞に移転した美術館。館内は写真撮影も可能なので、SNS映えのスポットとしても人気が高い。館内のミュージアムショップは展示期間中以外にも利用できる。

☎02-6233-7200 ⊗Ⓜ盆唐線ソウルの森4番出口から直結 ⍟城東区 往十里路83-21、B1F 성동구왕십리로 83-21、B1F ⏰11:00～18:00(金・土曜は～19:00)🅗月曜、展示準備期間 🅟展示により異なる ⍟www.daelimmuseum.org

最先端の文化複合空間

アート好きが集まる

ⓘ **information**

● コンテンポラリーアートが中心　展示方法にも工夫が凝らされ館内撮影もOK。展示は不定期で開催しているのでスケジュールは事前にHPを確認しておきたい。写真は2019年の展示内容。

↑ロンドンを拠点に活躍するハティ・スチュワートの『チーキー・ユニバース』

↑中国人イラストレーターオアムル・ルーの『メロウ・フォレスト』(左)　英国在住ケイティ・スコットの『マグニファイング・グラス』(右)

**ショップがあります**

↑額に入れて飾るのもおすすめのポストカードW1500

↓日常使いにぴったりのキャンバスバッグW1万6000

↑家具デザイナー、フェイ・トゥーグッドによる『ザ・ドローイング・ルーム』

↑日本のイラストレーター、空山基による『スーパー・リアリスティックワールド』

## サムスン美術館 リウム

삼성미술관 리움
サムソンミスルグァン リウム

梨泰院 **MAP**付録P.20 C-4

韓国の古美術、現代美術品から海外の近現代美術作品までもが集まった美術館。世界的な建築家レム・コールハース、マリオ・ボッタ、ジャン・ヌーベルが設計に参加した。

☎02-2014-6901 ⊗Ⓜ6号線漢江鎮駅1番出口から徒歩6分 ⍟龍山区 梨泰院路55キル60-16 용산구 이태원로 55길 60-16 ⏰10:00～18:00(最終受付17:30)🅗月曜 🅟W1万8000(展示によって料金変動、無料展と有料展がある) ⍟www.leeum.samsungfoundation.org Ⓙ Ⓔ ▭

韓国の国宝や宝物をはじめ現代アートまでを一挙展示

錬金術
ヨングムスル
韓国を代表する現代美術家チェ・ジョンファの作品。人気フォトスポットのひとつ
©Hyun-Soo Kim

必見!

大木と雪
(Tall tree and eyes)
クンナムワヌン
エントランス前の屋外展示。インド出身の現代彫刻家アニッシュ・カプーアの作品©Yong-Kwan Kim

**カフェがあります**

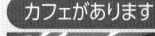

↑観覧後はカフェでくつろごう。リアム・ギリックがインテリアデザインを担当©Kim Hyunsoo

**ショップがあります**

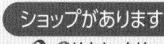

↑リウム・クリアバッグW5万

↑青花白磁の鯉形硯滴を模したお香立てW4万

↑国宝36点を含む古美術品、近現代美術や外国の現代アートを展示

美への執着！韓方施術もアレば韓方茶もアリ

# 03 美肌を実現してみませんか?

ソウルで極める
健康と美容

潤いがあり、内側から光り輝いているように見える
美しい肌のことを韓国では「水光肌」という。
そんな肌になれる韓方やクリニックをご紹介。

*Beauty*

体の内側から
美しくなろう

自然やオーガニック素
材にこだわった韓方薬
の原料

## 📍 そもそも「韓方」って?

中国から伝わった漢方をもとに、韓国独
自に発展してきた伝統医学のこと。ナツ
メや高麗人参などの生薬を用いて体のメ
ンテナンスを行うことが目的。

1.ヘアケア用の製品はすべて医院オリジナルのものを使用　2.頭皮へのケアも重点的に行っ
ていく　3.ヘアのみにとどまらずダイエットや体質改善のプログラムも

## 韓方茶で身も心もデトックス

韓方茶といってもさまざまな生薬の種類
が。カウンセラーと相談して自分の体調
に合ったお茶をいただこう。

⬆ストレスによる肩こりや目の疲れに効く香通茶 W8000

ヘルシーな韓方剤で
心身ともに癒やされる空間

## ティ・セラピー

티 테라피
Tea Therapy
三清洞 **MAP** 付録P.18 C-2

健康や美容に効果がある韓方茶が人気の
カフェ。自分のコンディションに合わせ
てブレンディングしてもらえる「自分だ
けのお茶」も用意。おみやげにいいティー
バッグのラインナップも豊富。

☎02-730-7507 ㊍③号線安国駅1番出口から
徒歩5分 ㊟鐘路区尹潽善キル74　종로구 윤보선길
74 ⌚10:00～21:00(1～2月は～20:00)LOは
各30分前 ㊡無休 JEJE▣

⬆足湯は1人15～20分で
W8000(3～11月のみ体験可
能。タオルの貸し出しあり、
薬剤提供)

⬆体のエネルギーをキープ
する五味子茶 W7000

⬆どんな効果が望める
か日本語の説明もある

⬆北村韓屋村に近く海
外からのお客が多い

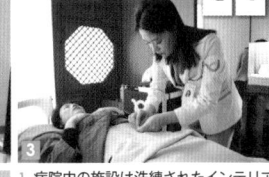

ゆったりとした空間で心身のリフレッシュを

## 韓医学の名医によるヘアケア
# イ・ムンウォン韓方クリニック
이문원한의원
イムンウォンハンウィウォン
清潭洞 **MAP** 付録P.13 D-2

頭皮や髪へのケアをメインにした韓方クリニック。韓国の芸能人も通うほか、日本や中国、アメリカなど海外からリピーターで訪れる人も多い。デリケートな髪の悩みにもていねいに耳を傾けながら施術を行ってくれる。

☎02-511-1079 Ⓜ7号線、盆唐線江南区庁駅から徒歩4分 江南区宣陵路132キル33 강남구 선릉로132길33 ⓣ10:00～18:00（金曜は～21:00）土曜9:00～16:30 木・日曜 Ｊ Ｅ Ｃ

4.イ・ムンウォン韓方クリニックのロビー。明るく洗練された雰囲気 5.都会の一角ながら広々とした敷地にガラス張りの開放感がある建物が印象的 6.イ・ムンウォン院長。ひとりひとりに合った頭皮や髪へのケアを第一に考えている

1.病院内の施設は洗練されたインテリアで統一 2.カウンセリングの様子。海外からの利用者も多く、多言語に対応 3.プログラム施術の一場面。アンチエイジングや肥満治療、産後の体質改善など多様なプログラムに定評がある 4.自然の原料を取り入れ、体質に合った韓方薬の調合を行う 5.1992年の設立以来、幅広い韓医学の治療を手がけている

## 健康と美の秘密がここにある
# 広東韓方病院五行センター
광동한방병원오행센터
クァンドンハンバンビョンウォンオハンセント
奉恩寺 **MAP** 付録P.13 F-2

ソウルの江南エリアに位置する「広東韓方病院」の中に設けられた「五行センター」は、韓医学を中心に肥満治療やアンチエイジングのプログラムが幅広く取り入れられている。日本語も対応していて安心。

☎02-2222-4992 Ⓜ9号線奉恩寺駅5番出口から徒歩3分 江南区奉恩寺路 612 강남구 봉은사로612 9:00～19:00（月曜は～18:00、土曜は～16:00）日曜 Ｊ Ｅ Ｃ

---

## 韓国らしさあふれる伝統カフェで体がほっとするリラックスタイム
# 茶香
다향
タヒャン
江南 **MAP** 付録P.13 D-3

13種類の韓方剤が入った十全大補湯をはじめ、さまざまな韓方茶や伝統茶が充実している創業32年目の喫茶店。お茶についてくる韓菓もうれしい。

☎02-561-9993 Ⓜ2号線、盆唐線宣陵駅5番出口から徒歩3分 江南区テヘラン路313, B1 강남구 테헤란로 313, 지하1층 ⓣ10:30～20:00（LO19:00） 土・日曜、祝日

↑江南のオフィス街に位置する

↑疲労回復に効く十全大補湯W8000

↑おばあちゃんの家に来たかのような懐かしさを感じる

## 歴史ある老舗韓方医院の気軽に立ち寄れるカフェ
# ザ・サンファ
더쌍화
The ssanghwa
東大門 **MAP** 付録P.20 C-1

1967年に開業した韓方医院が母体となり、2014年から韓方を日常に気軽に取り入れられるカフェをオープン。国内23カ所に展開する人気チェーンに。おみやげを買うと、店内で免税が受けられる。

☎02-2263-5700 Ⓜ1、4号線東大門駅9番出口から徒歩4分 鍾路区鍾路252-6 종로구 종로 252-6 ⓣ10:00～22:00 日曜12:00～21:00 無休 Ｊ Ｅ Ｃ

↑鍾路の裏路地に本店を構える

↑漢方サプリW3万8500～も販売

↑持ち帰り用の鹿茸雙和茶1BOX(20袋)W8万6900

↑15種類の生薬入りお粥がついた伝統雙和茶セットW6000

## 美容大国の確かな技術を体験
# 初めての美容クリニックへ

**美容に対する意識が高い韓国では、
美容注射などもお手軽に体験できるのが魅力。
日本語も対応しているので安心して!**

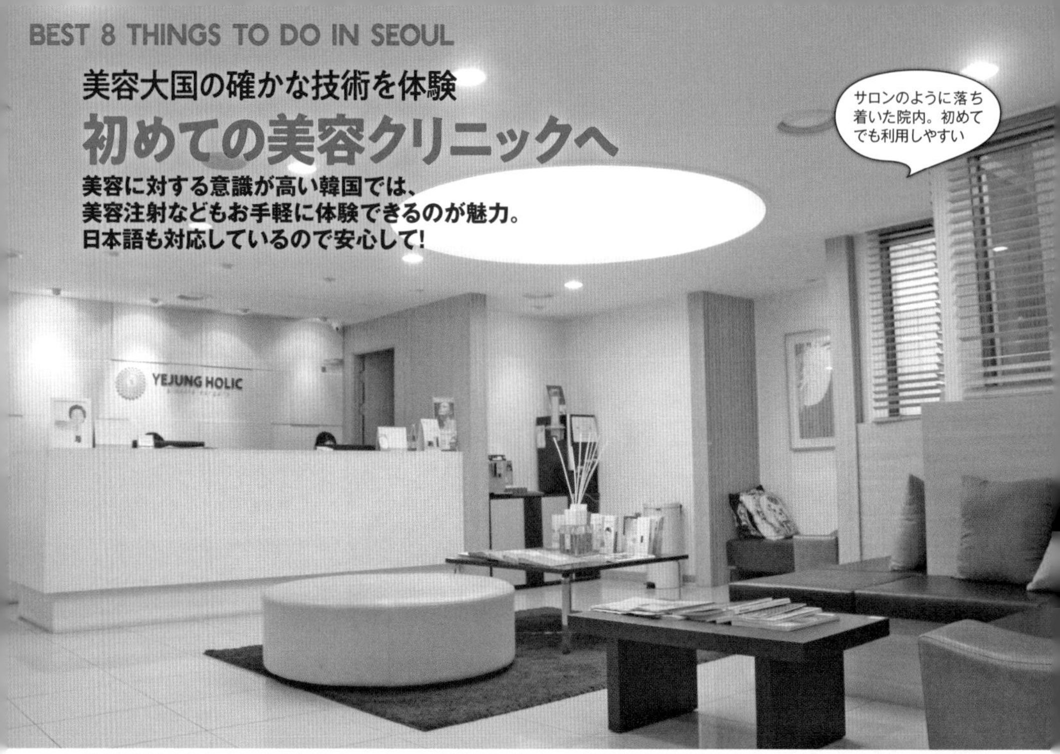

サロンのように落ち着いた院内。初めてでも利用しやすい

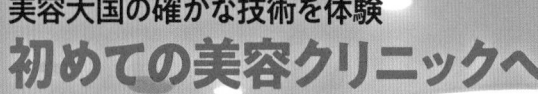

院長の確かな技術力に定評あり
## YJホーリック美容外科
예정홀릭미용외과
イェジョンホルリッミヨンウェクァ
江南 MAP 付録P.12 B-4

レーザーやプチ整形、美容整形まで専門的な治療が受けられるクリニック。経験豊富な院長による施術が評判で、日本語を話すスタッフが常駐しているため安心。ていねいなカウンセリングもうれしい。

☎02-3445-1717 交Ⓜ2号線、新盆唐線、江南駅11番出口からすぐ 所江南区江南大路402、時計塔ビル4F YEJUNG内 강남구 강남대로 402,시계탑빌딩 4F YEJUNG 내 営10:00～19:00(土曜は～16:00) 休日曜 JE

**ダウンタイムに注意**

ダウンタイムとは、術後の回復期間のこと。IPL照射後はかさぶたができ、1週間ほどで自然にはがれる。赤みが出ても1～2日で鎮静。1週間はサウナや激しい運動を控えて。

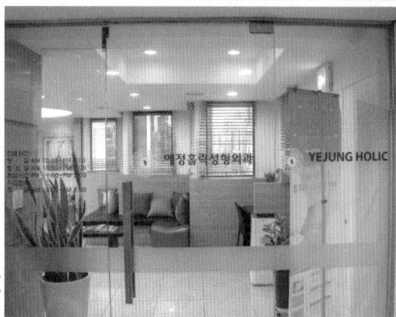

➡江南駅のすぐ目の前に位置。韓国女性はもちろん、海外から来院する人も多い

### 施術の流れ

MENU
✲アリアIPL注射(60分)

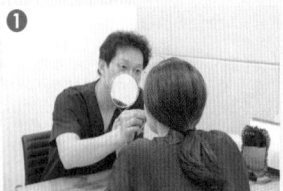

❶ ⬆色素レーザーメニュー「アリアIPL」の例。最初にカウンセリングで悩みを相談

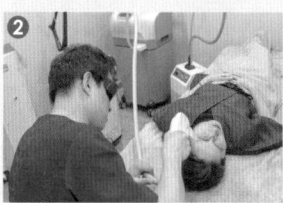

❷ ⬆顔全体に麻酔クリームを塗り、目を保護するためのカバーをつけて施術スタート

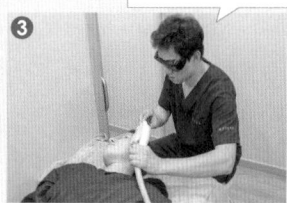

❸ ⬆肌に負担の少ない光を照射し、シミやそばかす、色素沈着などを取り除く

各分野の専門ドクターが対応

# オラクル皮膚科・美容外科

오라클피부과 성형외과

オラクルピブクァソンヒョンウェクァ

清潭洞 **MAP** 付録P.13 D-2

国内外に70院以上を展開する韓国最大級の美容医療医院。皮膚科や美容外科など各分野の専門医が在籍しており、日本人スタッフもカウンセラーとして常駐。事前にインターネットで相談もできる。

☎1800-7588(日本語) Ⓜ9号線、盆唐線宣陵駅2番出口から徒歩3分 ⓐ江南区宣陵路612、ハンイルビル1F 강남구선릉로612、한일빌딩1F ⏰10：00～13：00 14：00～19：00 土曜10：00～17：00 ⏰日曜、祝日 ⒿⒺ🈂💳

↑時間をかけてカウンセリングを行い、細かい希望を聞く

## 施術の流れ

**MENU**
※水光注射(30分)

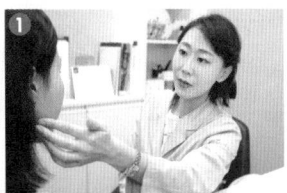

↑肌をみずみずしくする水光注射。まずは専門医が肌質や状態をチェック

↑ヒアルロン酸やプラセンタなど肌の再生に役立つ成分を特殊な注射器で注入

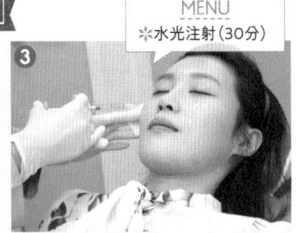

↑即効性のある施術のひとつ。たるみや小ジワなどに効果があるといわれている

---

↑総合案内デスク(1階)。明るく洗練された雰囲気。地下1階～地上5階すべてがクリニックのフロア。写真は5階・皮膚科受付

充実の医療設備とサポート体制で安心

# ジェイジュン美容形成外科・皮膚科

제이준성형외과 피부과

ジェイジュンソンヒョンウェクァ・ピブクァ

江南 **MAP** 付録P.12 C-3

美容系クリニックが集まる激戦地区の江南で最新の設備と多くの実績を誇る。韓国内はもちろん、日本をはじめ、海外からの患者も多く訪れ、日本人コーディネーターも駐在しておりサポートも万全。

☎02-563-0530 Ⓜ9号線彦州駅6番出口 から徒歩5分 ⓐ江南区論峴路530 강남구논현로530 ⏰10：00～12：00、13：00～19：00(水曜は～20：00、土曜は～17：00) ⏰日曜、祝日 ⒿⒺ🈂💳

## こんな施術があります

↑カウンセリングは肌の悩みや施術の希望などをていねいに聞き取りながら進められる

**MENU**
※DDRレーザー＋LDM紅潮管理(60分)

↑赤ら顔やニキビ跡の悩みの改善と肌の再生力の促進。レーザーと超音波による施術

**MENU**
※クラリティ＋ヘリオスデュアルトーニング(60分)

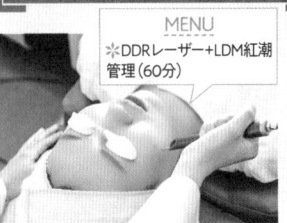

↑シミやくすみを2種類のレーザーによってトーンアップ。肌のハリ、弾力改善にも期待

※施術メニューの料金は施術内容(注射本数など)によって異なります。

ソウルでぜったいしたい8のコト

03 美肌を実現してみませんか？

粋なインテリアでゆったりできる人気店です

## 04 8つのスタイリッシュ！ おとなおしゃれカフェ

時間の経過を 忘れちゃいそう！

次から次へと話題のカフェがオープンするカフェ激戦区のソウル。 そのなかでもゆっくりとくつろげるカフェだけを厳選。

Café

風情ある伝統家屋で 焼きたてパンをほおばる

中庭に向かって座 れる縁側も、居心 地抜群でおすすめ

### カフェ・オニオン

카페 어니언　**Cafe Onion**

三清洞 **MAP** 付録P.19 D-2

2019年3月のオープン以来、人気 のベーカリーカフェ。約200年前 の韓屋を再利用し、ゆとりのあ る空間を演出している。自慢の パンは、苦めのコーヒーに合う カステラに似たパンドーロや、 海草とパンを融合させた甘じょっ ぱいトーストなどが売れ筋。

☎070-7543-2123 **M** 3号線安国 駅3番出口から徒歩1分 **所** 鍾路区桂洞 キル5 종로구 계동길5 ◎7:00(土・日曜 9:00)〜22:00(LO21:30) **休** 無休 **J**

**MENU**
ハニーメセンイ
W6000(左)
パンドーロ
W6000(中央)
インジョルミパン
W5000(右)

↑立派な門構えでの記念撮影が、 この店を訪れる人の定番

←毎朝9〜10時が比較的すいてい て、パンも充実している

## カフェ・サン1-1

카페산1-1　CAFÉ SAN 1-1

大学路 **MAP** 付録P4 C-1

ソウルの風景が眺望できると人気の
カフェ。岩からインスピレーション
された石形のムースケーキなど、オ
リジナルのメニューも好評。カフェ
へのアクセスの途中には梨花壁画村
もあるので散歩がてらぜひ。

☎010-8993-2359 🚇4号線恵化駅2番出
口から徒歩20分 🏠鐘路区駱山城郭西1キル25
종로구낙산성곽서1길25 ⏰12:00(土・日曜、祝
日11:00)～22:30 🈺無休 E

駱山公園頂上のカフェ

ソウルビューを楽しむ

2階とルーフトップ
からはNソウルタワ
ーが見える

⬆近くには多くのカフェが密集しているが、
大きい英文の看板があるのでわかりやすい

⬅巨大な天然の
岩が保存されて
いるのが印象的
な1階。自然を感
じながらひと休
みできる

**MENU**
石ムース
W7500(左手前)
生レモネード
W8000(左奥)
イチゴティラミス
W8000(右手前)

## ザ・ロイヤル・フード
## &ドリンク

더로열푸드앤드링크

**The Royal Food & Drink**

ソウル駅周辺 **MAP** 付録P8 C-3

現地韓国人がここからの眺め
を見に行くほど、絶景カフェ
として知られる。人気のメ
ニューは、手作りにこだわっ
たボリューム満点のブレック
ファースト。季節や時間帯を
変えて、何度でも訪れたい。

☎070-7774-4168 🚇4号線
淑大入口駅3番出口から徒歩17分
🏠龍山区新興路20キル37 용산구
신흥로20길37 ⏰11:00～
18:00(LO17:15) 🈺水・木曜
E

➡絶景シートは撮影のための
席なので、飲食はほかの席で

⬅入口はこぢんまりとしてい
るが、店内は奥行きがある

⬇1階奥のソファ席。ほか、
ハイチェアーのテーブル席も

景色にときめくカフェ

心地よい風を満喫

**MENU**
ロイヤルズブレック
ファースト W1万8000

## 利路

이로　イロ

江南 **MAP** 付録P4 C-3

2024年2月オープンした「獬豸(かいち)」テーマのカフェ。明るくてスタイリッシュな1階と、不思議なパワーをもらえる滝が流れる地下構成で、独特で感性的な雰囲気が話題。ユニークなメニューも多数。

☎02-6447-1080 🚇2号線瑞草駅1番出口から徒歩3分 🏠瑞草区盤浦大路30キル32　서초구반포대로30길32 ⏰8:30(土・日曜11:00〜)〜21:00(LO20:30) 🈳無休 🇪🇪

←水の神獣であり、法と正義を象徴する「獬豸」の庭をコンセプトにしている

←やや暗めで滝の音を聞きながら癒やされる地下空間。奥には素敵な展示スペースもある

フロアによってひと味違う雰囲気を楽しめるのが魅力

獬豸をモチーフにしたヒーリングカフェ

**MENU**
獬豸の神獣林（夏）
W9800(手前)
ソリブルクリームラテ
W6800(左奥)
サブレサンド
W4300(右奥)

## ソムタル

섬타르　**Sumtarr**

聖水洞 **MAP** 付録P5 D-2

済州本店に続き2号店がソウルの森に2023年12月オープン。有精卵など済州島のヘルシーな食材を使用するタルトはなんと20種類以上。済州島にちなんでネーミングされたメニューも面白い。

☎02-468-4467 🚇盆唐線ソウルの森駅5番出口から徒歩8分 🏠城東区ソウルの森2キル24-8　성동구서울숲2길24-8 ⏰10:00〜20:00(土・日曜は〜21:00) LOは各30分前 🈳無休 🈺

→2階のイートインスペースには座敷もある（右）。外の右側はニワトリの産卵場を演出（左）

→済州島の農場を思わせる穏やかで懐かしい雰囲気の店内。タルトはオープン直後から出る

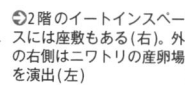

済州島から生まれた手作りタルトカフェ

**MENU**
イチゴタルト
W7800(左手前)
アップルマンゴータルト
W5500(奥)
シャインマスカットタルト
W6400(右)
エッグクリームコーヒー
W7200

## ダーク・グリム

다크그림　Dark grym

調和する江南カフェ　オシャレとカワイイが

江南 **MAP** 付録P.12 B-3

ブラックをベースとしたダークな雰囲気が特徴。クマ形のブラウニーやクマ氷がのっているドリンクなど、キュートなメニューがシックな雰囲気と意外なハーモニーをつくる。

**☎**0507-1485-2486 **⊗M**9号線、新盆唐線新論峴駅3番出口から徒歩2分 **㋳**江南区江南大路112キル12 강남구 강남대로112길12 **⊙**11:30～22:00 土・日曜12:30～22:30 **㋡**無休 **EIE**

**←**新論峴駅繁華街のこぢんまりとしたカフェ

**←**オリジナルのキーリングも販売 W1万6000

**↑**オールブラックインテリアがスタイリッシュ！

**↑**ホワイト＆ピンクの華やかでかわいらしい雰囲気
**↑**2階に上がる階段にはきれいなフォトゾーンも

## ラヘルの台所

라헬의 부엌　Rachel's Kitchen

口の中でとろける　絶品スフレパンケーキ

弘大 **MAP** 付録P.10 C-2

フルーツと生クリーム、ふわふわ生地の組み合わせがたまらないスフレパンケーキが堪能できるブランチカフェ。果物を使ったケーキやドリンクが種類多く、見た目もオシャレ。

**☎**02-332-4325 **⊗M**京義・中央線、2号線新弘大入口駅8番出口から徒歩6分 **㋳**麻浦区臥牛山路29キル47 마포구 와우산로29길 47 **⊙**11:00～20:45(LO20:00) **㋡**無休 **EIE**

## 文化社

분카사　ブンカシャ

明洞 **MAP** 付録P7 D-4

印刷工場の2階をリノベしたカフェ。切り口がきれいなサンドイッチや、色鮮やかなソーダドリンクなど、フルーツをふんだんに使ったメニューが人気。夜はネオンとキャンドルを灯し、バーに変身する。

**☎**02-2269-6947 **⊗M**2、3号線乙支路3街駅10番出口から徒歩2分 **㋳**中区乙支路14キル20、2F 중구 을지로 14길 20, 2F **⊙**10:00～23:00(LO22:20) **㋡**無休 **JEIE**

**↑**シンプルですっきりとした店内。日が差し込んで明るい

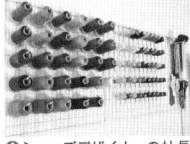

**↑**シューズデザイナーの社長がインテリアを担当

色鮮やかなフルーツをたっぷり盛り込んで

**↑**町工場の連なる雑居ビルの中にある。うっかり見逃さないよう注意

安いモノだけじゃありません!!

## 05 上質がウリのコスメが欲しい!

高品質な
コスメをどうぞ

「韓国のコスメ＝プチプラ」のイメージを持っている人も多いはず。実はプチプラコスメだけではないんです! 上質で自然派な韓国発コスメを試してみて。

### 一生付き合えるブランドを見つけるのが大人の楽しみ

プチプラや流行コスメを追いかけるのもいいけれど、一生付き合いたい定番コスメに出会うなら、なんといっても高品質ブランド。韓国では、皮膚科専門医たちの英知を集めて研究開発したドクターズコスメや、信頼と実績のハイブランドコスメが常に人気で憧れの存在。百貨店や免税店でも買えるが、ブランドのコンセプトを十二分に楽しみたい! そんなときはブランドが空間ごとプロデュースした旗艦店へ。

一等地・江南エリアに位置し、周りは緑に囲まれている

↑「雪花秀」フラッグシップストアの店内。韓方コスメの全商品が一堂に揃う

話題の韓方コスメブランド
旗艦店が遂に誕生

### 雪花秀 フラッグシップストア

설화수 플래그십스토어　ソルファスフラッグシップストア
狎鷗亭洞 MAP 付録P.15 E-3

高級韓方コスメブランドとして根強い人気を誇る「雪花秀」のフラッグシップストアとして2016年にオープン。スパや歴史展示館も兼ね備え、あらゆる韓方コスメが取り揃えられている。

☎02-541-9270 Ⓜ3号線狎鷗亭駅3番出口または盆唐線狎鷗亭ロデオ駅5番出口から徒歩15分 ⓐ江南区島山大路45キル18　강남구 도산대로45길18 ⓣ10:00～19:00 ⓗ月曜 ₩ 🃏

↑地下1階～地上5階からなる建物にはラウンジやルーフスペースも設けられている

↑2階コスメショップでは、「雪花秀」の商品を試用したり、カウンセリングもできる

➡商品の一例。さまざまなラインがあり、左から「滋陰」(基礎)、「珍雪」(保湿ケア)、「多箱雪」(アンチエイジング)

₩9万　₩9万　₩18万

洗練された空間で
ゆっくりお気に入り
を見つけたい

アロマテラピーを本質に
韓国発のヴィーガンコスメ

# アロマティカ

아로마티카　**AROMATICA**

カロスキル **MAP** 付録P14 A-3

国際オーガニックコスメ「COSMOS
認定」を取得！合成香料や合成防腐剤
を一切使用せず、天然エッセンシャ
ルオイル中心のオーガニック原料の
みを使用。安全で健康的に綺麗にな
れるコスメとして人気。

☎1833-6569 Ⓜ3号線、新盆唐線新沙
駅8番出口から徒歩10分 Ⓐ 江南区 江南大路
162キル 41-4 　강남구　강남대로162길
41-4 ◷11:00～19:00 無休 💳

↑リフィルステーションがあ
り商品の中身のみを買うこと
もできる

↑2023年3月に現在の住所に
移転オープン

↑地下はアロマテラピー教室などが開かれる空間

**①**　**W1万6000**

**②**　**W1万1000**

**③**　**W2万4000**　**W2万5000**

**④**　**W2万5000**

1. ローズマリールートエンハンサー100㎖　2. スーディングアロエベラジェル300㎖
3. ピュアアンドソフト女性ウォッシュ カモミール＆ティーツリー170㎖　4. サレンボディオイルラベンダー＆マジョラム100㎖

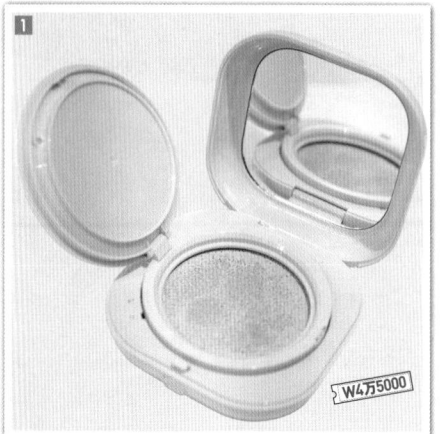

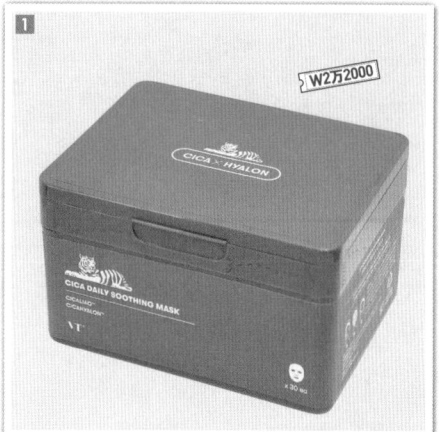

W2万2000

W4万5000

W4万2000

W3万6000

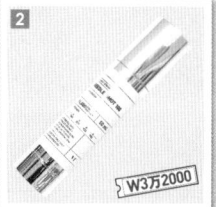

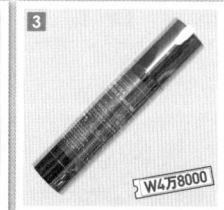

W3万2000

W4万8000

W8万5000

W3万8000

1.高い密着力で一日中崩れにくい肌に仕上げるネオクッションマット　2.アンチエイジングに効くバウンシー＆ファーム・スリーピングマスク　3.100時間続くうるおいリペアー機能のウォーターバンククリーム　4.シワ改善・弾力・光彩効果のある3つのセラムを1本にした商品　5.ラネージュの単独路面店は明洞コスメ通りのこちらのみ

1.1枚ずつ取り出せるCICAデイリースージングマスク（30枚入り）　2.チクチク感が苦手な初心者におすすめのリードルショット100　3.CICA成分が配合されたプロシカ・リードルショット100 4.弾力＆美白効果の高いリードルショット・リフティングセラム　5.グリーンカラーの大きな看板にVTと書かれているのでわかりやすい

**圧倒的な人気のハイクオリティコスメ**

# ラネージュ

라네즈
**LANEIGE**
明洞 MAP 付録P.17 D-3

大手化粧品会社の「アモーレパシフィック」が手がけるブランド。20〜30代の女性から熱い支持を得ている。自分の肌に合うカラーを診断し、ファンデーションを作ってくれる「ビスポーク・ネオ」サービスも人気（予約制）。

☎02-754-1970 Ⓜ4号線明洞駅6番出口から徒歩4分 🏠中区明洞8キル8　중구 명동8길8 🕐11:00〜20:00 🈳無休 ❶❷🖃

**オリジナル成分配合のスキンケアブランド**

# VTコスメティックス

브이티코스메틱
**VT Cosmetics**
明洞 MAP 付録P.17 D-3

独自開発のシカヒアルロン成分によって健康な肌にしてくれる化粧品ブランド。最近コスメ業界で話題のリードルショットは、2023年3月発売以来売り上げ290万個を突破し、国内外のマスコミから注目を集める人気商品。

☎なし Ⓜ4号線明洞駅6番出口から徒歩2分 🏠中区明洞8キル28　중구 명동8길28 🕐9:00〜24:00 🈳無休 ❶❷🖃

1 W3万1000

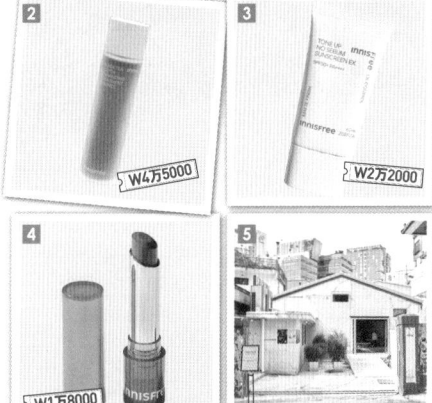

2 W4万5000　　3 W2万2000

4 W1万8000

1 W4万2000

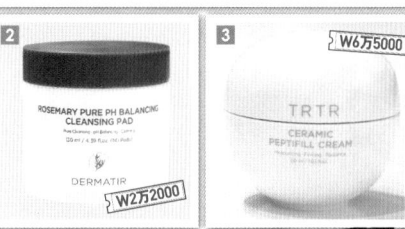

2 W2万2000　　3 W6万5000

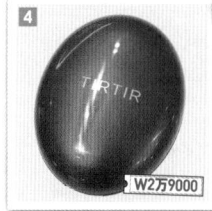

2万9000

1.ヴィーガン認証を受けたグリーンティーシード・ヒアルロンセラム　2.済州島の発酵茶葉成分でイキイキな肌になるエッセンス　3.オイリーな肌におすすめのノーセバム・サンブロッククリーム4.自然に色づき、しっとり潤い感が続くデューイティント・リップバーム　5.全国に店舗を持つが、新たにオープンした聖水洞のフラグシップストア

### 幅広い世代に人気の自然由来コスメ
# イニスフリー
이니스프리
innisfree
聖水洞 **MAP** 付録P21 F-4

韓国の大手化粧品会社「アモーレパシフィック」から生まれたコスメブランド。済州島の火山岩や自社農園で栽培した緑茶など、厳選した自然原料で作られたさまざまなアイテムを披露する。環境にやさしいリサイクル容器もうれしい。

☎02-465-9788 Ⓜ2号線聖水駅3番出口から徒歩6分 城東区聖水7路カキル11　성동구 성수이로7가길11 🕙10:00〜21:00 無休 JE

1.済州島産ローズマリーエキス成分で優れた保湿力のエッセンス　2.濃いメイクもキレイに落とせる弱酸性クレンジングパッド　3.デイリーアンチエイジングケアできるセラミック・ペプチドクリーム　4.マスクにつきにくいと大人気を誇るマスクフィット・レッドクッション　5.ピンクカラーベースのラブリーな店内にはカフェもありゆっくりできる

### 本来の健康な肌色を取り戻してくれる化粧品
# ティルティル
티르티르
TIRTIR
弘大 **MAP** 付録P10 B-3

やさしい植物成分を使っており、敏感肌の人でも安心できるヘルス・ビューティーブランド。ドラマ『愛の不時着』で大人気となった俳優のヒョンビンが2022年からモデルを務めており、さらに人気が高まっている。

☎070-4281-9974 Ⓜ2,6号線合井駅3番出口から徒歩5分 麻浦区チャンダリ路3アンキル5　마포구 잔다리로3안길5 🕙10:00〜19:00 無休 E

## 文句は言わせません！最高級店からカジュアルまで

# 06 ソウルグルメ 名店のなかの7つの名店!

韓国の伝統料理を新しくアレンジした高級店や、どこか懐かしい家庭料理をいただける食堂など、さまざまなジャンルの名店たちをご紹介。

一度は行ってほしいお店ばかり！

新羅ホテルの23階に位置。夜に窓際から見えるソウルは絶景

### 3年連続でミシュラン3ツ星！新羅ホテル内の有名レストラン

## 羅宴

라연 ラヨン

東大入口 **MAP** 付録P.9 F-2

2016年から3年連続でミシュラン3ツ星を獲得した最高級レストラン。厳選された旬の素材を使用し、伝統的な宮廷料理をモダンにアレンジ。新羅ホテルの最上階で、上品で繊細な料理の数々を楽しめる。

☎02-2230-3367 ❌Ⓜ3号線東大入口駅5番出口から徒歩3分 ㊟中区東湖路249, 23F 중구 동호로 249, 23F ⏰12:00〜14:00(LO) 18:00〜21:30(LO) ㊡無休 JEMV

↑会食にも使われるような個室も

↑美しい盛り付けの九折板（クジョルパン）。野菜や牛肉などをクレープに似たミルチョンビョンに包んでいただく

←宮廷料理の神仙炉（シンソルロ）。野菜や魚、肉のチヂミを鍋仕立てに

ディナーコース
저녁코스
**W30万**
ご飯物メニューのアワビ釜飯。九折板、神仙炉はW27万コースのメニュー

美しい漢江ビューと旬の珍味を
満喫できる韓食ダイニング

# サデブチプ・コッカン

사대부집 곳간
汝矣島 **MAP** 付録P4B-3

朝鮮時代の士大夫の家庭料理を現代的に再解釈した韓国料理を提供。メインの定食を注文すると自由に利用できるセミビュッフェを用意しており、各地方からの旬な食材を使ったメニューを存分に堪能できる。50階から眺められる景色も楽しみ。

☎02-2055-4441 Ⓜ5、9号線汝矣島駅1番出口から徒歩7分 ⓐ永登浦区汝矣大路24、50F 영등포구 여의대로 24、50F ⓣ11:30～15:00 17:00～21:00 土・日曜、祝日11:30～15:30 17:30～21:30 LOは各1時間前 Ⓗ無休 ⒺⒾ

**アワビ・牛カルビチム定食**
전복 갈비찜 반상
**W6万3000**
醤油で味付けしたアワビ＆牛カルビのメイン料理やスープ、おかずの構成

↑ピーマンや玉ネギなどの野菜とトッカルビを炒めた一品。ピリ辛な味付けが食欲をそそる

↑醤油漬け鶏肉の炭火焼き。ジューシーでやわらかい鶏肉をネギと一緒に食べて

↑韓国料理には外せないチャプチェも。キノコやホウレン草など野菜も豊富でうれしい

---

**ランチ 9コース**
Lunch 9course
**W19万5000**
基本のランチコース

急速な進化を遂げている
韓国グルメシーンの星

# 正食堂

정식당 ジョンシクタン
押鴎亭洞 **MAP** 付録P.15 F-2

今をときめくスターシェフ、イム・ジョンイク氏率いるレストラン。「新しい韓国料理」を提案し、西洋のエッセンスを高いレベルでフュージョンさせ、ミシュランでも2ツ星を与えられている。

☎02-517-4654 Ⓜ盆唐線押鴎亭ロデオ駅3番出口から徒歩5分 ⓐ江南区宣陵路158キル11 강남구 선릉로158길 11 ⓣ12:00～15:00 17:30～21:00(LO)土・日曜11:00～17:00 17:30～21:00(LO) Ⓗ不定休 ⒺⒿⒾ

↑2階はオープン席、3階はバーと個室

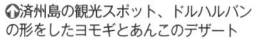

↑済州島の観光スポット、ドルハルバンの形をしたヨモギとあんこのデザート

↑坂の途中にあるシックな外観。早めの予約がベスト。1階にはカフェも併設している

↑ワインセラーには、世界各国から厳選されたワインが各種揃っている

↑キムチなど3種類を2個ずつ盛り合わせた蒸し餃子 W1万9000

↑細い路地を入った、耕仁美術館向かいの韓屋が店舗

**餃子スープ** 개성 만두 국
**W1万5000**
牛肉スープに10種以上の野菜が詰まった大きな餃子が6個

餃子一筋のハルモニから
受け継いだ真心餃子

## 宮
궁 クン

仁寺洞 **MAP** 付録P.19 D-3

オープン以来、3代にわたり営業を続ける老舗の餃子店。先代の出身地である北朝鮮・開城風の丸い餃子は韓国では珍しい。野菜がたっぷりなので、大きさのわりにペロリと食べられる。

☎02-733-9240 Ⓜ3号線安国駅6番出口から徒歩8分 所鍾路区仁寺洞10キル11-3 종로구 인사동10길11-3 ⏰11:30〜20:00(LO19:20) 金・土曜11:30〜21:00(LO20:50) 休無休 Ｊ Ｅ

→毎日店内でひとつずつ手作り。安心して食べられる

---

家庭的な雰囲気ながらも味は一流!

# カジュアルに入れる名店

*Casual style Restaurant*

ドレスコードは不要、比較的手が届きやすい料金でコスパ良好。高級店と併せてシーン別に選びたい。

↑映えるグリーンとコンパクトな外観はおしゃれなカフェのよう

ミシュラン掲載の
最先端カンジャンケジャン

## ケバンシクタン
계방식당

江南区庁 **MAP** 付録P.15 F-4

新しいスタイルと妥協を許さない品質の高さで、オープン以来たちまち話題になったカンジャンケジャン専門店。瑞山や珍島から卵の詰まった韓国産ワタリガニだけを使用している。

☎010-8479-1107 Ⓜ7号線、盆唐線江南区庁駅3番出口から徒歩3分 所江南区宣陵路131キル17 강남구선릉로131길17 ⏰11:30〜15:00 17:30〜22:10(LO) 休日曜 Ｊ Ｅ

**カンジャンケジャンセット** 간장게장 세트
**W3万6000(2024年3月)**
1人前ずつ配膳される。カニの甲羅で絶品カニ味噌ビビムバブを

↑1人利用も歓迎で、各席に充電用コンセントがあるのもうれしい

**豆腐ポッサム** 두부보쌈
**W4万6000**
済州島産豚肉＋豆腐＋キムチ。
日本にない組み合わせが新鮮！

↑コース料理を利
用時のみ、3名以上
で予約ができる

→生豆腐W1万6000。
大豆の味を堪能した
いならこれ！

## 大豆のコク、甘みを引き出した
## 自慢の豆腐でミシュラン掲載

# 黄金コンパッ

황금콩밭 ファングムコンパッ

エオゲ **MAP** 付録P4 B-2

韓国の南方、慶尚北道産の大豆を使
い、豆腐を作り続けている豆腐料理専
門店。ミシュランガイドに掲載された
実力店だ。民家を改装した店の居心地
も最高。

☎02-313-2952 Ⓧ 5号線エオゲ駅2番出口
から徒歩2分 Ⓟ 麻浦区 麻浦大路16キル9　마포
구 마포대로16길9 ⏰11:30(金〜日曜11:00)〜
15:00 17:00〜21:30 (金〜日曜は〜21:00)
LOは各1時間前 Ⓗ無休 ＪⒺ🈑

---

**サムギョプサル** 삼겹살
**W1万8000〜**
厚く切り出された豚肉は、すべ
ての断面をしっかり焼くため至極
香ばしい。注文は2人前から可能

## 韓国料理の大定番
## サムギョプサルを堪能あれ！

# 肉典食堂

육전식당 ユクジョンシクタン

東大門 **MAP** 付録P.5 D-2

最短でも2週間熟成させた韓国のブラ
ンド豚「韓豚(ハンドン)」を提供。表
面をカリカリに焼くのは、肉汁が外に
流れるのを防ぐため。噛みしめるたび
に、内側から脂や肉汁があふれる。

☎02-2253-6373 Ⓧ 1、2号線新設洞駅
10番出口から徒歩2分 Ⓟ 東大門区 蘭渓路30キ
ル 16 동대문구 난계로30길16 ⏰11:00〜
23:00(LO22:00) Ⓗ無休 ＪⒺ🈑

↑スタッフがていね
いに焼いてくれ、鉄
板もこまめに換えて
くれる

←塩やタチウオの塩
辛など、たくさんの
調味料でいただく

## ソウルは夜になってからが楽しいかもしれない！

## 07 女子だって遊べる クラブ＆バーへようこそ！

夜ふかししたい日にぴったりのクラブとバーを紹介。バーで夜景を眺めながらお酒を楽しむのも、クラブで踊るのも、どちらも最高！

★

### オシャレでゴージャス！大人の夜はここから
### デイ＆ナイト
데이앤나잇　Day&Night
梨泰院 MAP 付録P.20 B-4

生花やハーブ、フルーツを盛ったフラワーカクテルのメニューが話題のバー。インテリアもゴージャス感満載。毎週金・土曜は人気DJも登場するイベントが22時から開催中。詳細は公式インスタを。

☎0507-1434-2555 ⊗Ⓜ6号線梨泰院駅2番出口から徒歩1分 ㊟龍山区梨泰院路27カキル26, 2F　용산구 이태원로 27가길 26, 2F ⊕22:00〜翌4:00（金・土曜は〜翌6:00）LOは各1時間前 ㊡月〜水曜 ⓙⒺ▭

↑ハミルトンホテルのロビー奥の階段を上って2階へ

↑カシスリキュールベースでフルーツののったレッド・ドレスW1万2000(奥)、食用花の香りがゴージャスなバーブルNo.3W1万2000(手前)

リコッタチーズとナスのピザW1万8000

### カクテルを片手に野外の解放感に浸る
### ルーフトップ・バー・フローティング
루프탑바플로팅
Rooftop Bar Floating
明洞 MAP 付録P.17 E-4

目の前に南山がそびえる絶景バー。刻々と変化する空の色や夜景を楽しみながら、カクテルを味わいたい。店内にフットスパがあり、バー利用者は誰でも無料で利用できる。

☎02-6310-1097 ⊗Ⓜ4号線明洞駅9番出口からすぐ ㊟中区退渓路137, L7明洞 by LOTTE 21F　중구 퇴계로 137, L7 명동 by LOTTE 21F ⊕17:00〜翌1:30(LO翌1:00) ㊡無休 ⒺⓈ▭

↑バーテンダーとの会話を楽しめるカウンターも人気シート

↑アルコールフリーでゴクゴクいける、スパーブW2万3000

自家製ゆずジュースベースのさっぱり感

↑暗くなるにつれて、窓側に明洞エリアの夜景が浮かび上がる

壁際にボックス席がずらり。フードも充実でディナーの利用も歓迎

⭐ 遊び心がたっぷりこもった
★ 個性豊かなレトロパブ

## ミーユー・パブ
미유펍　MeYouPub
梨泰院 **MAP** 付録P.20 A-4

↑どんなドリンクにも相性の良いキムチ＆グリルドソーセージ W1万9000

オーナーがすべてを手がけるウィットに富んだインテリアがおもしろく、時にはクラブのようにダンスタイムも繰り広げられる異色のバー。生ビールから韓国焼酎、ワインなどドリンクも豊

☎010-4358-5882 ⚡Ⓜ6号線梨泰院駅1番出口から徒歩2分 所龍山区梨泰院路165-6,B1　용산구 이태원로165-6,B1 営19:00～翌2:00(金・土曜は～翌6:00)LOは各30分前 休月・火曜 Ⓔ

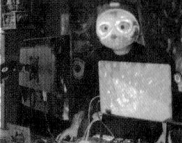

↑オーナーがDJをするときも！

↑独特なオブジェが多くレトロでユニークな雰囲気

---

5種の果物をキューブのように積み上げたフルーツキューブ W2800

↑店名は「ジャンさんの冷蔵庫」の意味。店頭の果物は購入も可
↑2階席からのオーダーは、店内の公衆電話で。なんともユニーク

秘密の入口を通って
不思議な世界へトリップ

## チャンプリゴ
장프리고　Jeanfrigo
東大門 **MAP** 付録P.20 C-2

見た目はふつうの青果店。でも冷蔵庫の扉を開けると、そこはヴィンテージ感あふれるバーが広がっている。メニューは果物をフィーチャーしたものが多く、見た目もカラフルでSNS映え抜群。

☎0507-1412-1933 ⚡Ⓜ2、4、5号線東大門歴史文化公園駅4番出口から徒歩5分 所中区退渓路62キル9-8　중구퇴계로62길9-8 営18:00～翌1:00(LO24:00) 休日曜 Ⓔ

---

↑しょうががピリッとスパイシー、チェンバーミュール W2万7000

アジト的な空間に
今夜も粋な大人が集う

## ル・チェンバー
르 챔버　Le Chamber
狎鴎亭洞 **MAP** 付録P.15 F-2

↑本棚には扉を開く仕掛けが隠されている

世界的に有名なバーテンダー2人がオープンした、路地裏の地下に隠れたようなバー。しょうがとライムのパンチが効いた看板カクテルをぜひ。

☎010-9903-3789 ⚡Ⓜ盆唐線狎鴎亭ロデオ駅4番出口から徒歩1分 所江南区島山大路55キル42,B1　강남구도산대로55길42,B1 営19:00～翌3:00(金・土曜は～翌4:00、日曜は～翌2:00) LOは各20分前 休無休 ※チャージ1人W1万 Ⓙ Ⓔ

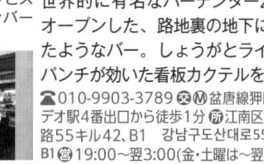

↑重厚なカウンターが大人の雰囲気を醸し出す

バーに寄ってからの
はしごだってOK!

# クラブで踊り明かす夜

ソウルはクラブが多く、特に梨泰院や弘大に
集中している。クラブ初心者にもおすすめ。

`0236`

## 平日に最も盛り上がる
## 江南のホットなクラブ

★ ★ ★

# クラブ・サウンド

클럽 사운드　**Club Sound**

新沙 **MAP** 付録P.12 B-2

オープン2年目となる「クラブ・レース」の
姉妹店。20〜30代の若いお客さんが平日
に多く訪れる。250坪のフロアにはEDM
ゾーンを用意しており、トレンディなエレ
クトロ音楽を思いっきり楽しめる。

☎010-4952-2392 ⊗Ⓜ3号線、新盆唐線新沙駅1
番出口からすぐ ⑪江南区島山大路114、B1　강남구
도산대로114,B1 ⊗23:00〜翌10:00 ⑭木・金・日曜
Ⓙ Ⓙ Ⓔ ▣ ▭

`0222`

ブランドの
立ち上げパー
ティーや新商
品発売イベン
トなども多数

`0223`

↑多くの人で埋め尽くされたフロアは、派手な照
明とともに興奮と熱気が高まっていく

`0206`

↑実力派DJによるヒップな雰囲気で朝まではじける

## クラブ遊びアドバイス

**パスポートは必携**
入場の際には身分証明が必須。パスポート
は必ず携帯しよう（コピーは不可）。

**ドレスコードはあるの?**
クラブによっては露出の多い服装はNGと
するところも。動きやすい服装がおすすめ。

**荷物は預けておく**
クロークがある場合、貴重品などの荷物は
預けること。所持品の紛失にも注意。

### 海外のセレブも訪れる
### 大人気の大型クラブ

# クラブ・レース
클럽 레이스　**Club Race**

新沙 **MAP**付録P.12 A-2

サッカーブラジル代表のネイマール選手や、アメリカのヒップホップアーティストのダベイビーなど、有名人も多く来店したオープン5年目のクラブ。音響や照明、インテリアともに最高の施設を備えている。

☎010-4587-2392 Ⓜ3号線、新盆唐線新沙駅4番出口から徒歩1分 ⑦瑞草区江南大路597,B1　서초구 강남대로 597,B1 ⊘23:00〜翌10:00 ⑭月〜水曜 Ⓙ Ⓔ

20〜40代まで幅広い客層が通うホットスポット

⬆さまざまな国内外アーティストの公演や他クラブとのコラボイベントも行われる

⬅350坪のフロアはEDMとヒップホップの2ゾーン。厳選されたDJのラインナップやフェスティバルのような楽しい雰囲気に魅了される

### レトロウェーブな雰囲気で
### ソウルの夜を楽しむ

# キス
키스　**KISS**

梨泰院 **MAP**付録P.20 A-4

2024年2月にリニューアルオープンしたバー兼クラブ。梨泰院住まいの30代夫婦が手がけている。アシッドハウスやテクノを中心に幅広い音楽をセレクトし、大型クラブに負けないサウンドを披露する。

☎010-8000-8285 Ⓜ6号線梨泰院駅1番出口から徒歩2分 ⑦龍山区梨泰院路19キル6 - 10　용산구 이태원로19길 6-10 ⊘20:00〜翌2:00 金・土曜21:00〜翌6:00 ⑭無休 Ⓙ Ⓔ

⬆外国人の多い梨泰院ならではの異国的な雰囲気が魅力（左）、40人程度入れる小さな規模で、20〜30代の個性的な若者が集まりフレンドリーになれる場所（右）

⬇平日はオープンデッキで誰でもDJにチャレンジOK

ジントニックなど気軽に飲めるドリンクも充実

2階では推しのスクリーン映像を独り占め！窓から事務所が一望できる

リピーターだって見逃すわけにはいきません！

## 08 これが大注目 K-POPのすべて！

日々K-POPアイドルが誕生していく韓国。
そんなK-POPを120%楽しめるスポットを徹底紹介！

事務所の向かいに位置するガラス張りのカフェ

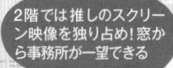

## 推しの所属事務所を訪れて
# 念願の公式グッズを手に入れよう

有名芸能事務所の建物の内外にグッズを販売するショップが登場！
一定期間ごとに展示アイドルが変わるので、何度行っても楽しめる。

### YGエンタ運営の カフェ＆ショップ
## ザ・セイム
더세임　the SameE
弘大 **MAP** 付録P4 A-2

店名のとおり、ファンとアイドルが同じ空間を共有できる憩いのスポット。1・2階のカフェでドリンクを注文すると、ランダムでアイドルのステッカーがもらえる。地下にはオフィシャルグッズショップがある。

☎02-336-0536 Ⓜ2、6号線合井駅8番出口から徒歩7分 所麻浦区喜雨亭路1キル 6-3、B1〜2F 마포구 희우정길1길 6-3、B1〜2F 🕙10:00〜21:00(最終入場20:00) Ⓚ無休
💳

➪地下1階のオフィシャルショップで、推しのグッズに出会える

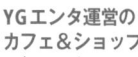
**,TREASURE のペンライト**
ファンとTREASUREを結ぶ宝石という意味が込められたペンライト W3万9000

**FUNNY TREASUREの シュシュ**
日常生活はもちろん、ペンライトに付けてライブでも活躍しそう！
各W1万5800

W2万5000

**,LALISAの アルバム**
BLACKPINKリサの初ソロアルバム・ゴールドバージョン

### ファンのためのカフェも
## YGエンターテインメント
YG 엔터테인먼트
YG Entertainment

弘大 **MAP** 付録P4 A-2

TREASUREやBLACKPINKが所属する事務所。エッジの効いたグループが集まる。

交Ⓜ2、6号線合井駅8番出口から徒歩7分 所麻浦区 喜雨亭路1キル 7 마포구 희우정로1길 7

店内のフォトゾーンはア
ルバム・グッズの発売に
よりコンセプトが変わる

▶**SHINeeのキャラクター
キーリング**

▶**aespaの
イヤーカフ**
W1万9000

## 大好きなアイドルの
## グッズが手に入る
# クァンヤ@ソウル
광야@서울　KWANGYA@SEOUL
聖水洞 MAP 付録P21 D-3

2022年11月にオープンした
SMエンターテインメントの
オフィシャルショップ。CD
や映像作品をはじめ、写真や
ポストカード、雑貨、記念品
など、ファンにはたまらない
グッズがたくさん。

☎02-6233-6729 Ⓜ盆唐線ソ
ウルの森駅4番出口から地下直結 所
城東区往十里路83-21,B1 営10:30～
20:00 休無休 Ｊ🅿

交通カード機能が付いた(左)
オンユ、(右)ミンホのキーリ
ング

各W2万5000

ジゼルのフォトカード
付き。オープンタイプ
のイヤーカフ

W3万3000

▶**aespaの
ボールキャップ**

『Oh!Caendy
Pocket』のラブリー
なボールキャップ

▶**aespaの
キャンドルセット**

カリナの手書きメッセージ入り
カードやフォトカードがセットの
アトリエキャンドル

W3万5000

**ココにあります**

人気エリアに移転し話題
## SMエンターテインメント
SM 엔터테인먼트
SM Entertainment

ソウルの森 MAP 付録P21 D-3

東方神起やSUPER JUNIORなど人
気グループを続々輩出する事務所。
駅近で観光のマストスポットに!

交 Ⓜ盆唐線ソウルの森駅4番出口から地下
直結 所城東区往十里路83-21 성동구 왕
십리로 83-21

➡大型スクリーンからSM所属アー
ティストのMVが流れる♪

SMエンター
テインメント
社屋ビルの地
下に位置

世界中のファンが集まる交流の場

# BTSの聖地で推し活!

K-POP初心者でもBTSの聖地は押さえておきたい。
活動休止中でも特にメンバーを近くに感じられる2件をご紹介!

江南の静かな住宅街に位置。エントランスもオシャレ

## BTSが5年間暮らした寮!
## アーミー必訪のカフェ

### カフェ休家

카페휴가
カフェヒュガ

江南 **MAP**付録P.12 C-3

BTSの宿舎だった一軒家をリノベーションした複合文化空間。BTSが使っていたエアコンや当時の壁などもそのまま残しており、それぞれのメンバーが暮らしていた部屋を見てまわるのがとても楽しみ。国内外アーティストたちの展示も行っており、見どころ満載の空間。

☎02-3444-2022 Ⓜ7号線鶴洞駅4番出口から徒歩7分 ㉐江南区論峴路119キル16 강남구 논현로119길 16 ㉐9:00〜21:30 ㉕無休 Ⓔ

壁には世界中のファンからの愛情が込もったメッセージがいっぱい!

メッセージを入れたメンバーの写真はここにそっと

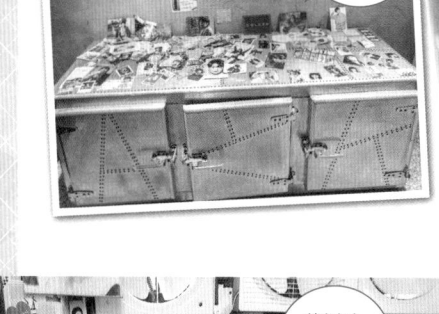

⬅生フルーツ入りのパープルグリーンエイドW8300

⬅プレーン塩パンW1900、防弾塩パンW2000

⬆ベーカリーカフェとしても好評

⬅店内にはファンが貼った写真やポスターが所狭しと飾られている。BTSギャラリーのようで、ファンにはたまらない空間

⬇野菜包みご飯W12000(注文は2人前から可)。ご飯と一緒に、サンチュやエゴマの葉に包んで食べよう

焼かれた状態で鉄板に!見た目ほどは辛くない

## BTSファンに
## お馴染みの大衆食堂

### 油井食堂

유정식당 ユジョンシクタン

狎鷗亭洞 **MAP**付録P.14 C-4

地下にBTSのレッスンスタジオがあったことから、彼らがよくここで食事をしていた。デビュー後、メディアで話題となり世界中からファンが訪れるように。

☎02-511-4592 Ⓜ3号線狎鷗亭駅4番出口から徒歩12分 ㉐江南区 島山大路28キル14 강남구도산대로28길14 ㉐10:00〜21:30(土・日曜は〜20:00) LOは各20分前 ㉕無休

あのアイドルを間近で見られるチャンス！
# 音楽番組を 生で 観覧してみよう

公開音楽番組が毎日でものように放送されている韓国。一般観覧に参加して、最旬K-POPアーティストたちの熱いステージを間近で体験してみては!?

## 基本的な観覧方法

### 1 番組観覧ツアーに参加する
最も確実なのは、日本語や英語で事前にネット予約できる外国人向けの音楽番組観覧ツアーに参加する方法。ホテルや送迎、食事の有無なども確認して、自分に合ったツアーを選ぼう。

### 2 代行サービスを利用する
番組公式HPで一般観覧の抽選に応募することもできるが、韓国語での会員登録などが必要。日本語で対応してくれる有料の代行サービスを利用する方法もある。

### 3 個人で参加する
入場は無料だが、日本人不可の場合もあり。かなり難易度は高め。

### MBC ショー！K-POPの中心
쇼！음악중심 ショー！ウマクジュンシム

文化放送MBCで放送の番組で、MCはTHE BOYZのユンフン、NMIXXのソリュン、イ・ジョンハ。インディーズミュージシャンが登場するコーナーも。

©MBC

YOUNGHOON　SULLYOON　JUNGHA

### 放送情報
【視聴方法】CS放送の韓流専門チャンネル「KNTV」で日本でも放送中
【字幕なし最新版】毎週(水曜)22:30〜23:50
【字幕版】毎週(火曜)14:00〜15:30
※番組・視聴方法など詳しくは公式サイト(https://kntv.jp/)を要確認

### ココで観覧！
**MBCホール**
MAP 付録P4 A-1
🚇M6号線、京義・中央線デジタルメディアシティ駅9番出口から徒歩10分 🏠麻浦区城岩路255 마포구 성암로 255 🌐aboutmbc.imbc.com

### Mnet エムカウントダウン
엠카운트다운 M COUNT DOWN

Mnetで放送しているカウントダウン形式の総合チャートプログラム。現在のMCはZEROBASEONEのソン・ハンビン、BOYNEXTDOORのジェヒョンとRIIZEのソヒ。

### ココで観覧！
**CJ ENMセンター**
MAP 付録P4 A-1
🚇M6号線、京義・中央線デジタルメディアシティ駅9番出口から徒歩10分 🏠麻浦区上岩山路66 마포구 상암산로 66 🌐www.cjenm.com

### 放送情報
【視聴方法】CS放送Mnet
動画配信サービスMnetSmart+で毎週(木曜)18:00〜
日韓同時生放送・生配信！

## MV風撮影をするならココがおすすめ

スタジオでアイドルになりきり体験
### ハイカー・グラウンド
하이커그라운드 HiKR Ground
鐘閣 MAP 付録P6 C-3

「ハイカー」とは、英語の挨拶「Hi」と韓国の「KR」を合わせた造語で、韓流コンテンツの展示やメディアアート鑑賞を楽しめる韓国文化広報館。K-POPスターのMVを再現したスペースで自分のMVを作ることもできる。

☎02-729-9497 🚇M1号線鐘閣駅5番出口から徒歩5分 🏠中区清渓川路40 중구 청계천로 40 🕙10:00〜19:00 休月曜 J E

HiKR Ground撮影協力

好きなアイドルに思いを馳せる

# あのアイドルも来た！常連店 4 選

アイドルも訪れるカフェやレストラン。アイドルの家族が
経営している店などもあり、ファン同士の交流の場にもなっている。

## 6年連続ミシュラン掲載の大人気サムギョプサル専門店

### クムテジ食堂

금돼지식당
クムテジシクタン
東大門 MAP 付録P4C-2

BTSなどの韓流スターからイングランドの元サッカー選手のベッカムまで、さまざまな有名人も訪れる焼肉店。コリコリ食感と肉の旨みを存分に楽しめる骨付きサムギョプサルが絶品。

☎0507-1307-8750 Ⓜ3、6号線薬水駅2番出口から徒歩3分 ⌂中区茶山路149 중구 다산로 149 ⏰11:30～23:00(2・3階は～22:00)LOは各50分前 休無休 J C E

行列ができるのでオープン直後が狙い目

特製ソースにつけたり葉野菜で包んでいただくとおいしさUP！

MENU
本サムギョプサル
W1万9000

### こんなアイドルが来店

★ BTS(防弾少年団)
★ BLACKPINK
★ G-DRAGON(BIGBANG)

---

MENU
生サムギョプサル(1人前、注文は2人前から)
W1万8000

鉄板の温度設定や炭にも工夫が。焼き加減は店員さんにおまかせを！

### こんなアイドルが来店

★ チャンミン(東方神起)
★ ミンホ(SHINee)
★ キュヒョン(SUPER JUNIOR)

## SMエンタの3人が訪れたサムギョプサルの人気店

### 河南テジチプ論峴直営店

하남돼지집 논현직영점
ハナムテジチプ ノンヒョンチギョンジョム
江南 MAP 付録P12 B-3

SMエンターテインメント所属の仲良し3人組、キュヒョン＆チャンミン＆ミンホが揃って訪れた店。肉質はもちろん、付け合わせにもこだわり抜いたプレミアム・サムギョプサルを提供。

☎02-3445-2255 Ⓜ9号線、新盆唐線 新論峴駅3番出口から徒歩4分 ⌂江南区江南大路118キル17 강남구 강남대로118길17 ⏰11:00～24:00(LO23:00) 休無休 E E

さまざまなアーティストが訪れている

ソウルでぜったいしたい8のコト

## SUPER JUNIORのイェソンが弟と経営するカフェ
# マウス・ラビット
마우스래빗　Mouse Rabbit

建大 **MAP** 付録P5 E-2

地上2階、地下1階からなる広々とした一軒家カフェ。ねずみ年生まれのSUPER JUNIORイェソンが、うさぎ年の弟ジョンジン氏とともにオープン。コーヒーやラテ、モヒートなどのドリンクをはじめ、ピンスやケーキなどのデザートメニューも豊富。

☎ 02-462-4015 ◎ 2、7号線建大入口駅2番出口から徒歩3分 所 広津区陵洞路11キル10　광진구 능동로11길 10 ⏰ 12:00〜23:00(LO22:30) 休無休

オリジナルロゴ入りのマグカップやエコバッグなどのグッズも販売

**こんなアイドルが来店**
★リョウク(SUPER JUNIOR)

←白い壁が目印。2階にはテラス席も

↑暖炉のある地下1階。通称「うさぎの巣穴」

**MENU**
オレオミルクケーキ W6800
カフェラテ W5000

08 これが大注目K-POPのすべて!

### お気に入り芸能人と同じメニューで腹ごしらえ
# 魔女キムパプ
마녀김밥　マニョキムパプ

清潭洞 **MAP** 付録P13 E-1

お母さんが作ってくれたキムパプを再現。芸能事務所が多いエリアのため、芸能界で人気を呼び、テイクアウトも重宝されている。東方神起やEXOから贈られたアルバムも飾られている。

☎ 0507-1342-1114 ◎ 7号線清潭駅9番出口から徒歩13分 所 江南区押鷗亭路79キル32　강남구 압구정로79길 32 ⏰ 8:00〜21:00(LO20:00) ※なくなり次第終了 休無休

壁いっぱいに貼られたサインや写真の数に圧倒される店内

**こんなアイドルが来店**
★東方神起
★EXO
★少女時代
★TWICE

**MENU**
最もシンプルで一番人気の魔女キムパプ(上) W3900
ご飯より錦糸卵が多いキョリキムパプ(下) W4800

アイドルの直筆サイン入りアルバム

↑入口は小さいので見逃さないように

57

# ココで撮影が行われた!
# ♪ MV・ドラマのロケ地を訪ねて

実際にアイドルや俳優たちが
撮影で使用した「聖地」。あの
ワンシーンと同じ角度・ポーズ
で記念撮影をしちゃおう。

## 聖地巡礼には2つ方法がある!
## 個人で行くほか、ツアー利用も

ロケ地巡りをするにあたって、場所が
ソウル郊外であったり複数箇所にまた
がったりする場合は、ツアーに申し込む
方法がある。事前予約が必要だが送迎も
行ってくれるため効率よくまわれるので
選択肢のひとつに入れておくとよい。

TWICEのMVにも登
場した。馬にまたがっ
て撮影してもOK

## ♪ MVで使用されました

グラビアやPV撮影に引っ張りだこ
### 龍馬ランド

용마랜드　ヨンマレンドゥ

ソウル郊外 **MAP** 付録P5 E-1

2011年に閉園した遊園地跡地で、廃墟の
ような"寂れ感"が逆に絵になると、ロケ
地として超有名。ソウルの中心地からは
外れるが、聖地巡礼でぜひ足を運びたい。

☎02-436-5800(管理事務所) Ⓜ7号線白牧
駅1番出口から車で7分 ⑰中浪区忘憂路70キル
118　중랑구 망우로70길118 ⑩10:00〜18:00
⑯無休 ㉺W1万

### 使用した
### アーティスト
★BTS(防弾少年団)
★EXO
★TWICE

古びたバスか
ら顔をひょっ
こり出して
バシャリ!

➡カートに乗って
撮影するのが人気

⚘花の装飾と階段を
駆使した構図が素敵

## ☆ ドラマで使用されました

仁川まで足を
延ばしてみよう

### このドラマで
### 使用されました
★トッケビ〜君がくれた
愛しい日々〜(2017年)

Information
出演:コン・ユ、キム・ゴウン
ほか/Blu-ray&DVD-BOX1・2発
売中。各DVD1万7280円、各
Blu-ray1万9440円/発売元:コ
ンテンツセブン/販売元:NBC
ユニバーサル・エンターテイ
メント　© STUDIO DRAGON CORPORATION

トッケビ

素朴さとぬくもりを
感じられる街の本屋さん
### ハンミ書店

한미서점

ハンミソジョム

仁川 **MAP** 付録P2 B-2

黄色い壁が目印。ロケ地となり
一躍注目を浴びたものの、素朴
でどこか懐かしさが感じられる。

☎032-773-8448 Ⓜ1号線
東仁川駅1番出口から徒歩13分 ⑰仁
川広域市東区金谷路9　인천광역시
동구 금곡로9길 ⑩10:00〜21:00 土・
日曜14:00〜18:00 ⑯不定休

ドラマのあの
場面が蘇る!

バラエティ豊富なメニューにも注目
### BBQチキン・オリーブ
### チキンカフェ

BBQ 치킨 올리브치킨카페

テチョン **MAP** 付録P5 E-3

店内にはドラマゆかりの品が展
示。また、チキンだけでなくピ
ザやパスタのメニューもあり。

☎050-4109-1953 Ⓜ3号線逸院
駅1番出口から徒歩8分 ⑰江南区逸院
路9キル8　강남구일원로9길8
⑩12:00〜翌2:00 ⑯無休 ⒺⒾ

# YOUR UNFORGETTABLE LUNCH AND DINNER

# グルメ

## 話題の料理も定番も

### Contents

# ソウルの食事で気をつけよう 食べたいものを食べる!

大衆的な屋台料理に焼肉、伝統的な宮廷料理までバリエーション豊かな食が楽しめるソウル。
食の基本知識や食事のマナー、名物料理をチェックして本場の韓国グルメを満喫しよう。

## 出かける前に

### どんな店を選ぶ?

韓国のローカルフードをリーズナブルに楽しむなら、シクタン(食堂)や街なかの屋台がおすすめ。こだわりの味を求めるなら各種専門店へ足を運ぼう。全国にチェーン展開している専門店なら、サービスも充実しており安心して利用できる。食べたい料理に応じてぴったりなお店を選びたい。

### 食堂 　　　　　　食堂 シクタン

シクタンと呼ばれる食堂は手ごろな値段が魅力。家庭料理のような味が楽しめる。

### 専門料理店 　　　専門店 チョンムンジョム

伝統的な宮廷料理、冷麺、焼肉、海鮮料理など各店こだわりの料理が味わえる。

### 屋台 　　　　　　포장마차 ポジャンマチャ

立ち食いのノジョムと、椅子に座って食べられるポジャンマチャの2種類がある。

### カフェ 　　　　　카페 カペ

おしゃれでフォトジェニックなインテリア&メニューのカフェが多い。

### お酒 　　　　　　술 スル

地元の人で賑わう居酒屋やビアホールのほか伝統酒マッコリを楽しめるバーも。

### チェーン店 　　　체인점 チェインジョム

値段が安くサービスも充実。チキン、キムパブ、鍋などのチェーン店がある。

### 予約は必要?

高級ホテルや宮廷料理の店などを除き、ほとんどの店で予約の必要はない。要予約の店は、直接電話をかけるほか、海外レストラン予約サイトを利用するのもおすすめだ。

### 予算はどれくらい必要?

小腹がすいたときにちょっと食べられる屋台料理、気軽なチェーン店、高級な宮廷料理まで予算に応じて変化に富んだ食を楽しめる。韓国料理は日本に比べ、かなりリーズナブルに楽しめるのがうれしい。食事代は庶民的なエリアと高級店が集まるエリアでは、大幅に変わる。

### 深夜でも開いているお店はある?

ソウルには24時間営業の店が多いので、ショッピングや観光で遅い時間になっても安心。どんな時間帯でもグルメを楽しめる。眠らない街、東大門市場の付近には深夜まで賑わう飲食店が多い。

### グルメ横丁ってどんなところ?

ソウルには、モクチャコルモクと呼ばれる同じジャンルの店が軒を連ねる通りがある。新沙洞のカンジャンケジャン横丁(ワタリガニ料理)、東大門のタッカンマリ横丁(鶏の鍋)などが有名。

## 入店から会計まで

### メニューを見る

外国人客が多い店では写真や日本語・英語が併記されている場合が多いが、大衆的な店にはないのでハングルを覚えていきたい。

### 料理を注文する

注文する料理が決まったら「ヨギヨ(すみません)」と声をかけてスタッフを呼び、料理名を言うか、メニューを指さして伝えよう。韓国の料理は辛いものが多いが、苦手な人は「アンメッケヘジュセヨ(辛くしないでください)」と店員さんに伝えてみよう。対応してくれる店もある。

### お酒を注文する

韓国でいちばん飲まれているお酒は焼酎(ソジュ)。すでに割り水をされている。ビールを置いてある店も多いが、生ビールは少ない。

### 会計をする

伝票を持ってレジに行くか、テーブルで会計を済ませる。店を出るときには「チャルモゴッスムニダ(ごちそうさま)」と伝えたい。

### 屋台の利用法

「ノジョム」は旅行中に手軽に小腹を満たせる立ち食い形式の屋台で、「ポジャンマチャ」は着席形式でお酒と料理が味わえる。注文前に値段を確認しよう。

グルメ＆カフェ

ショッピング

歩いて楽しむ

エンターテインメント

ビューティ＆ヘルス

ホテル

## お店に行ってから

### 1人前の注文ができない料理

鍋や焼肉、韓定食などはメニューに1人前の値段が書いてあっても、注文は2人前からが基本になるので注意したい。1人前から注文できる店もある。

### 無料のおかずが出てくる

たくさんの料理でもてなすのが韓国流。料理を注文すると、無料でサンチュやキムチ、ナムルなど野菜や豆腐を使った「パンチャン（おかず）」と呼ばれる副菜が大量に出てくる。おかわりも自由なので、気に入った料理は遠慮なく頼もう。

### 料理の持ち帰りはできる?

ポジャン（持ち帰り）という習慣があり、多くの店で残った料理の持ち帰りがOK。「ポジャンヘジュセヨ」と言えば、テイクアウト用に包んでもらえる。

### チップは必要?

チップの習慣はないが、ホテルのスタッフに予約を頼んだときなど、特別な場合のお礼にはW1000程度を渡そう。

## 知っておきたいテーブルマナー

日本とは異なるマナーも多い。現地の人に不快感を与えないようにマナーを守って食事を楽しもう。

### 食器を持ってはいけない

食器を手で持ち上げたり、食器に直接口をつけてすするのはタブー。テーブルに食器を置いたまま食事をし、スープ類はスッカラ（スプーン）で音を立てずにいただく。

### 目上の人と食事するときは

年長者が料理に手をつけるまでは待つのがマナー。お酒を注がれたら、顔を横に向けて飲もう。

### お酒のルール

お酒を注ぐときは、瓶を持つ手の肘に、もう片方の手を添えるようにするのが正式な作法。お酒が残るグラスに注ぎ足すのはマナー違反になるので注意したい。

### たばこは吸っていい?

ソウル市では2015年から市内のすべての飲食店で喫煙が禁止されている（電子たばこも含む）。

## 基本単語

| 日本語 | 韓国語 | 日本語 | 韓国語 |
|---|---|---|---|
| 豚 | テジ 돼지 | 器 | クルッ 그릇 |
| 牛 | ソ 소 | コップ | コプ 컵 |
| 鶏 | タック 닭 | 皿 | チョプシ 접시 |
| 麺 | ミョン 면 | 注文 | チュムン 주문 |
| 湯(スープ) | タン／クッ 탕／국 | 領収書 | ヨンスジュン 영수증 |
| 鍋 | チゲ／チョンゴル 찌개／전골 | 勘定 | ケサン 계산 |
| 海鮮 | ヘムル 해물 | トイレ | ファジャンシル 화장실 |
| ご飯 | パブ 밥 | すみません(呼びかけ) | ヨギヨ 여기요 |
| デザート | フシク 후식 | ～ください | ～チュセヨ 주세요 |
| 水 | ムル 물 | | |

## 名物料理をチェック

バリエーション豊富で奥深い韓国グルメの世界。定番料理にローカルフード、人気のスイーツなど、本場ソウルでぜひ食べておきたい名物料理をチェックしておこう。

### サムギョプサル　삼겹살　▶P62

厚切りにした豚の三枚肉（バラ肉）を専用の鉄板で焼いた、韓国焼肉の定番料理。

### プルコギ　불고기　▶P66

下味付きの薄切り牛肉を、野菜や春雨と炒め煮にした料理。辛いものが苦手な人でも食べやすい。

### タッカルビ　닭갈비　▶P68

コチュジャンベースで味付けした鶏の鉄板焼き。近年はチーズをトッピングしたタッカルビが人気。

### サムゲタン　삼계탕　▶P75

鶏肉の中に漢方食材やもち米を詰めて煮込んだスープ。疲労回復に効果があり、季節を問わず人気。

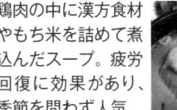

### 冷麺　냉면　▶P72

冷たくてさっぱり食べられる麺料理。汁ありの水冷麺と汁なしで辛いタレをのせたビビム麺がある。

### カンジャンケジャン　간장게장　▶P71

生のワタリガニを醤油ダレに漬け込んで熟成させた料理。トロトロの身と内子が絶品。

### タッカンマリ　닭한마리　▶P76

鶏一羽をまるごと煮込んだ素朴で辛くない鍋料理。ヘルシーでコラーゲンも豊富なので女性に人気。

### ビビンバブ　비빔밥　▶P80

ご飯の上にナムルなどの具材をのせた料理で、食べるときによく混ぜる。石焼きならおこげも味わえる。

### ピンス　빙수　▶P92

ふわふわの氷に小豆やフルーツなどをトッピングした、ボリューム満点の韓国流かき氷。

ソウルグルメを満喫するなら、まずはここからスタート!

# みんな大好き! 肉料理セレクション17店

**豚肉、牛肉、鶏肉の3ジャンルで、王道の一品から新感覚メニューまで幅広くピックアップ。ボリューム、見栄え、肉質、調理法など、重視したいポイントから気になる料理を探してみよう。**

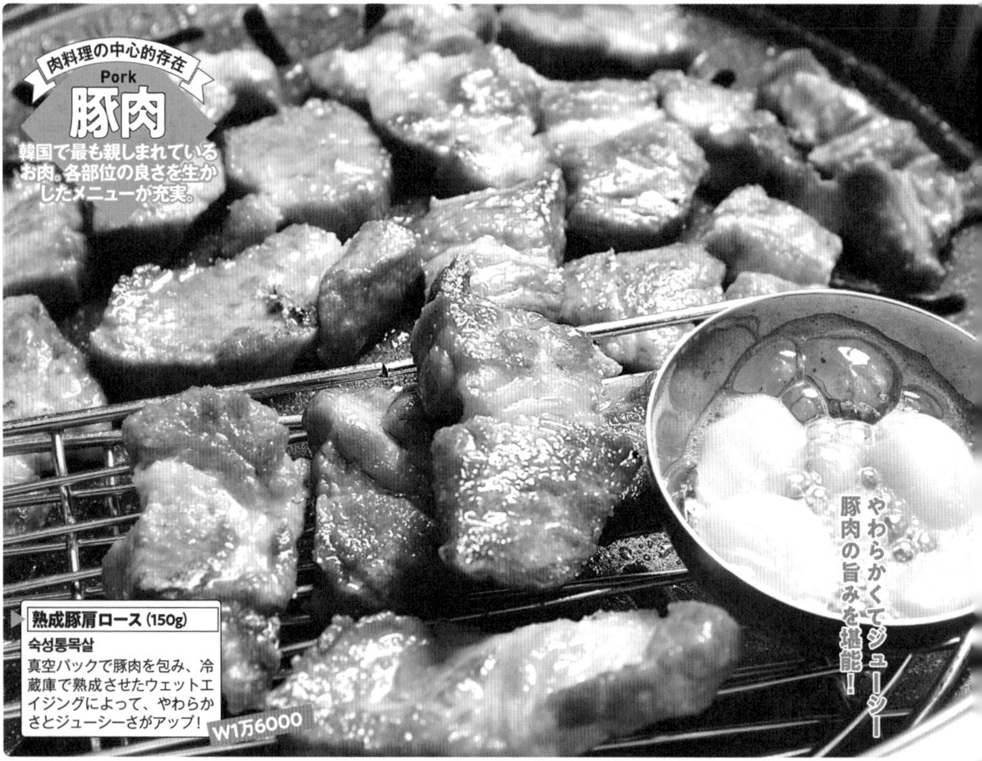

肉料理の中心的存在
Pork
豚肉
韓国で最も親しまれているお肉。各部位の良さを生かしたメニューが充実。
やわらかくてジューシー 豚肉の旨みを堪能!


**熟成豚肩ロース(150g)**
숙성통목살
真空パックで豚肉を包み、冷蔵庫で熟成させたウェットエイジングによって、やわらかさとジューシーさがアップ!
W1万6000

豚焼肉ならまずはココ!

## 熟達テジ

숙달돼지　スッタルテジ

鐘閣 MAP 付録P.6 C-3

究極の味を求め、韓国唯一のミートラボで日々研究を重ねる豚焼肉専門チェーン店。手ごろな価格で上質の豚肉が味わえると評判を呼び、アメリカやタイにも進出。もちろんソウル市内にも多数出店。

☎0507-1310-5210 交M1号線鐘閣駅4番出口からすぐ 所鐘路区鐘路8キル 15 종로구 종로 8길15 営13:00～24:00 土・日曜11:00～23:00 LOは各1時間前 休無休 J J E E

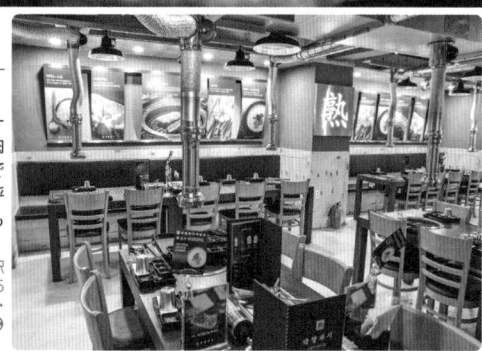

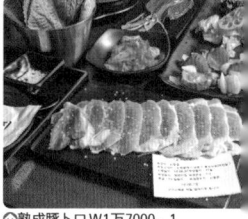

↑熟成豚トロW1万7000。1頭の豚からわずかしか取れない希少部位

←カジュアルながら清潔感のある店内。気軽に利用できる

**焼いてもやわらかな肉質に驚き**

# 教大二階家

교대이층집　キョデイチュンチブ

仁寺洞　**MAP** 付録P.18 C-4

看板メニューは、薄くスライスした一等級の豚「花サムギョプサル」。さまざまな調味料や和え物などで、味の変化を楽しむ食べ方が外国人観光客にもウケている。レトロでおしゃれな内装インテリアにも注目。

☎0507-1440-6692　Ⓜ1号線鐘閣駅2番出口から徒歩3分　⑭鍾路区三峯路95　종로구삼봉로95　⏰11:00～23:00(LO22:00)　⑯無休 ♪Ｊ🈂Ｅ🈂

⬆アースカラーのレンガがかわいい外観

美しく咲いたお肉の花にうっとり

**花サムギョプサル**　**W1万7000 (注文は2人前～)**

꽃삼겹

瞬間冷凍させたサムギョプサルを薄切りに。焼きすぎないためやわらかく、歯ごたえのあるキムチなどとも好相性

---

薄切りの豚バラ肉を好きな焼き加減で食す

**テペサムギョプサル**　**W1万4000 (注文は2人前～)**

대패삼겹

石を傾け脂を落としながら焼くためヘルシーで、焼いたキムチとも合う。瞬時に焼けるのでご注意を!

**たっぷりキャベツが新しい**

# 自然ソクトルクイ

자연석돌구이　チャヨンソクトルクイ

押鴎亭洞　**MAP** 付録P.15 E-3

石板で焼く薄切りの韓国産豚バラ肉が名物。特製ダレに浸した千切りキャベツと食べると、さっぱりとしていてシャキシャキ感も後を引くと評判。軽く炙るかしっかり焼くかは、お好みでどうぞ。

☎02-548-9494　Ⓜ盆唐線押鴎亭ロデオ駅5番出口から徒歩14分　⑭江南区彦州路148キル9　강남구언주로148길9　⏰11:00～23:30(LO22:30)　⑯無休 ♪Ｊ🈂Ｅ🈂

⬆席はすべて、お座敷形式。ランチタイムは近隣の会社員で混み合う

⬅豆モヤシも入ってシャキシャキ。うま辛で香ばしいポックンパプW3000

天然石がお肉をジューシーに

画期的なシステムで常にやわらかくしっとり

## 珍しい焼き方で有名な焼肉店
# テジチョグムトン
돼지저금통
弘大 MAP 付録P.10 C-2

事前に肉は表面を炙って肉汁を閉じ込め、仕上げを卓上の熱した玉石の上でする。天然石の遠赤外線によってじっくり均等に熱がとおり、しっとりとした焼き上がりに。いろいろな部位を味わいたい。

☎02-323-6262 Ⓜ2号線弘大入口駅8番出口から徒歩4分 ⑰麻浦区オウルマダン路146-1 마포구 어울마당로 146-1 ⑪11:00～翌2:00(LO翌1:30) ⑯無休 Ⓙ🈺🈀

### 塩焼き
소금구이
豚の首肉の塩焼きが一番人気。牛カルビW1万7000は脂肪が少ない

W1万3000
(注文は2人前～)

⊕店名の意味は「豚の貯金箱」。壁には豚の絵が

### 満足五香チョッパル(中)
만족오향족발(중)
にんにくの効いた特製ソースにキャベツを入れ、チョッパルとほおばる

W3万6000

## 女性垂涎の豊富なコラーゲン
# 満足五香チョッパル
만족오향족발
マンジョクオヒャンチョッパル
鎮閣 MAP 付録P.6 B-4

香辛料が香るチョッパル(豚足)が、2年連続ミシュランガイドで紹介された繁盛店。各テーブルに保温ヒーターがあるので、最後までジューシーでやわらかなまま。

☎02-753-4755 Ⓜ1、2号線市庁駅8番出口から徒歩2分 ⑰中区西小門路134-7 중구 서소문로 134-7 ⑪11:30～22:00( LO21:30) ⑯無休 Ⓙ🈺🈀

⊕満席でも、隣の別館に案内してもらえる

忘れられないまろやかな酸味

## 韓屋チプ

한옥집 ハノクチプ

鐘閣 **MAP** 付録P6 A-4

豚の塊肉と熟成キムチを蒸し煮にした料理「キムチチム」で、韓国中にその名を轟かせる名店。ホロホロの豚とキムチの塩気、酸味は抜群の相性。趣ある伝統家屋の雰囲気も一緒に味わいたい。

☎0507-1391-8653 ❺M5号線西大門駅2番出口から徒歩3分 ㊂西大門区統一路9アンキル14 西大門区統一路9キル14 ⏰10:30～21:30(LO20:30) ㊡無休
Ⓙ Ⓔ 🔲

↪1963年に建てられた伝統家屋をそのまま店舗として利用

**キムチと豚肉の蒸し煮** 김치찜
おいしいキムチだからできるシンプルな逸品。肉は箸で崩れるほど
**W1万500**

↪ハサミでキムチを食べやすく切るのがコツ

↪韓屋らしい店内の造りは、建造物としても興味深い

横丁の歴史を牽引してきた生ガキポッサムの発祥店

飴色に輝くキムチがごちそう

短くても8カ月は熟成させたキムチ。食感はトロトロ！

---

驚きのコスパとボリューム

## サメチプ

삼해집

三清洞 **MAP** 付録P7 D-3

葉野菜にカキや肉を包んで食べる、人気の生ガキポッサム発祥店。カムジャタンがサービスで付いてくるというコスパの良さにも注目。エプロンの無料貸し出しもしている。鐘閣にも支店がある。

☎02-2273-0266 ❺1、3、5号線鍾路3街駅15番出口から徒歩3分 ㊂鍾路区水標路2キル16-15 鍾路区水標路20キル16-15 ⏰10:30～翌2:00(LO翌1:00) ㊡無休 Ⓙ Ⓙ Ⓔ 🔲

**クル・ポッサム(小)** 굴보쌈
キムチ、蒸し豚、生ガキなどをサンチュや白菜に包んで食べる
**W2万7000**

↪座敷席とテーブル席、オープンキッチンのある庶民的な雰囲気

---

地元密着型の雰囲気がいい

## 終点炭火カルビ

종점숯불갈비 チョンジョムスップルカルビ

梨泰院周辺 **MAP** 付録P4 C-3

昔から地元の人々に親しまれ、観光客には『孤独のグルメ』のロケ地として知られる。ドラマのなかで注文された豚カルビが看板メニュー。甘辛い味付けが肉にしっかり染み込み、少々酸味のあるタレにつけてもよく合う。

☎02-749-6887 ❺M6号線梨泰院駅3番出口から徒歩19分 ㊂龍山区チャンモン路112 龍山区長門路112 ⏰11:00～22:00(LO21:10) ㊡無休

↪看板には、ドラマ『孤独のグルメ』のポスターが

**豚カルビ** **W1万7000**
**돼지갈비** (注文は2人前～)
漬け汁に加えている果物が、甘さだけではなく、お肉のやわらかさも引き出す

アノ人も食べた！グルメな豚カルビ

お肉と同じくらい野菜もとれるのがうれしい

グルメ＆カフェ

ショッピング

歩いて楽しむ

エンターテインメント

ビューティ＆ヘルス

ホテル

多彩な調理法で食す
Beef
# 牛肉
ボリューム満点、店自慢の
一品をご紹介。奮発して高
級肉も食べてみたい。

厳選した1++の
最高級韓牛のみを提供

**熟成サーロイン(150g)**
숙성등심
オレイン酸の含有量が高く、
美しいサシの入った人気ナン
バーワンのメニュー。口の中
でとろけるやわらかさ
**W3万9000**

## エイジング・ビーフの人気店
# ドゥンシム・ファクトリー
등심팩토리｜ドゥンシムペクトリ
三成 **MAP**付録P.13 E-3

人気の高級エイジングビーフがリーズナブ
ルな価格で味わえると評判の熟成焼肉専門
店。最高ランク1++の韓牛のみを厳選し
て仕入れ、独自のノウハウを生かした7～
14日の低温熟成によって風味をアップ。

☎02-558-1005 Ⓜ2号線三
成駅5番出口から徒歩10分 ⃟江
南区三成路100キル23-8 강남
구 삼성로 100길 23-8 ⏰17:00
～23:00(LO 22:00) 休日曜
🇪🇯

➡サイドメニューのテン
ジャンチゲW3000(手前)
と高麗アザミご飯のコン
ドゥレバブW2000(奥)

一食の価値あり
異色プルコギ

## 守り続ける網焼きの手法
# 駅前会館
역전회관 ヨクジョンフェグァン
梨大周辺 **MAP**付録P.11 F-4

1962年に創業のミシュランガイ
ド掲載店。牛肉の余分な汁気と水
気を飛ばし、旨みを凝縮して香ば
しさを際立たせた「パサップルコ
ギ」で人気を博す。

☎02-703-0019 Ⓜ5、6号線、京義・
中央線、孔德駅1番出口から徒歩7分 ⃟麻浦
区土亭路37キル47 마포구 토정로37길 47
⏰11:00～15:00 17:00～22:00 土・日
各11:00～15:00 16:30～21:30 LOは
各1時間前 休月曜 🇯🇨🇪🇯

**パサップルコギ定食** 바싹불고기정식
醤油やお肉の焦げる香りは、こだわりの
直火&網焼きだから出せる技。おかずも
毎日丹精込めて作っている
**W1万8000**

⬆にんにくと味噌を一緒にエゴマの葉
で巻くと、味にパンチが生まれる

66

🍴ユッケ W2万1000。新鮮でボリュームたっぷり。サービスの大根スープも美味

## ミシュラン3年連続掲載！
# プチョンユッケ
부촌육회

`東大門` `MAP` 付録P20 A-1

創業50年を超え、常連客で賑わう老舗店。2017年から3年連続でミシュランガイドのビブグルマンを獲得した。その日に仕入れた新鮮な韓牛に秘伝のタレを絡めたユッケやビビムバブは絶品！

☎02-2267-1831 🚇M1号線鍾路5街駅10番出口から徒歩3分 📍鍾路区昌慶宮路88、広蔵市場内 종로구 창경궁로 88、광장시장내 🕙10:00〜16:00 17:00〜21:30(LO21:00) 休火曜
`J` `J` `E` `E`

↑広蔵市場のユッケ通りに位置する

---

📍 韓国のブランド牛「韓牛(ハヌ)」

江原道の横城や洪川などを産地とする韓国の高級牛肉。肉質等級は1++、1+、1、2、3に分かれ、最高ランクは1++。和牛よりも脂肪が少なめでさっぱりした味わいが特徴。

新鮮なユッケとテナガダコが調和！

▶ **ユッケとテナガダコの活き造り**
육회낙지탕탕이
ぶつ切りの活きテナガダコとユッケを和えた食感も楽しい一品。ゴマ油でどうぞ
**W3万5000**

---

カジュアルに楽しむ本場の極上牛ホルモン

**味付け特上ミノ焼き肉**
특양구이
クセがなく、歯ごたえのあるミノはそのままでもジューシーで美味
**W4万3000〜**

---

噛めば噛むほど旨みが広がる
# オバルタン
오발탄

`忠武路` `MAP` 付録P9 E-1

人気のチェーン系牛ホルモン焼肉の専門店。熟練のスタッフがテーブルで焼いてくれ、網の取り換えまでしてくれるので、完全におまかせでOK。一番人気は特上ミノとテッチャンで、注文は2人前から。

☎02-2275-0110 🚇M3、4号線忠武路駅8番出口から徒歩1分 📍中区退渓路205 중구퇴계로 205 🕙11:40〜22:00(LO21:00) 休無休 `J` `J` `E` `E` 🈂

↑ミノ入りチャーハンW1万3000(ランチ)。ディナーは2人前から注文可能

グルメ&カフェ
ショッピング
歩いて楽しむ
エンターテインメント
ビューティ&ヘルス
ホテル

新しい味も続々登場
Chicken
# 鶏肉
さまざまな食材との組み合わせが生み出す、味のバリエーションを楽しみたい。

チーズがとろ〜り　うま辛で大満足！

鶏のほか、キャベツや玉ネギもたっぷりと入る

**タッカルビ＋チーズ**
뼈없는닭갈비＋모짜렐라치즈
辛さを3段階から選び、トッピングを決めれば注文終了。ソースがよく絡む平打ちうどんが隠れた人気とか

W1万2000(注文は2人前〜)
＋W4000

---

トッピングで味の幅が広がる
## チャンインタッカルビ
장인닭갈비
江南 **MAP**付録P.12 B-4
メニューはタッカルビだけだが、チーズやお餅、ラーメン、韓国春雨など、トッピングでアレンジが自由自在。人気のモッツァレラチーズを追加し、鮮度にこだわった鶏にたっぷり絡めてほおばりたい。

☎02-3452-3441　Ⓜ2号線、新盆唐線江南駅11番出口から徒歩1分　⌂江南区テヘラン路1キル19　강남구테헤란로1길19　⏰11:00〜24:00(LO 23:00)　休無休 J J E 王

⬆チーズなしでシンプルに堪能しても。サムジャン(味噌)で味変もできる

⬆葉野菜やサラダは、店中央に設置されたセルフコーナーからどうぞ

---

焼きを重ねる進化系チキン
## ケリムウォン
계림원
東大門 **MAP**付録P21 D-1
もち米を詰めた鶏をまるごと炙ったあと、お腹を半分に切って鉄板で焼きつけた斬新な鶏料理。トッピングしたとろ〜りチーズとジューシーな鶏は、最強の組み合わせだ。もち米のおこげも香ばしい。

☎02-744-9229　Ⓜ1、4号線東大門駅7番出口からすぐ　⌂鍾路区鍾路46キル22　종로구종로46길22　⏰16:00〜24:00　休無休 J J E 王

◀最寄り駅が目の前という好立地。時間を気にしなくていい(左)。1階のテーブル席、2階のお座敷席以外に、テラス席もある(右)

**チーズコーン鶏の丸焼き**
치즈콘닭
鶏のエキスを吸ったもち米が、鉄板の熱でパリパリのおこげに。鶏と一緒に食べても、チーズを絡めても絶品　W2万4000

濃厚チーズの中からシャキシャキのコーンが顔を出す

鶏＋チーズ＋おこげでお酒が止まらない！

⬆付け合わせの甘酢大根と季節のキムチが、口をさっぱりさせてくれる

グルメ＆カフェ

ショッピング

歩いて楽しむ

エンターテインメント

ビューティ＆ヘルス

ホテル

もはや韓国の定番料理 フライドチキン

4種類の香りや後味の違いを楽しめる、ビールサンプラーもある

### キョチョンハニーオリジナル

교촌허니오리지날

秘伝の製法により、甘めのソースを絡めたあとでも、変わらずに極上のサクサク感を味わえる

買い物途中で気軽にグビッと

# キョチョンチキン

교촌치킨　Kyochon Chicken

東大門 **MAP** 付録P.21 D-1

全国展開するフライドチキンブランド。24時間営業なので、買い物途中に小腹を満たすのに便利。冷えたクラフトビールのお供は、ほんのり甘くて衣がサックサクの「ハニーオリジナル」で決まり。

☎02-2231-9337 ⊗M1、4号線東大門駅6番出口から徒歩1分 ㊟鍾路区鍾路294,2F 종로구 종로 294,2F ⊙24時間 ㊡無休 JⒺⓊEⓉ

W2万

↑キンキンに冷えたクラフトビール4種は各W7000

↻多くの店舗のなかで、全国1位の売り上げを誇る

遊び心のある新・チムタク

# 大砲チムタク

대포찜닭　テポチムタク

大学路 **MAP** 付録P.11 D-2

新鮮な鶏肉、ジャガイモや玉ネギなどの野菜、幅広の韓国春雨を甘辛く煮込んだ「チムタク」。こちらはその定番の味に、チーズや揚げ物を追加して変身させた、ネオチムタクで人気を呼んでいる。

☎0507-1401-6633 ⊗M2号線新村駅2番出口から徒歩3分 ㊟西大門区 延世路27-1,3F 서대문구 연세로 27-1,3F ⊙11:30～22:00(LO20:40) 土・日曜はLO21:10 ㊡無休 ⒺⒿ

↑シメはお皿にご飯を投入！トビコご飯W3000

### 大砲チムタク+チーズ+イカの揚げ物

대포찜닭+구름찜닭+몬스터찜닭

韓国産の鶏肉は骨なしか骨付きか、辛さも2段階からチョイス

W3万6900

---

📍 「チメク」しよう！

「チメク」は、鶏(チキン)とビール(メクチュ)の頭文字をとった言葉。韓国ではフライドチキンとビールは、相性抜群の組み合わせとして高い人気を誇っている。

味の組み合わせ無限大！韓国式チキンウィング

梨泰院のブルワリーが製造したクラフトビール各W8900

ご当地ビールとチキンで乾杯！

# ネキッド・ウィングス

네키드윙즈　Nekkid Wings

梨泰院 **MAP** 付録P.20 A-4

フレーバーやサイドメニューのバリエーションが豊富で、いろいろ選ぶのが楽しい韓国式フライドチキン。手羽先を使用しているのでシェアするのにぴったりのサイズ。ビールや炭酸飲料のお供に。

☎070-4078-7411 ⊗M6号線緑莎坪駅3番出口から徒歩5分 ㊟龍山区緑莎坪大路174-11 용산구 녹사평대로 174-11 ⊙16:30～23:00 金曜11:30～15:30 16:30～23:00 土・日曜11:30～23:00 ㊡無休 ⒺⒿ

### ダブルプラッター

더블플래터

チキン20本、サイド2種、ディップ2種、生野菜にピクルス付き

W3万6900

↻週末は狭い路地に行列ができるほどの人気店

イカの揚げ物はハサミで切ってから食べるのがベスト

醤油の甘辛さがとっつきやすい鶏料理

# 新鮮な海の幸をソウルならではの味付けでいただく
# 名物海鮮料理に出会えるレストラン 5 店

魚介の旨みが堪能できる海鮮鍋や、特製のタレ・ソースの味を染みこませた一皿など、
肉料理に負けず劣らずの味を誇るソウルのシーフードをぜひお試しあれ!

**チョゲチム**
조개찜 **W5万5000**
ハマグリや平貝など、鍋
からはみ出すほどの貝類
盛り合わせ蒸し

絶品シーフード専門店
韓国スタイルで食べ尽くす

魚介好きにはたまらない
## チョガビ
조가비
明洞 **MAP** 付録P.17 D-2
新鮮なシーフードを鍋蒸しや炭火
焼で豪快に食べられるとあって、
激戦区で長年人気のレストラン。
鉄板メニューの貝蒸しを注文した
ら、魚介だしのしみ込んだスープ
に替え玉麺W3000を入れてシメ!

☎02-757-7736 ⊗Ⓜ2号線乙支路入口
駅5番出口から徒歩3分 ㊟中区明洞9キル
29 중구 명동 9길29 ⊕10:00～翌1:00
(土・日曜は～24:00)LOは各1時間前 ㊡
無休 Ⓙ Ⓙ Ⓔ Ⓔ 🈂

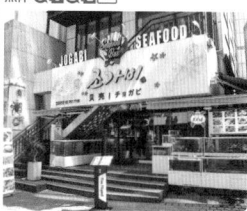

⬆昼ならおひとりさまでも利用しやす
いランチメニューも

---

ボリューム満点の海鮮鍋
## ミリネ・ヘムルタン
미리네 해물탕
梨大 **MAP** 付録P.11 F-2
海鮮ピリ辛鍋の「ヘムルタン」が有
名。エビやイカ、白子、ワタリガ
ニなど豊富な海鮮に加え野菜も
たっぷり。海鮮から出ただしがスー
プを極上に仕上げる。シメはご飯
を入れてポックンパプ(炒飯)に。
☎02-719-5113 ⊗Ⓜ2号線梨大駅5
番出口から徒歩1分 ㊟麻浦区大興路30
キル18-5 마포구 대흥로30길18-5 ⊕
11:00～23:00(LO22:00) ㊡無休
Ⓙ Ⓙ Ⓔ Ⓔ 🈂
⬆地元に長く愛され続けているお店。
昔から変わらぬ味を保っている

**ヘムルタン**
해물탕 **W4万7000(小)**
海鮮(ヘムル)をコチュジャ
ンベースのスープで煮込
む。野菜も多くヘルシー

⬆海鮮エキスたっぷり
のスープで作るシメご
飯「ポックンパプ」もぜひ

たっぷりの海鮮が入った
激うまスープがたまらない

## プリッとした食感は新鮮な証
# ペッコドン
**뻑고동**
押鷗亭洞 **MAP**付録P15 E-2

唐辛子を配合した自家製ソースで、刺身でも食べられる生きたテナガダコを炒める「サンナクチプルコギ」が一番人気。火をつけるとクネクネ動くタコに歓声が上がる。イカの天ぷらも名物。

☎02-514-8008 Ⓜ盆唐線押鷗亭ロデオ駅5、6番出口から徒歩4分 所江南区彦州路172キル54、B1 강남구 언주로172길54, B1 ⏰11:30〜22:00(LO21:15) 休無休 J E

↑少しタコを残してご飯を入れると辛さが和らぐ。ご飯W1500

真っ赤なお鍋とうごめくタコに釘付け

**サンナクチプルコギ（1人前）** 산낙지불고기 **W3万**
タコの弾力とセリやネギのシャキシャキ感、鋭い辛さがやみつきに！

→ボックスのテーブル席が主体。幅広い世代に親しまれる

↑時間が経ってもサクサクと評判の、イカの天ぷらW1万4000

---

最旬の味噌のコクを一年中24時間お届け！

## 実入りの良さと鮮度が自慢
# プロカンジャンケジャン
**프로간장게장**
カロスキル周辺 **MAP**付録P12 A-2

カンジャンケジャンの一大ブームを作った元祖。特製醤油に3日間漬け込んだワタリガニは、ねっとりと濃厚な甘さ。味噌や内子が詰まった甲羅にご飯を入れてかき混ぜれば、至福の時が訪れる。

☎02-543-4126 Ⓜ3号線、新盆唐線新沙駅4番出口から徒歩3分 所瑞草区江南大路97キル9 서초구 강남대로97길 9 ⏰24時間 休無休 J J E

←「カンジャンケジャン通り」に面した、カニが目印のビル

**カンジャンケジャン特大メスのワタリガニ** 간장게장 암게특대
サイズは3段階（中・W7万8000〜）。最盛期の状態で急速冷凍したものを2杯 **W11万5000**

---

ワタリガニにエビ！高級食材を心ゆくまで

## 言わずと知れた食べ放題店
# 弘益ケジャン
**홍익게장** ホンイクケジャン
弘大 **MAP**付録P10 A-2

ワタリガニの醤油漬けを柱に、金額に応じてワタリガニの唐辛子味噌漬けとエビの醤油漬けも食べ放題になる専門店。時間制限も追加注文時の条件もないのがなんとも太っ腹。おひとりさまもOK！

☎02-323-1112 Ⓜ2号線、京義・中央線弘大入口駅1番出口から徒歩12分 所麻浦区ワールドカップ北路59 마포구 월드컵북로59 ⏰11:30〜15:50 17:00〜21:30(LO20:30) 休無休 J E

**弘益膳（大）** 홍익큰상 **W2万6000**
ワタリガニとエビ、全部が食べ放題。なくなる前に食べる分だけ追加可能

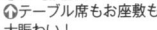
↑テーブル席もお座敷も大賑わい！

グルメ＆カフェ

ショッピング

歩いて楽しむ

エンターテインメント

ビューティ＆ヘルス

ホテル

## 麺といってもバラエティ豊かなんです

# イチオシ麺料理
# 食べ比べしたい **6**店

辛みがアクセントになっている冷麺や、
真っ白なスープが印象的な豆乳麺など、
個性豊かな麺料理のお店を巡るのも楽しい。
食事のシメや小腹がすいたときにもおすすめだ。

一度食べたら虜になる
正統派の平壌式冷麺

**B** 水冷麺
물냉면 **W1万5000**
お酢と辛子はお好みで。麺の弾力、そばの香りもたまらない。派手さはないが、忘れられない奥深さ

**C** コングクス
콩국수 **W1万5000**
自家製キムチを合わせると、塩気や辛さがプラスされて味に変化が。3~11月初めの限定メニュー

朝ごはんにぴったりの
やさしい味のカルグクス

**A** カルグクス
칼국수 **W1万1000**
とろりとした鶏スープが自家製麺に絡む。具は鶏ひき肉、ワンタン、旬の野菜など

**A** こちらもおすすめ▶
マンドゥ
만두 W1万2000
豚肉と野菜がギュッと詰まった一口サイズの蒸し餃子。テイクアウト可

ソウル3大コングクス

夏場は並ぶ覚悟で！

**Ⓐ**

**Ⓑ**

**Ⓒ**

---

**Ⓐ**

行列が絶えない超人気のうどん店
## 明洞餃子
명동교자　ミョンドンギョジャ
明洞 **MAP** 付録P.17 D-3
1966年創業、明洞を代表する老舗店。丸鶏を6時間煮込んだスープのカルグクスが看板メニュー。長年変わらない味を求めて地元の常連客も足しげく通う。
☎02-776-5348 Ⓜ4号線明洞駅8番出口から徒歩3分 ㊟中区明洞10キル29　中区明洞10길29 ㊟10:30~21:00(LO20:30) ㊟無休
ⒿⒿⒺ🅴🔲

➲近くに分店もあるので混雑時はそちらもチェック！

---

**Ⓑ**

長い歴史を誇る行列ができる名店
## 乙密台
을밀대　ウルミルデ
梨大周辺 **MAP** 付録P.11 E-4
先代が故郷の味を再現した水冷麺を求め、一年を通して韓国中からファンが押し寄せる。牛骨と野菜からだしを取ったスープが、じんわりしみ渡る。
☎02-717-1922 Ⓜ6号線大興駅2番出口から徒歩8分 ㊟麻浦区崇文キル24　麻浦区 崇文길24 ㊟11:00~22:00(LO21:30) ㊟無休
Ⓙ🔲

➲歴史を感じさせる店構え。満席だと近所の別の建物へ案内される

---

**Ⓒ**

ソウルの夏の風物詩ヌードル
## 晋州会館
진주회관　チンジュフェグァン
明洞周辺 **MAP** 付録P.6 B-4
大豆がベースのスープに麺を入れた「コングクス」。ここでは100%国産の大豆をすりつぶし、もったりとした超濃厚な甘みと香ばしさを堪能できる。
☎02-753-5388 Ⓜ1、2号線市庁駅9番出口から徒歩1分 ㊟中区世宗大路11キル26　中区世宗大路11길26 ㊟11:00~21:00(LO20:30) ㊟無休 Ⓙ🔲

➲創業は1962年。夏は開店とほぼ同時に席が埋まり、行列ができる

グルメ＆カフェ

ショッピング

歩いて楽しむ

エンターテインメント

ビューティ＆ヘルス

ホテル

韓国の2大中華麺

絶妙な辛さが評判！

**F** こちらもおすすめ▶
カルビチム(小)
갈비찜　W5万2000
骨付き牛カルビの蒸し煮。冷麺と一緒に注文する人が多い

辛さと甘さが共存

罪深き咸興式冷麺

**D** 麻薬チャンポン
마약짬뽕　**W9000**
口いっぱいに広がる香ばしさに、満腹でもついスープに手が伸びる。見た目ほど辛くない点にも技あり

**F** ビビム冷麺　**W1万2000**
비빔냉면
ゴマ油の香りが食欲をそそる。果物を使ったヤンニョムジャンは、甘さと辛さのバランスが絶妙だ

世代を超えて愛される

キムチが決め手の麺

**E** キムチマリグクス　**W6500**
김치말이국수
細くてもコシのあるそうめんがスープを引き上げる。ゴマ油で調味していない海苔を使うのが流儀

**E** こちらもおすすめ▶
トッカルビ　떡갈비
**W1万2000(1人前)**
牛のモモやイチボなどを使っているのでやわらかい。価格にびっくり！

**D**　　　　　**E**　　　　　**F**

---

香ばしさと適度な辛さがやみつき

## 松炭迎賓楼
송탄영빈루　ソンタンヨンビンル
弘大 **MAP** 付録P.10 B-3

辛みだけが主張しないよう、唐辛子の産地や配合を研究し、強火で調理した"火の味"スープが特徴。自家製の中太麺に真っ赤なスープがよく絡む。

☎02-322-8884 🚇Ⓜ2号線弘大入口駅9番出口から徒歩9分 🏠麻浦区臥牛山路21キル19-16, 2F　마포구 와우산로21길 19-16,2F
🕐11:00～14:30 17:00～22:00(LO21:20) 🚫無休 🅹🅹🄴🄴

➡️「韓国5大チャンポン」と称され、芸能人にも足繁く通うファンがいる

---

冷たいけれど一年を通して人気

## 雪木軒
눈나무집　ヌンナムチブ
三清洞 **MAP** 付録P6 C-1

キムチの酸味と辛みを生かし、さっぱりと仕上げた冷たいそうめん「キムチマリグクス」と、香ばしい「トッカルビ」が二枚看板。2つの相性も抜群。

☎02-739-6742 🚇Ⓜ3号線安国駅2番出口から徒歩21分 🏠鐘路区三清路136-1　종로구삼청로 136-1 🕐11:00～21:00(LO20:30) 🚫無休 🅹🄴🄴

➡️三清洞の端にありながら、週末は行列ができる。家族連れも多い

---

辛いものが苦手な人もぜひトライ！

## 江南麺屋
강남면옥　カンナムミョンオク
狎鷗亭洞 **MAP** 付録P.14 C-3

ピリ辛のヤンニョムジャンを絡めた「ビビム冷麺」と、骨付き牛カルビを甘辛く蒸し煮にした「カルビチム」が名物。辛くない「水冷麺」もある。

☎02-3446-5539 🚇Ⓜ3号線狎鷗亭駅3番出口から徒歩10分 🏠江南区論峴路152キル34　강남구논현로152길 34 🕐10:30～22:00(LO21:30) 🚫無休 🅹🅹🄴🄴

➡️狎鷗亭エリアの路地裏に位置する。ソウル市内に13店舗を展開

GOURMET & CAFE

体を温める滋味豊かな料理は、朝ごはんにもぴったり

# ほっとひと息。定番スープならこの **5** 店

日本でも知られるようになった参鶏湯（サムゲタン）、スンドゥブはぜひ本場で食べてみたい。
穏やかな雰囲気の店内でゆっくり味わって、旅で疲れた体の調子を整えよう。

まるでソウルの我が家
家庭的な温かい雰囲気

これが名物！

**スンドゥブ豆腐**
순두부찌개 W9000
化学調味料不使用で、昔
ながらの素朴な味わい。お
かずや調味料は、使う分
だけ毎日手作りしている

↑中にはやわらかな
豆腐やアサリがたっ
ぷり入っている

早朝オープンがうれしい名店
## イェジ粉食
예지분식　イェジブンシク
明洞 MAP 付録P.17 D-2
イ・ギソクさん夫妻の営む食堂。
26席ほどの小さな店構えながら、
客やメディア取材が絶えることは
ない。夫妻の人柄と温かいサービ
ス、そしてなんといっても家庭的
なやさしい味が魅力。
☎02-777-1820 Ⓜ2号線乙支路入口
駅5番出口から徒歩3分 ⊕中区明洞9キル
17-3 중구명동9길17-3 ⊙5:00～20:00
（日曜は～14:00）⊛無休 JＪＥＥ

↑客は9割ほどが日本
人。リピーターやファン
が多いのも納得の味

←ふわふわ玉子とネギの
シンプルな韓国風茶碗蒸
しW1万2000も大人気

胃腸にやさしい牛のスープ
## 味成屋
미성옥　ミソンオク
明洞 MAP 付録P16 C-2
ブランド牛「韓牛（ハヌ）」（→P.67）
の骨や頭、肉などを10時間以上煮
込んだスープ、ソルロンタンの専
門店。ご飯が付くが、スープの中
にはそうめんも入ってボリューム
満点。昔ながらの風情が心地よい。
☎02-776-8929 Ⓜ2号線乙支路入口
駅5、6番出口から徒歩6分 ⊕中区明洞キル
25-11 중구 명동길 25-11 ⊙6:00～
21:00(LO20:30) ⊛無休 JＪＥＥ

朝食に重宝する
老舗ソルロンタン

↑漬け汁がなく
なるたびに、国
産材料を使って
漬けたす

これが名物！

**ソルロンタン（普通）**
설렁탕 (보) W1万1000
雑味のないコクが特徴。現
地の常連のなかには、
スープにキムチやカクテ
キの漬け汁を入れる人も

→コスメショップ
が並ぶ通りからそ
れ、少し奥まった
場所にある

74

グルメ＆カフェ

ショッピング

歩いて楽しむ

エンターテインメント

ビューティ＆ヘルス

ホテル

お肌が喜ぶ豊富なコラーゲン

## ネリムソン参鶏湯

内림손삼계탕　ネリムソンサムゲタン

乙支路　**MAP**付録P.6 C-4

「安く・おいしく」がモットーの鶏料理専門店。韓国産の丸鶏を煮込みながら、余分な脂をていねいに除去。あっさりしているが、奥行きのある鶏のコクはしっかり感じられる。明洞散策で利用しやすい一軒。

☎02-318-4406　Ｍ2号線乙支路入口駅3番出口から徒歩2分　中区 南大門路10キル 30、2F 中区南大門路10길30,2F 🕐10:00～15:00 17:00～22:00(LO21:20)　休日曜 Ｊ Ｌ Ｅ 🈯 ⎘

◆2022年1月に明洞の繁華街から清渓川近くに移転

惜しみなく採算度外視

高麗人参などの韓方も

**これが名物！**

参鶏湯

삼계탕　**W1万6000**

鶏を割ると中からたっぷりのもち米が出てくるので、お粥のような味わいに。自家製人参酒付き

↑にんにくの芽を使ったコチュジャンベースの和え物

---

風格漂う創業80年余の名店

## 河東館

하동관　ハドングァン

明洞　**MAP**付録P.17 D-2

「韓牛」のバラ肉や内臓を煮込んだ「コムタン」で名を馳せる。透き通ってすっきりとしたスープは、旅の途中の疲れた胃腸を癒やしてくれそう。仕込んだ分は、その日に売り切るスタイルも深い。

☎02-776-5656　Ｍ2号線乙支路入口駅5番出口から徒歩5分　中区明洞9キル12 中区명동9길12 🕐7:00～16:00※なくなり次第終了　休日曜 Ｊ Ｊ Ｅ 🈯 ⎘

◆2019年1月にリニューアルオープンし、韓屋風に

**これが名物！**

コムタン（普通）

곰탕（보）　**W1万5000**

奥深いスープには、やわらかな牛の雌の胃袋やバラ肉をふんだん使用。ミシュランガイド掲載店

歴代大統領を魅了した

滋味深きコムタン

---

**これが名物！**

ソルロンタン

설렁탕　**W1万2000**

そうめんと牛バラ肉も入ったスープに、ご飯を入れてサラサラとかき込むのが常連流の食べ方

昔ながらの風情も味のうち

## 以南場

이남장　イナムジャン

明洞周辺　**MAP**付録P.7 D-4

牛骨と牛バラ肉をコトコト煮込んだソルロンタンが、多くの人を魅了している路地裏の名店。白濁したスープを口に含むと、こっくりとしたコクが口中に広がる。キムチの漬け汁を加えても◎。

☎02-2267-4081　Ｍ2号線乙支路3街駅1番出口から徒歩3分　中区三一大路12キル16 중구 삼일대로12길16 🕐10:00～22:00(LO21:30)　休無休 Ｊ Ｅ 🈯 ⎘

絶品牛骨スープに

親子3代で通う常連も

## 韓国らしさがギュッと詰まっています

# 本場の味に大満足!
# 鍋料理が楽しめる6店

栄養もボリュームもたっぷりの人気料理。
韓方や熟成キムチ、野菜、薬味など
多彩な食材に、お店こだわりのスープに
韓国の食文化の奥深さが感じられるはず。

**タッカンマリ A（2人前）**
닭한마리 A （2인）
ジャガイモやお餅などのトッピングとシメ
のカルグクスもセット　W3万

### 個性が光るタッカンマリ
## 元祖ウォンハルメ・
## ソムンナン・タッカンマリ
원조원할매 소문난 닭한마리
ウォンジョウォンハルメ ソムンナン タッカンマリ
東大門 MAP 付録P20 C-1

だしに12種の韓方を入れたり、特製ダ
レをかめで寝かせたり、他店にない工
夫で噂の人気店。セットメニューで注
文も手間いらずだ。辛く仕上げた鶏鍋
「タットリタン」と人気を二分する。

☎0507-1315-2078 交 M 1号線鍾路5街駅5
番出口から徒歩5分 所 鍾路区鍾路40ガキル25
종로구종로40가길25 ⏰10:30〜23:00(LO22:
30) 休 無休 J E

→奥行きがあり、かな
り広い。ほかにテーブ
ル席もある

→キャベツやニラをタ
レに入れる食べ方もオ
リジナル

### あっさりからピリ辛へと変身
## 陳玉華ハルメ・
## 元祖タッカンマリ
진옥화할매 원조닭한마리
チンオクファハルメ ウォンジョタッカンマリ
東大門 MAP 付録P20 C-1

国内外のお客で常に賑わう超有名
店。1978年の創業以来、タッカン
マリ一本で勝負している。途中で
唐辛子薬味の「タデギ」を鍋に加
えて、味変を楽しむ人も。

☎02-2275-9666 交 M 1
号線鍾路5街駅5番出口から徒
歩5分 所 鍾路区鍾路40가キ
ル18 종로구 종로40가길18
⏰10:30〜翌1:00(LO23:
30) 休 無休 J E

→看板の玉華おばあちゃん
が目印。2階席もある

**タッカンマリ** 닭한마리
10〜15分で食べ頃。鶏1羽
の豪快写真は早めに撮って
おくのが鉄則　W3万

↑いい塩梅に下
茹でされ、どの
部位もやわらか
くジューシー

### 飲みほしたい黄金スープ
## 陳元祖
## 補身タッカンマリ
진원조보신닭한마리
チンウォンジョボシンタッカンマリ
東大門 MAP 付録P20 C-1

新鮮な若鶏を韓方と一緒に煮込ん
だスープで、特許を取った横丁の
古参店。臭みの一切ない鶏はその
ままでも、卓上の調味料を合わせ
たタレでもさっぱりといける。

☎02-2272-2722 交 M 1号線鍾路5街
駅5番出口から徒歩5分 所 鍾路区鍾路252-
11 종로구종로252-11 ⏰10:00〜22:00
(LO21:30) 休 無休 J E

→席は3階まであ
り、これまで海
外メディアにも
取り上げられて
いる人気店

**タッカンマリ** 닭한마리
スープをまとったお餅もた
まらない。シメのククスW
2000もぜひ!　W3万

📍 ## タッカンマリ横丁 닭한마리골목

東大門総合市場近くの路地裏に、
タッカンマリ専門のお店が軒を連
ねる。地元民だけでなく、観光客
も多く訪れるグルメスポットだ。

グルメ&カフェ

ショッピング

歩いて楽しむ

エンターテインメント

ビューティ&ヘルス

ホテル

## 野菜と食べるのが新感覚!
# ウンジュジョン
온주정
東大門 MAP 付録P.20 B-1

「ソウル三大キムチチゲ」と称される店。約2週間熟成させたキムチが味の要で、あとは具材と水だけで煮込むシンプルさ。ご飯にかけて食べる"背徳めし"も美味。

☎02-2265-4669 交Ⓜ2、5号線乙支路4街駅4番出口から徒歩4分 住中区昌慶宮路8キル32 中区昌慶宮路8길32 営11:00～22:00(LO21:30) 休日曜 ＪⒺ

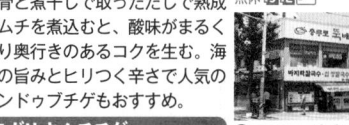

↑近隣の市場で働く人々の胃袋を満たしている
↑豚に火が通ったら、葉野菜に包んでパクリ

### 野菜で包んで食べるキムチチゲ
쌈싸 먹는 김치찌개
具は豚肉や豆腐など。注文は11:00～17:00で、1人前の注文は13:30から可能。1人前W1万2000(注文は2人前～)

## 豚&鶏料理のヒットパレード
# 江原チプカムジャタン・タッカルビ
강원집감자탕 닭갈비
カンウォンチプカムジャタン・タッカルビ
東大門 MAP 付録P.21 D-1

名物カムジャタンは骨まで崩れるやわらかさ。豚の背肉の血抜きや脂の処理をていねいにしているので、豚臭もない。タッカルビやチムタクなどの鶏料理も網羅する。

☎02-744-6519 交Ⓜ1、4号線東大門駅6、7番出口から徒歩1分 住鍾路区鍾路46キル12 종로구 종로 46길12 営24時間 休無休 ＪⒺ

↑食事メニューも多く、市場で働く地元民も訪れる

↑ホロホロの豚をうま辛スープにたっぷり浸して

### カムジャタン 감자탕
ジャガイモ、豆モヤシなどたっぷり。ポックンバプW2000でシメて W2万5000(小)

## 長い熟成が何よりの調味料に
# 忠武路トゥッペギ
충무로뚝배기
チュンムロトゥッペギ
明洞周辺 MAP 付録P.7 E-4

豚骨と煮干しで取っただしで熟成キムチを煮込むと、酸味がまるくなり奥行きのあるコクを生む。海鮮の旨みとヒリつく辛さで人気のスンドゥブチゲもおすすめ。

☎02-2266-0222 交Ⓜ2、3号線乙支路3街9番出口から徒歩1分 住中区マルンネ路43 중구 마른내로 43 営11:00～22:00(LO21:30) 休無休 ＪⒺ

↑メニューはそのままに、2019年から屋号を変更

### オモガリ キムチチゲ
오모가리 김치찌개
飴色の熟成キムチと豚肉がゴロゴロ。手作りのおかずはセルフで W9000

長年にわたり受け継がれてきた伝統料理をいただく

# 韓国の奥深い食の世界へ誘う韓定食❹店

李朝時代に宮廷で食されていたコース料理や、素朴な家庭料理などを提供するお店はコチラ。
歴史に思いを馳せ、素材の良さを嚙みしめながら、一品ずつ時間をかけて味わいたい。

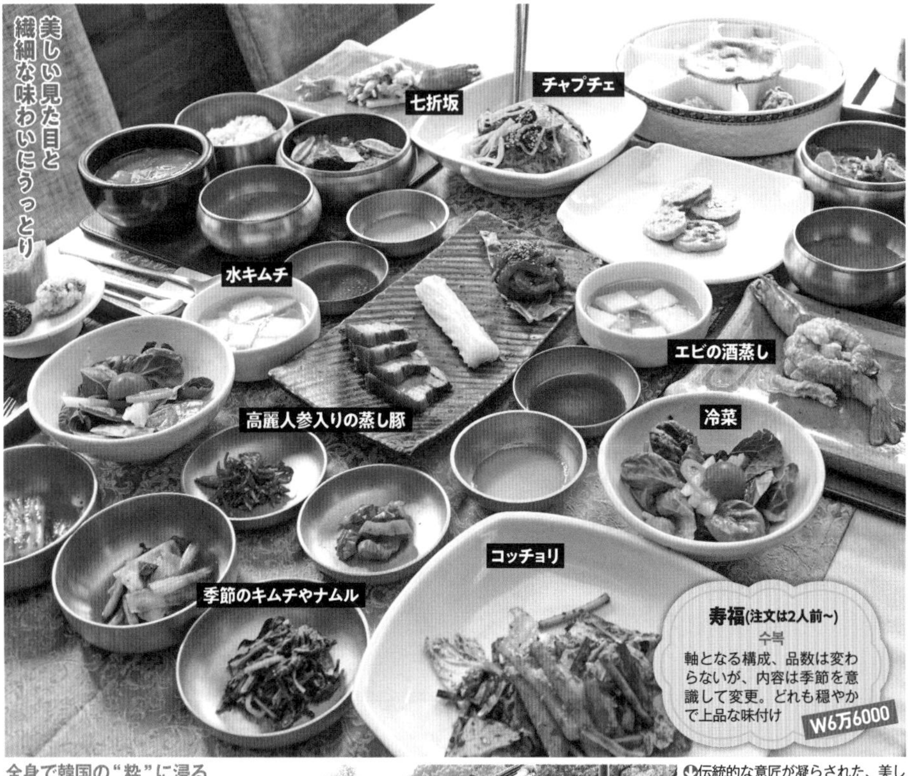

美しい見た目と繊細な味わいにうっとり

七折坂

チャプチェ

水キムチ

エビの酒蒸し

高麗人参入りの蒸し豚

冷菜

コッチョリ

季節のキムチやナムル

寿福(注文は2人前〜)
수복
軸となる構成、品数は変わらないが、内容は季節を意識して変更。どれも穏やかで上品な味付け
**W6万6000**

全身で韓国の"粋"に浸る

## 石坡廊
석파랑　ソクパラン
鍾路 **MAP** 付録P4 B-1

朝鮮王朝時代の王族が所有した別荘を、そのまま店舗に。伝統が息づく空間で供される宮廷料理のコースは、ミシュランガイドにも掲載された。食事の前後に建物や庭園を観賞するのもまた一興。

☎02-395-2500 ✕🚇3号線景福宮駅3番出口から車で13分 🏠鍾路区紫霞門路309　종로구 자하문로 309 🕐12:00〜15:00 18:00〜22:00 🚫水曜 ⓙⓙⒺ📶🍴

↑重厚な造りの門の先に美しい庭園が広がる

↑伝統的な意匠が凝らされた、美しい完全個室

グルメ&カフェ

ショッピング

歩いて楽しむ

エンターテインメント

ビューティ&ヘルス

ホテル

## コスパ良く韓定食を堪能
# ノランチョゴリ
노랑저고리

江南 **MAP**付録P.12 B-4

地元の人に20年間愛されている韓定食の老舗。高級料理のコースメニューだけでなく、リーズナブルな値段で多彩な組み合わせの韓国料理がたくさん食べられる定食メニューもおすすめ。

☎02-534-5300 ㊝M2号線、新盆唐線江南駅9番出口から徒歩2分 ㊟瑞草区瑞草大路73キル9, 5F 서초구 서초대로73길 9, 5F ㊞11:30〜21:30(LO20:30) ㊡無休 JE

**ランチ定食(特)**
점심한상(특)
日替わりの前菜からチヂミやプルゴギ、チュクミ炒め、ポッサムなどの料理が約15品以上登場(注文は2人前〜)
**W2万3000**

チャプチェ

焼きサバ

⤴韓屋をモチーフとしたインテリア。多くのテーブルや個室を用意している

---

韓国古来の食文化に現代的要素をプラス

**昼のコース**
(注文は2人前〜)
오찬
全コースで提供する看板のユッケジャン。具材の牛肉や野菜をご飯にのせ、スープをかけていただく

**W6万5000〜**

ユッケジャンのスープ

## 新たな風を感じる韓国料理
# オヌル
오늘　Onl

梨泰院周辺 **MAP**付録P.4 C-3

韓国料理の伝統と現代を融合させたコースが主体。見た目こそモダンだが、味に深みを出す伝統的なコチュジャン、醤油、味噌を使うのがこだわり。内容は四季が感じられるよう季節ごとに変わる。

☎02-792-1054 ㊝M6号線梨泰院駅4番出口から車で5分 ㊟龍山区チャンムン路60 용산구장문로 60 ㊞12:00〜15:00(LO14:00) 18:00〜22:00(LO21:00) ㊡日曜 JE

⤴季節限定夜のコースより、済州のシーフードサラダ(左)、夜のコースより、ハラミとタイラ貝のグリルW12万〜(右)

⤴楕円のテーブルとレトロな照明がモダン。中庭も見える

---

## 食材本来の味を実感できる
# 鉢盂供養
발우공양　パルコンヤン

仁寺洞 **MAP**付録P.18 C-3

1700年以上の歴史を持つ大韓仏教の中から生まれた料理がコースで味わえる、精進料理専門店。

☎02-733-2081 ㊝M3号線安国駅6番出口から徒歩4分 ㊟鍾路区郵征局路56, テンプルステイ統合情報センター5F 종로구 우정국로 56, 템플스테이통합정보센터 5F ㊞11:30〜15:00 18:00〜21:00(LO19:40) ㊡日曜 JE

⤴『ミシュランガイド』にも掲載。店内は全室個室

伝統製法の調味料が奏でる精進料理

季節のキムチ　季節のナムル　季節の醤油漬け

蓮の葉ご飯

味噌チゲ

**念食(マウムシク)**
마음식
前菜からデザートまで充実。お食事「意味(ユミ)」のチゲは、5年熟成味噌を使う。内容は季節で変更
**W7万**

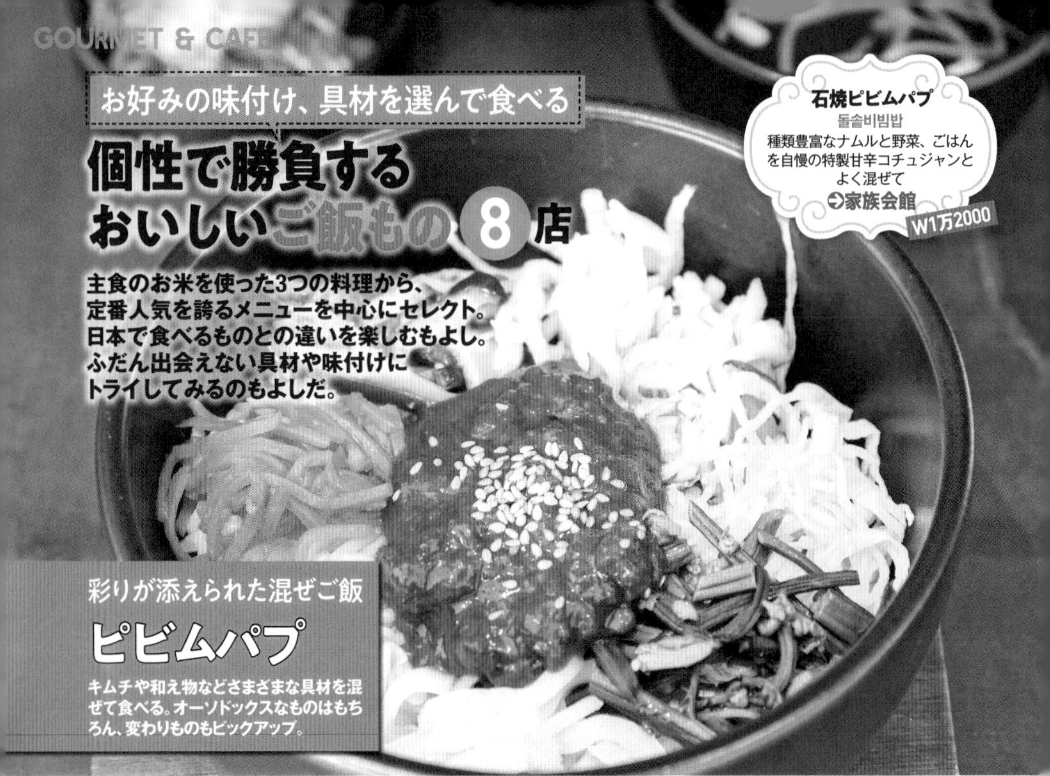

お好みの味付け、具材を選んで食べる

# 個性で勝負する おいしいご飯もの 8 店

主食のお米を使った3つの料理から、
定番人気を誇るメニューを中心にセレクト。
日本で食べるものとの違いを楽しむもよし。
ふだん出会えない具材や味付けに
トライしてみるのもよしだ。

**石焼ピビムパプ**
돌솥비빔밥
種類豊富なナムルと野菜、ごはんを自慢の特製甘辛コチュジャンとよく混ぜて
➔家族会館
W1万2000

彩りが添えられた混ぜご飯

## ピビムパプ

キムチや和え物などさまざまな具材を混ぜて食べる。オーソドックスなものはもちろん、変わりものもピックアップ。

ヘルシーなヴィーガン料理を提供

### 仁寺トダム

인사도담　インサトダム

仁寺洞 MAP 付録P18 C-3

ピビムパプや豆腐料理、エリンギ&セリの和え物など、ヴィーガンメニューを多数揃え、人気のピビムパプはヴィーガンのほかにもタコやチャドルバギ、ハイガイなど5種類がある。

☎0507-1365-0141 交Ⓜ3号線安国駅6番出口から徒歩2分 所鐘路区仁寺洞16キル5-1　종로구 인사동16길 5-1 営11:00～15:30 17:30～22:00 LOは各1時間前 休無休 J E 💳

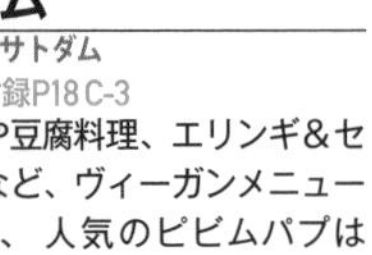

➔韓屋ならではの落ち着いた雰囲気で食事をゆっくり楽しめる

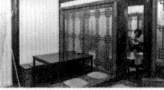

↓お肉が入らないヴィーガンのトダムピビムパプ。タレは醤油とコチュジャンから選べる

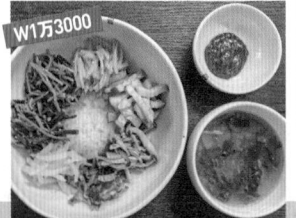

W1万3000

食卓に花が咲いたような料理

### コッパベピダ

꽃밥에피다

仁寺洞 MAP 付録P.18 C-3

提供する食材は95%がオーガニックという、体と環境にやさしいレストラン。薄口で上品な味付けは外国人客にも人気が高い。また、ほかではなかなか飲めないオーガニック生マッコリもある。

☎02-732-0276 交Ⓜ3号線安国駅6番出口から徒歩1分 所鐘路区仁寺洞16キル3-6　종로구 인사동16길 3-6 営11:30～15:00 17:30～21:00 LOは各1時間前 休無休 J J E E 📞 💳

➔仁寺洞の路地裏に位置する。ミシュランで2年連続掲載の実力派！

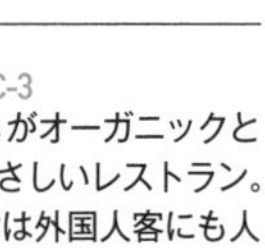

↓5種の有機野菜と玄米を薄焼き玉子で包んだ変わり種のポジャギピビムパプ

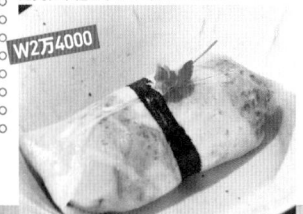

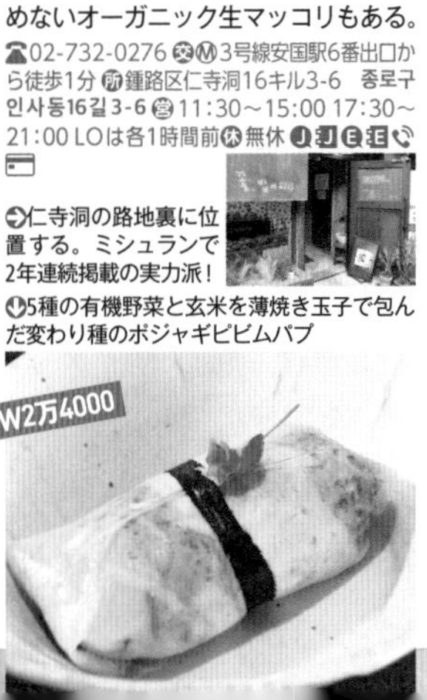

W2万4000

全州ピビムパプの有名店

### 家族会館

가족회관　カジョクフェグァン

ソウル駅 MAP 付録P.8 B-2

ピビムパプの本場、全州に本店を持つ歴史のある専門店。ソウル駅内のフードコート「コネクト・プレイス」のリニューアルにより新たにソウル駅店がオープン。ケランチムもおすすめ。

☎02-3275-3022 交Ⓜ1、4号線ソウル駅1番出口から徒歩1分 所龍山区青坡路378、3F　용산구 청파로 378, 3F 営8:00～21:00(LO20:30) 休無休 E 💳

➔ガラス越しにソウル駅周辺の景色が眺望できる快適で広い店内

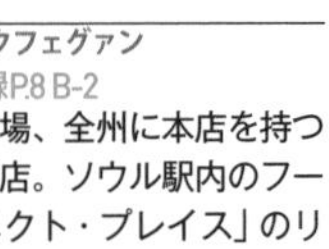

↓醤油ダレに混ぜていただくコンドゥレナムル(高麗アザミ)ピビムパプ

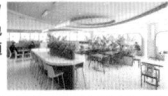

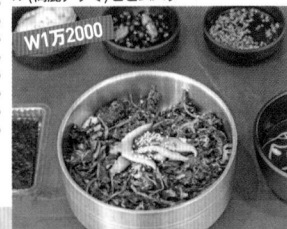

W1万2000

グルメ＆カフェ

ショッピング

歩いて楽しむ

エンターテインメント

ビューティ＆ヘルス

ホテル

体を整えるシンプルな一品

# お粥

やさしい味わいのお粥は朝ごはんにぴったり。高級食材を具材にしたものもあるので、気分や体調によってお店を選ぼう。

ウニの粥
성게알죽
卵とたっぷりのウニ、海苔をボリューミーに使った贅沢なお粥
➔小公粥家
W1万7000

### おしゃれに変身した新星スンデ
## スンデ実録
순대실록 スンデシルロク
鐘路 MAP付録P.7 F-1
韓国式ソーセージとも呼ばれる「スンデ」の専門店。豚骨スープにスンデを入れた「スンデグク」は必食。グルグル巻きのスンデを鉄板で焼いたステーキも、斬新な見た目で話題に。
☎02-742-5338 Ⓜ4号線恵化駅1番出口から徒歩3分 ㉡鐘路区東崇キル127、2F 종로구 동숭길127,2F ⏰24時間 休無休 ⒺⒿⒺ

➔天気の良い日は、入口近くのテラス席が気持ちよさそう
➔豚骨スープを煮込む火を止められないため24時間営業。ご飯を入れてめしあがれ

W9000

### 地元の人に愛されるお粥専門店
## 本粥
본죽 ポンジュッ
仁寺洞 MAP付録P.19 C-3
全国に店舗を持つ有名お粥のチェーン店。体にやさしいアワビや野菜粥からちゃんぽん粥、タコ＆キムチ粥などのスパイシーな味わいまでさまざま。朝早くからオープンするのもうれしい。
☎02-722-6288 Ⓜ3号線安国駅6番出口から徒歩3分 ㉡鐘路区仁寺洞キル51-2、2F 종로구 인사동길 51-2,2F ⏰8:00～20:00(土・日曜は～18:00) 休無休 ⒿⒺ

➔駅からも近く、仁寺洞のメインストリートにあり見つけやすい
➔天然松茸が入った栄養たっぷりのプレミアム牛肉粥。大根の水キムチも好相性

W1万6000

### お粥を作り続けて40年以上の実績
## 小公粥家
소공죽집 ソゴンチュッチブ
明洞周辺 MAP付録P.6 B-4
今も昔も日本人客が多く訪れる人気の朝食粥店。オーナーが故郷の海の味を懐かしみ、ウニのお粥を作ったところ評判に。朝食以外にも、魚卵の釜飯など看板メニューは多い。
☎0507-1419-6401 Ⓜ1、2号線市庁駅12番出口から徒歩1分 ㉡中区西小門路139、B1 중구 서소문로 139, B1 ⏰8:00～20:00(土・日曜、祝日は～15:00) 休なし ⒿⒺ

➔味を守るためにお店を広げることはせず、営業はここだけ
➔エビやイクラなどが贅沢にのった、魚卵盛り合わせ釜飯。混ぜて食べるのがおすすめ

W1万3000

81

ボリューム自慢ののり巻

# キムパプ

多くの具材が詰まっている韓国版ののり巻は食べごたえ抜群。それぞれお店の特色が出ているので、食べ比べも楽しい。

ブルコギチーズキムパプ
불고기, 참치 반반 김밥
リー・キムパプの看板メニュー。ブルコギとチェダーチーズ、玉子焼やサクサクの野菜がぎっしり!
→リー・キムパプ
**W5800**

---

厳選食材使用のキムパプ

韓国のテレビ番組にも多数登場

## リー・キムパプ

리김밥

狎鴎亭洞 **MAP** 付録P.14 C-2

チーズやナッツが入った斬新なメニューを開発し、キムパプの概念を変えた専門店。ご飯少なめ、野菜はたっぷりというヘルシーさもウケている。トッポッキなどの軽食類も充実。

**☎**02-548-5552 **交M**3号線狎鴎亭駅2番出口から徒歩2分 **所**江南区狎鴎亭路30キル12 강남구 압구정로 30길12 **営**8:30〜20:00(LO19:30) **休**日曜 **J E E** ■

↑本店の狎鴎亭店。テイクアウトも可能。ソウル市内に30店舗を展開

↑甘辛ナッツ入りキムパプ。ハチミツ漬けの小魚やミックスナッツと青唐辛子が好相性!
**W5300**

---

## パルダキム先生

바르다 김선생　パルダキムソンセン

狎鴎亭洞 **MAP** 付録P.15 E-2

健康に良い食材にこだわる人気のチェーン店。ツナマヨやブルコギなどの定番メニューから、ピリ辛チャンアチのような、ほかでは見ないネタのキムパプも披露。注文はキオスクにて。

**☎**02-6204-1525 **交M**盆唐線狎鴎亭ロデオ駅5番出口から徒歩7分 **所**江南区島山大路49キル10 강남구 도산대로49길 10 **営**24時間 **休**無休 **J E** ■

↑24時間営業の鶴洞サゴリ店。テイクアウトの人も多い

**W5500**

↑クルミの食感がアクセントになる、ベストメニューのクリームチーズ・クルミキムパプ

グルメ＆カフェ

ショッピング

歩いて楽しむ

エンターテインメント

ビューティ＆ヘルス

ホテル

「好きなものを好きなだけ食べる」という贅沢な時間を過ごしたい人におすすめ

# ごちそうが揃うソウルのビュッフェを体験

思わず目移りしてしまうほどの充実したラインナップがうれしいビュッフェ。
シェフたちの創意工夫が加えられた韓国料理の数々を、高級感あふれる空間で満喫したい。

朝食W8600。ブランチはW18万5000。ディナーはW19万2000

新羅ホテルで上質の料理を
## ザ・パークビュー
더 파크뷰
The Parkview
東大入口 **MAP** 付録P.9 F-2

南山の自然に囲まれながら、一流シェフが手がけたハイクオリティな料理が楽しめる贅沢なビュッフェ。"All Day Dining"というコンセプトのとおり、朝食からディナーまでどんなシーンでも利用可能。

☎02-2230-3374 ⓧ Ⓜ 3号線東大入口駅5番出口から徒歩3分 ⓟ中区東湖路249、1F　중구 동호로249,1F ⑤6:00～10:00 12:00～14:30 18:00～22:00 土・日曜、祝日11:00～13:00 14:00～16:00 17:00～19:00 19:30～22:00 ⓗ無休 Ⓙ Ⓔ Ⓔ ☎（朝食は不可）□

⤴ガラス張りの窓から、南山の美しい景観が一望できる

⤴巨匠ピーター・レメディオスがインテリアデザインを担当

平日ランチW1万9900、平日ディナーW2万5900。土・日曜、祝日はいずれもW2万7900

世界各国の料理がずらり
## アシュリー・クィーンズ
애슐리 퀸즈
ASHLEY QUEENS
弘大 **MAP** 付録P.10 C-2

世界料理博物館をモットーに、韓国やアメリカ、ヨーロッパ、メキシコ、日本、中国などの代表料理を150種類以上提供する。2カ月ごとに新メニューも登場。コスパの良い平日ランチが狙い目。

☎0507-1485-0439 ⓧ Ⓜ2号線、京義・中央線弘大入口駅8番出口から徒歩1分 ⓟ麻浦区楊花路176、3F　마포구 양화로176,3F ⑤11:00～21:00 ⓗ無休 □

⤴フレッシュな旬の果物を使ったデザートコーナーも充実

⤴アメリカンスタイルの明るくてカジュアルな雰囲気

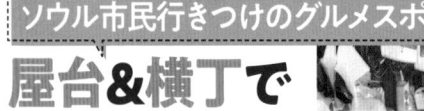

# 屋台&横丁で ローカルグルメ三昧

大通りから一歩足を踏み入れるとディープなソウルグルメが待っている。地元の人に親しまれてきた料理を味わいながら過ごす時間は、まるで現地で暮らしているかのよう。

## 多種多様な料理が集結
### 屋台
定番から家庭的なメニューまで幅広く揃っているので、お気に入りのソウルの味が見つかるはず。

気になる店の長椅子に座って、指さし注文すればOK。隣が近い距離感も楽しみたい

### ハシゴは当たり前のグルメな市場
## 広蔵市場
광장시장　クァンジャンシジャン

東大門　MAP 付録P.20 B-1

ユッケ、緑豆チヂミ、麦飯ビビムパブなど、名物グルメが数多ある昔ながらの市場。観光客が激増した今でも、ここにしかない味を求めて地元韓国人も足を運ぶ。

☎02-2269-8855(管理事務所) Ⓜ1号線鍾路5街駅8番出口から徒歩1分 所鍾路区昌慶宮路88 종로구 창경궁로 88 営店により異なる

→一般商店もあり、地元民の台所としての顔を持つ。キムチやゴマ油はおみやげにもってこい

→衣類や伝統衣装が密集する一角もあり、散策が楽しい

---

絶対食べてほしいおすすめ4店

### ■ウンソンフェチプ 은성회집
店先で煮込む、テグメウンタン(タラの辛い鍋)が名物。内臓や肝のほか、豆モヤシや大根も入り、仕上げにセリがどっさり。

MAP 付録P.20 B-1
☎02-2267-6813 所鍾路区昌慶宮路88 종로구 창경궁로 88 営10:00〜22:00 休無休 J

W2万8000

→基本2人前。辛さの奥から、セリ独特の香りが弾ける

### ■モニョキムパブ 모녀김밥
ニンジンとたくあん、ニラを巻いただけのミニのり巻が、飛ぶように売れる。屋台の通りが交わるわかりやすい場所に位置。

MAP 付録P.20 B-1
☎02-2273-8330 所鍾路区東湖路403-23 종로구 동호로 403-23 営9:00〜21:00 休無休 J

W4000

→通称「麻薬キムパブ」。辛子醤油が不思議とよく合う

### ■ユッケチャメチプ 육회자매집
市場内に3号店まであり、常に賑わうユッケの有名店。「生レバーとセンマイ刺し」と「ユッケ丼」も一緒に味わいたい。

MAP 付録P.20 A-1
☎02-2272-3069 所鍾路区鍾路200-4 종로구 종로 200-4 営10:00〜14:00 15:20〜21:40(LO20:40) 休日曜 J

W1万9000

→ユッケの味が薄いと感じた方は、塩入りゴマ油をつけて

### ■パッカネピンデトク
박가네맷돌 빈대떡
石臼ですり潰した緑豆にモヤシを入れ、揚げ焼きにしたピンデトク(緑豆チヂミ)が看板。サックサクで、マッコリに合う!

MAP 付録P.20 B-1
☎02-2275-0610 所鍾路区東湖路403-16 종로구 동호로 403-16 営8:00〜22:00 休無休 J

W5000

→軽く塩気があるので、そのままでも香ばしくて美味

グルメ＆カフェ

ショッピング

歩いて楽しむ

エンターテインメント

ビューティ＆ヘルス

ホテル

# 専門店がズラリと並ぶ
# 横丁
特定の料理を専門で出す店が集まっている。本場ならではのハイレベルなグルメを楽しみたい。

## 下町のアーケードの豚ホルモン街
### ホルモン横丁
곱창골목　コプチャンコルモク

東大門　MAP付録P20 C-1

1970年代から続く豚ホルモン街。定番メニューはコプチャン・マクチャンの2種類。これに焼酎をつけるのが地元流。

🚇 M 1、6号線東大門駅もしくは2、6号線新堂駅から徒歩5分

➡店先の鉄板で調理してテーブルまで運ぶスタイル

### グァンジュコプチャン
광주곱창

創業50年近く、ほとんどが周辺で働いている地元客という地元密着型の豚ホルモン専門店。人気のコプチャンとマクチャンは、塩とヤンニョムの2種類から味を選べる。辛いのが苦手な人は塩を。

MAP付録P20 C-1

☎02-2279-1829 🏠鍾路区鍾路40カキル31 종로구종로40가길31 ⏰10:00～24:00 🈂第1・3・5日曜 ⓔⒿ

W1万2000

➡肉の量が多めでファンが多い定番メニューのコプチャン。写真はヤンニョム味

### プルタヌンコプチャン
불타는곱창

ホルモンはその日仕入れた国産牛だけを使用ても安心。スタッフが調理してくれるので、初めても安心。野菜もたっぷり入っているのもうれしい。焼肉は2人前からで、1種類ずつ違う部位を注文しても OK。

☎02-3672-4885 🏠鍾路区鍾路35キル8 종로구종로35길8 ⏰11:00～翌1:00 🈂無休 Ⓙ ⓔ

W2万5000

➡コプチャン、マクチャン、ミノ、テチャン、ハツの5点盛りセット。写真は3人前

### 元祖麻浦ハルモニピンデトク
원조마포할머니빈대떡
ウォンジョマポハルモニビンデトク

1970年代から営業するチヂミ横丁発祥地。店頭のチヂミ陳列棚には日本語表記もあり。

MAP付録P.11 F-4

☎02-715-3775 🏠麻浦区万里峠路23 마포구만리재로23 ⏰8:00～23:50 🈂無休 ⒿⒺ

➡緑豆ピンデトク。店内利用だとおかずが付いてくるのがうれしいサービスだ

W1万5000(小)

### 青鶴洞プチムゲ
청학동부침개
チョンハットンブチムゲ

その場で作る種類豊富なできたてチヂミが次々と並べられていく人気店。座敷もある。

MAP付録P.11 F-4

☎02-706-0603 🏠麻浦区 万里峠路23、市場内 마포구 만리재로23、시장내 ⏰9:00～23:50 🈂無休

➡チヂミ13種盛り合わせ。キムチ、イカ、緑豆、シイタケ、エゴマ、カキなど。店内で食べると、キムチ2種とスープ、ソースが付いてくる

W1万5000(小)

## 雨の日はチヂミとマッコリが定番
### チヂミ横丁
전골목　ジョンコルモク

孔徳駅周辺　MAP付録P11 F-4

大型店が2店舗あるのみで、攻略しやすいチヂミ横丁。店頭で選んでも、店内で注文しても OK。マッコリで乾杯を。

🚇 M 5、6号線孔徳駅から徒歩2分

➡狭い路地の両側に次々できたてが並べられる

## オリジナルスタイルで食べる！
### トッポッキ横丁
떡볶이타운　トッポッキタウン

東大門周辺　MAP付録P5 D-2

チャジャンとコチュジャンベースで、大鍋にたくさん具を入れるのが横丁の流儀。複数人でフォークでつつきたい。

🚇 M 2、6号線新堂駅から徒歩3分

➡約100mの路地の両脇に有名店が軒を連ねる

### 新堂洞トッポッキ三代ハルモンネ
신당동떡볶이삼대할머니
シンダンドントッポッキサンデハルモンネ

1972年オープンの老舗トッポッキ店。「小」でも2～3人分なので、シェアするのがおすすめ。各種トッピングも可能。辛い場合はチーズ追加でマイルドに。

MAP付録P.5 D-2

☎02-2233-1559 🏠中区退渓路76キル54 중구퇴계로76길54 ⏰24時間 🈂第2・4火曜 ⒿⓁⒺ

➡餅、ラーメン、マンドゥなど具だくさんの海鮮トッポッキ

W1万7000～

### 新堂洞元祖終点トッポッキ
신당동원조종점떡볶이
シンダンドンウォンジョジョンチョムトッポッキ

チョルミョンが入ったチャイナタウン風のトッポッキ鍋が特徴。野菜や具材がたくさん入って、ほんのりジャンキーなのも食欲をそそる。各種トッピングもできる。

MAP付録P.5 D-2

☎02-2234-3649 🏠中区茶山路217-1 중구다산로 217-1 ⏰24時間 🈂隔週木曜 ⒿⓁⒺ

➡2種類の麺がポイントのチーズトッポッキ

W1万7000

旅の夜は韓国を代表するお酒でカンパイ！

# 絶対飲みたい焼酎&マッコリがある ⑤ 店

日本とは造り方が異なる焼酎と、白い濁りが特徴のマッコリをご紹介。
おいしいお酒と相性抜群の料理を味わいながら、話も弾めば思い出深いソウルの夜になりそう。

## 焼酎
### Spirits

複数の原料を混ぜて
造られるのが特徴。近
年は果汁と組み合わ
せた焼酎も人気。

チーズがとろ～りの、
カボチャとシーフード
の蒸し物W3万2000

### 器までかわいいフルーツ焼酎
## パンジョ
반저

鍾路 **MAP** 付録P.7 F-1

看板は、果汁と焼酎を合わせた特
製のフルーツ焼酎。フルーツをま
るごと使った器で供され、なかに
はフルーツの杯で飲めるものも
ある。見た目だけじゃない飲みや
すさもお墨付きで、女性を中心に
人気がある。

☎02-742-9779 **M**4号線恵化駅1番出
口から徒歩2分 鍾路区大学路8ガキル56
종로구 대학로8가길 56 **時**15:00～翌2:00
(LO翌1:00) **休**無休 **J**J**E**

↑お酒と一緒に料理をオー
ダーするのが原則

↑フレッシュ感あふれるフルーツ焼酎は常時6種類。各W1万2000

メロンテイストの地球
焼酎W1万4900、バナ
ナ焼酎W1万3900、鶏
肉&プルダック麺セッ
トW2万1000

### 異色の焼酎がいっぱい！
## 地球商社
지구상사 チキュサンサ

健大入口 **MAP** 付録P.5 E-2

バナナやシャインマスカット、
ヨーグルト、ミスッカル焼酎から
地球ボールに入っているメロン焼
酎など、珍しい焼酎が話題の飲み
屋。外国語メニューはないが、写
真付き電子メニューを用意。

☎02-2205-1114 **M**2、7号線健大入
口駅2番出口から徒歩3分 広津区峨嵯山
路33キル27、2F 광진구 아차산로 33길
27,2F **時**17:00～翌3:00(金・土曜は～翌
4:00)LOは各1時間前 **休**月曜 **E**

↑カラフルなライトでより盛り上がる
楽しい雰囲気♪

# マッコリ
**Makgeolli**

米が原料の伝統酒で、乳酸菌を含むなど栄養価が高い。韓国料理によく合うお酒だ。

---

マッコリをおしゃれに楽しむ

## マッコリサロン
막걸리싸롱

弘大 **MAP** 付録P.10 B-3

全国の人気銘柄のマッコリを豊富に揃え、飲み放題プラン（1人W7000）も用意。マッコリとフルーツで作るマッコリスムージーも甘くて飲みやすく人気。チヂミやチゲなどの料理も充実。

☎02-324-1518 ⓧⓂ2号線弘大入口駅9番出口から徒歩15分 ⓗ麻浦区臥牛山路21キル12-6　마포구 와우산로 21길12-6 ⓣ15:00〜翌2:00(LO翌1:00) ⓚ無休
Ⓔ▭

↑マッコリスムージー。お試しセット（右・W1万3000）もある

←モダンでカジュアルなお店は女性も入りやすい雰囲気

ピザみたいにチーズたっぷりのチーズ入りキムチチヂミ W1万9000

---

ビジネス街で仕込むマッコリ

## ヌリンマウル醸造場&パブ
느린마을양조장앤펍
ヌリンマウルヤンジョジャンエンポプ

江南 **MAP** 付録P.12 B-4

店内にタンクを設置し、マッコリを醸造している専門店。仕込んでいるマッコリは1種だが、仕込んでからの日数に応じて春・夏・秋・冬と分類し、甘みや酸味、口当たりの異なる4種類を提供している。↑江南の人気店

↓ヌリンマウルマッコリW1万(奥)、豆モヤシとイイダコの辛炒めW2万5000(手前)。店内からはガラス越しにタンク見学も可能

☎02-587-7720 ⓧⓂ2号線、新盆唐線江南駅9番出口から徒歩3分 ⓗ瑞草区瑞草大路73キル7、B1　서초구 서초대로73길 7,B1 ⓣ17:00〜24:00(LO23:00) 日曜16:00〜23:00(LO22:00) ⓚ無休ⒿⒿⒿⒺ▭

---

伝統酒の奥深さに開眼

## タモトリ ハウッ
다모토리 하웃

梨泰院 **MAP** 付録P.9 D-4

オーナーが試飲し、納得のいくマッコリ25種類を常備する専門店。何を飲もうか迷ったら、小さな杯で供されるサンプラーをぜひ！毎週ランキングを集計し、上位5種が翌週のサンプラーになる。

☎070-8950-8362 ⓧⓂ6号線緑莎坪駅2番出口から徒歩9分 ⓗ龍山区新興路31　용산구 신흥로31 ⓣ18:00〜(土・日曜16:00)〜23:00(LO22:00) ⓚ無休Ⓙ Ⓙ Ⓔ▭

↓常に人気上位のボトルマッコリ福順都家W2万(奥)、豚カルビ&ニラのサラダW2万7000(中)、マッコリサンプラーW7000(手前)

↑店内には酒器や杯がたくさん飾られている

眺めるだけで楽しいボトル。ラベルで選んで注文するのもあり

---

グルメ&カフェ

ショッピング

歩いて楽しむ

エンターテインメント

ビューティ&ヘルス

ホテル

87

## 心ときめく色とりどりの絶品たち

# 今、脚光を浴びる
ソウルのスイーツ⑭種

インパクト抜群の組み合わせや、
アーティスティックなデコレーションなど
ソウルで話題沸騰中のスイーツが大集合!
最高の一品を食べに出かけよう。

**チェリーボンボン A**
W1万8000
체리봉봉
ストロベリースムージーに旬のチェリーをたっぷりと敷き詰めた

**パイナップルボンボン A**
W1万8000
파인애플봉봉
パインとマンゴースムージーのトロピカルで幸せな組み合わせ

**オレオクリームチーズ B**
W9000
오레오 크림치즈
パールネックレスをつけている豚ちゃんに思わず微笑んでしまう

**M&Mチョコレートクッキークリームチーズ B**
W9000
M&M초컬릿 쿠키크림치즈
「モンスターケーキ」と呼ばれる一品。中にはバニラシートが

**コーヒー&チョコレートクリームチーズ B**
커피&초컬릿 크림치즈
ヴァローナチョコシートにコーヒーとチョコクリームチーズの組み合わせ
W9000

**ミントオレオチーズ C** W6000
민트 오레오 치즈
さわやかなミントと、なめらかなクリームチーズ味のケーキ

**ミントカフェラテ C** W5000
민트 카페 라떼
意外な好相性のドリンク。混ぜないほうが最後までキレイに飲める

**ミントマカロン C**
민트 마카롱
ダークとオレオの2種類がある、ミントの香り強めのマカロン

各W2500

グルメ＆カフェ

ショッピング

歩いて楽しむ

エンターテインメント

ビューティ＆ヘルス

ホテル

各W1万1000

**マンジャリ(左)、ココナッツ(右)** D
Manjari, Coconut
チョコ×ラズベリー、ココナッツ
×パッションフルーツの調和

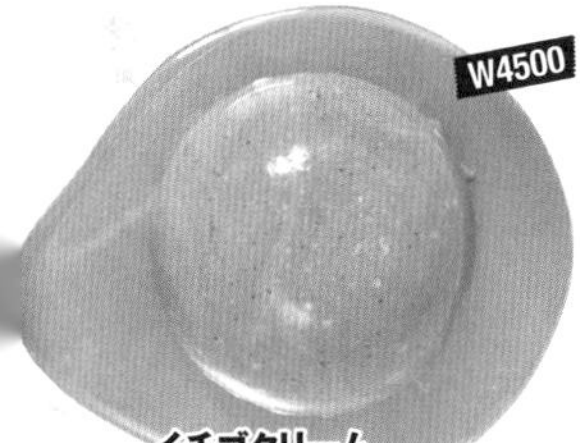

W4500

**イチゴクリーム
チーズケーキ** E
딸기 크림 치즈 케이크
見る角度によって色の印象が変わ
る、不思議な半球のケーキ

W8000

**パッションオレンジエイド** D
Passion Orange Ade
さわやかドリンクは、フルーツそ
れぞれの自家製シロップを使用

**アインシュピナー** E
아인슈페너
コールドブリューコー
ヒーをベースに、シナ
モンパウダーをかけて

**ヘーゼルナッツ
チョコケーキ** E
헤이즐넛 초코 조각
ヘーゼルナッツの
香りが香ばしい、
チョコでコーティ
ングされたケーキ

W9000

W6500

**柚子クリーム
チーズケーキ** E
유자 크림 치즈 조각
カフェ・テー
プの看板メ
ニュー。どれ
も少しずつ模
様が異なる

W7000

---

**"映えスイーツ"ならココへ**

**A カフェ・ド・パリ**
카페 드 파리　Cafe de Paris

明洞 MAP 付録P.17 D-3

フルーツを使ったかわいいボンボ
ンシリーズは、もはやソウル旅の
マストスイーツ！ 鮮度の良いフルー
ツしか仕入れないため、味も保証
つき。冬～春はイチゴ、初夏はチェ
リーがお目見えする。

☎010-2216-0026 ❌Ⓜ4
号線明洞駅8番出口から徒歩2
分 🏠中区明洞4キル26、2F
중구 명동4길 26, 2F ⏰11:00
～23:00(LO 22:30) 🈳無
休 J C E ⓔ

---

**激カワミニケーキのカフェ**

**B オディディ**
오디디　odd

望遠洞 MAP 付録P.10 A-3

オーナーのアイディアが光る動物
モチーフのキュートなミニケーキ
が人気。クリームチーズケーキを
ベースに通常6種類のラインナッ
プ。ミントカラーのインテリアも
さわやか。

☎0507-1333-0521 ❌Ⓜ6
号線合井駅1番出口から徒歩5
分 🏠麻浦区ワールドカップ路
10キル17 마포구 월드컵로10길
17 ⏰12:00～21:00(日曜は
～20:00) 🈳月曜 E ⓔ

---

**ミントファンの楽園へ**

**C ミント・ハイム**
민트하임　Mint Heim

弘大 MAP 付録P.10 B-3

外観、インテリアからメニューま
で、ミント一色のコンセプトカ
フェ。基本的にすべてのメニュー
にミントを使い、配分も調整して
いるので、組み合わせの妙に驚く。
ミントなしのメニューもあり。

☎02-324-1359 ❌Ⓜ2、6
号線合井駅3番出口から徒歩7分
🏠麻浦区チャンダリ路6キル28
마포구 잔다리로6길 28 ⏰
11:30～21:30(LO21:00)
🈳無休 J J E ⓔ

---

**食べられる毛糸に悩殺**

**D ル・モンブラン**
르몽블랑　Le Montblanc

梨泰院 MAP 付録P.9 D-3

毛糸をモチーフにしたムースケー
キがSNSで話題を呼び、たちまち
人気店に。アクセスが少々不便な
立地にもかかわらず、海外からの
観光客も多い。インテリアにも元
ニット工場の名残が感じられる。

☎なし ❌Ⓜ6号線緑莎坪駅
2番出口から徒歩17分 🏠龍
山区新興路99-4 용산구 신흥
로 99-4 ⏰12:00～19：
00(LO18:20)
🈳無休 E ⓔ

---

**宇宙みたいなカラフルケーキ**

**E カフェ・テープ**
카페 테이프　Cafe Tape

梨泰院 MAP 付録P.20 A-4

音楽やイラストのクリエイター集
団が運営するカフェ。宇宙を模し
たような色鮮やかなケーキは、事
前予約でホールケーキの注文も可
能。店内にはテラス席もあり、開
放的な空間で味わえるのも魅力。

☎010-7317-4201 ❌Ⓜ6号
線梨泰院駅4番出口から徒歩6分
🏠龍山区梨泰院路14キル21、2F
용산구 이태원로 14길21, 2F ⏰
12:00～23:00(LO22:00) 🈳
無休 J E ⓔ

レトロとモダンが融合した瀟洒な空間でお茶の時間

# いつまでも過ごしたくなる韓屋カフェ **4**店

おさんぽやショッピングの休憩なら、韓国の伝統家屋の雰囲気が体感できるカフェへどうぞ。
都会の喧騒を離れて、上品なスイーツやお茶とともに心穏やかな時間を過ごしたい。

市内でこの規模の韓屋が残っているのはかなり珍しいという

⑤ホットのJラテW8000(上)と本格派のクロワッサンW3500~(下)

①韓屋の中はもちろん、縁側やテラスなど席も豊富

韓国のいいものをギュッと凝縮

## ジェイ・ヒドゥン・ハウス

제이히든하우스　J.Hidden House

東大門 **MAP** 付録P.20 C-1

1915年築の韓屋をリノベしたカフェで、韓国文化を気軽に体験できるとあって話題に。メニューは最高品質の食材にこだわり、季節に合わせて常にアップデート。年間を通して違った味わいが楽しめる。

☎02-744-1915 ⊗M①、4号線東大門駅10番出口からすぐ ⑪鍾路区鍾路269-4 종로구종로269-4 ⊙12:00~18:00(LO17:30) ⑭無休 Ε Ε

グルメ＆カフェ

ショッピング

歩いて楽しむ

エンターテインメント

ビューティ＆ヘルス

ホテル

## 「韓屋（ハノク）」って何？

韓紙（→P.106）など自然を生かした素材や、韓国の伝統的な建築方法により建てられた家屋。夏は涼しく、冬は暖かく過ごせるような構造になっている。

賑やかな仁寺洞エリアに建つカフェ。緑と木のぬくもりに癒やされる

### 完全手作業のお茶で和む
# アルムダウン茶博物館

아름다운 차 박물관
アルムダウン チャ バンムルグァン

仁寺洞 MAP 付録P.19 D-4

僧侶たちが手作業で加工した智異（チリ）山・ハドンの緑茶など、約50種類ものお茶を提供。人工的な甘みを加えずに作った自家製ナツメ茶は、飲んだそばから体がポカポカ。特に女性におすすめ。

☎02-735-6678 ⓂM1、3、5号線鍾路3街駅5番出口から徒歩4分 所鍾路区仁寺洞キル19-11 종로구인사동길19-11
営カフェ11:30〜20:00（LO19:30）ショップ11:00〜19:00 休無休
J J E E

↑紅茶のピンスW1万5000。小豆とナッツ、練乳が添えられる

↑併設するショップで、韓国人作家の茶器などを販売

↑ランリヨモギ茶W9000によく合う、カボチャのお餅ケーキはW5000

### スタイリッシュな伝統家屋
# ベア・カフェ

베어카페　Bear Café

三清洞 MAP 付録P.6 B-1

『bear』などのデザイン系雑誌を発行する出版社が経営するカフェ。外観は伝統的な韓屋だが、屋内は白を基調としたスタイリッシュなインテリアで、中庭の席でもくつろげる。ギャラリーを併設。

☎070-7775-6743 ⓂM3号線景福宮駅3番出口から徒歩12分 所鍾路区紫霞門路24キル24 종로구자하문로 24길24 営11:00〜19:00（LO18:30）休月・火曜 E E

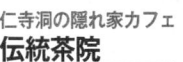

↑店内で雑誌『bear』を買うとコーヒーが無料に

↑ソルトアインシュペナーW6000。ほのかな塩味に生クリーム、コーヒーがマッチ

中庭や屋内の個室、広間などで思い思いに過ごせる

### 仁寺洞の隠れ家カフェ
# 伝統茶院

전통다원　チョントンタウォン

仁寺洞 MAP 付録P.19 D-3

耕仁美術館（→P.30）の敷地内にあり、仁寺洞の喧騒とは無縁の静けさ。お茶の種類は約20種で、オミジャ茶はアイスもホットも人気が高い。店内は韓国式の座敷が人気だが、縁側でのんびり過ごす人も。

☎02-730-6305 ⓂM3号線安国駅6番出口から徒歩7分 所鍾路区仁寺洞10キル11-4、耕仁美術館内 종로구 인사동10길11-4、경인미술관내 営11:00〜21:20（LO20:50）休無休 J E E

↑清涼感のあるオミジャ茶W7000、伝統菓子の3種セットW6000

↑古美術品などが並ぶ店内。冬は床が暖かくなる

庭園でも着席できる。店内から眺める庭もまたきれい

韓国的なスイーツが豊富

## 雪が降る森、雪来森

눈내리는 숲, 설래임
ヌンネリヌンスッ ソルレイム

弘大 **MAP** 付録P10 B-3

看板メニューのピンスのほかにもドリンクやデザートのラインナップが多彩なカフェ。ミスッカルピンスやヨモギラテ、インジョルミクロッフルなど、韓国ならではのネタをアレンジしたメニューがいっぱい。

☎02-6952-5859 Ⓜ6号線上水駅1番出口から徒歩6分 Ⓟ麻浦区オウルマダン路54 마포구 어울마당로 54 🕐11:00〜23:00(金・土曜は〜24:00)LOは閉店30分前 Ⓧ無休
J/E/E

➡ホワイト＆スカイブルートーンの店内。座敷もあり

黒ゴマピンス
흑임자빙수
香ばしい黒ゴマの風味を楽しめる。好みで練乳をかけて
W9900

→済州のハンラボンが乗ったヨーグルトピンス W1万400

## 日本のかき氷とは異なるメニューは要チェック!

# 人気絶大! ソウルの愛されピンス 厳選 ③ 店

ピンスは韓国のかき氷のことで、始めに氷とトッピングをよく混ぜてから食べるのが韓国式だ。一年中提供されているので季節を問わず味わえる。さまざまな味やビジュアルを楽しみたい。

↑緑茶粉で作ったシロップを使った緑茶ピンスW8500

ミルクピンス W7900
自家製の牛乳を使用。トッピングの小豆と餅はおかわりできる

↑延世大学や梨花女子大学がある新村大学街に位置

昔ながらの素朴な味わい

## ホミルバッ

호밀밭

新村 **MAP** 付録P11 E-2

小豆やミルク、シロップなど、すべて自家製の食材を使うピンス専門店。目の細かいさらさら氷のピンスがお手ごろ価格で味わえると、地元の人から長年愛されている。

☎02-392-5345 Ⓜ2号線新村駅3番出口から徒歩9分 Ⓟ西大門区新村駅43 서대문구 신촌역로 43 🕐12:00〜22:00(LO21:30) Ⓧ無休 E/E

↑ホテルのラウンジのように、高級感あふれる老舗カフェ

ボリュームも人気の秘密

## カフェ・コイン

카페 코인 Cafe Coin

明洞 **MAP** 付録P17 D-3

どこか懐かしい雰囲気が漂う明洞で歴史の古いカフェ。人気メニューはてんこ盛りのピンス。氷が薄くふわふわで、おまけに甘すぎないため、一人でペロリといける。

☎02-753-1667 Ⓜ4号線明洞駅6番出口から徒歩4分 Ⓟ中区明洞6キル10、2〜3F 중구명동6길10,2〜3F 🕐10:00〜23:00(日によって変動あり) Ⓧ無休 J/E/E

W1万3500〜

抹茶ピンス
말차빙수
抹茶の濃い香りとほろ苦さに、ナッツの香ばしさが調和する

→干し柿が好相性なミルクティーピンスW1万4500

# FIND YOUR FAVORITE ITEMS AND SOUVENIRS !

# ショッピング

## センスの光る商品が見つかる!

**Contents**

# ソウルの思い出を手に入れる 欲しいものはここにある!

ショッピング天国のソウル。おしゃれな韓国コスメやファッション、伝統雑貨にブランド物などを手ごろな価格で買える。買い物のコツを知って、お得にショッピングを楽しもう。

## 基本情報

### どこで買う?

高級ブランド品を買うなら免税店やデパート、清潭洞エリアへ。最新コスメやファッションが目的なら明洞、洗練されたセレクトショップなら狎鴎亭洞やカロスキル、伝統的なデザインや陶器などを探すなら仁寺洞がおすすめ。雑貨から衣料品、食料品まで何でも集まる市場でのショッピングは、韓国の熱気が感じられる。

### 休みはいつ? 営業時間は?

一般的な小売店やデパートは10〜20時、繁華街やショッピングセンターは20〜22時頃まで営業。定休日は店によるが、1月上旬〜2月上旬の旧正月や9月中旬の秋夕(お盆)は休業する店が多い。市場は日曜休業の店も。

### 試着・サイズのこと

服のサイズ表記は基本的に日本とは異なっているので、右の換算表で確認してから購入しよう。靴は日本のサイズ表記と似ている。ファッションビル内にある店は、狭くて試着室がない場合もあるので要注意。

### 買い物袋を持参しよう

2019年4月からコンビニやスーパー、大型店舗では使い捨てレジ袋の配布が全面禁止になった。買い物の際はエコバッグなどを持参しよう。紙袋やエコバッグが販売されている店も多い。

### 日本へ持ち帰るときの注意事項

キムチやシートマスクは液体とみなされ、機内には持ち込めない。帰国時に預け入れ荷物に入れておこう。キムチは汁が漏れないようビニールなどでしっかり包装を。

## お得情報

### バーゲンの時期は?

韓国では1月、7月前後はセールの時期になり、お得に買い物ができる。また外国人観光客を対象に毎年2月に「コリアグランドセール」、7月に「ソウルサマーセール」が開催される。ショッピングから観光までお得に楽しめるイベントだ。

### タックス・リファンドを活用

免税店以外での買い物には付加価値税が含まれるが、旅行者には一定条件で手数料を引いた額が還付される。百貨店など「即時還付制度」対応店では、パスポートの提示で一度の購入額がW3万以上、W30万未満の場合にその場で返金(総額W100万まで)。W30万以上の場合は「事後免税制度」を利用しよう。免税書類をあらかじめ発行してもらい、出国時に税関カウンターで払い戻し手続きを行う。返金方法は現金、クレジットカード返金などから選べる。

## 1+1でまとめ買い

コスメのお店やスーパー、コンビニなどでよく見かける「1+1(ワンプラスワン)」のPOP。これは1つ購入すれば、1つ無料でもらえるという意味のキャンペーン商品で、お得にショッピングができる。「2+1」なら2つ購入で1つ無料になる。

## 免税店を有効に利用しよう

韓国コスメから食品、高級ブランドまで揃い独自のサービスや特典がある免税店。当日発行のメンバーズカードを活用すれば、レベルに応じた割引を受けられる。ロッテ免税店は両替手数料無料、新羅免税店ではタクシー代サポートやWi-Fiチケットのサービスも。

↑ロッテ免税店本店の様子。ファッションやコスメブランドが並んでいて目移りしてしまう

## サイズ換算表

| 服(レディス) | | 服(メンズ) | | 靴 | |
|---|---|---|---|---|---|
| 日本 | 韓国 | 日本 | 韓国 | 日本 | 韓国 |
| 5 | XS | 33 | XS | 85 | 22 | 220 |
| 7 | S | 44 | S | 90 | 22.5 | 225 |
| 9 | M | 55 | M | 95 | 23 | 230 |
| 11 | L | 66 | L | 100 | 23.5 | 235 |
| 13 | LL | 77 | LL | 105 | 24 | 240 |
| 15 | 3L | 88 | 3L | 110 | 24.5 | 245 |

（以下、靴の続き）
| 日本 | 韓国 |
|---|---|
| 25 | 250 |
| 25.5 | 255 |
| 26 | 260 |
| 26.5 | 265 |
| 27 | 270 |
| 27.5 | 275 |
| 28 | 280 |
| 28.5 | 285 |

| パンツ(レディス) | | | パンツ(メンズ) | | |
|---|---|---|---|---|---|
| (cm) | サイズ | (inch) | (cm) | サイズ | (inch) |
| 61-64 | XS | 24-25 | 71 | XS | 28 |
| 66-69 | S | 26-27 | 74-76 | S | 29-30 |
| 71-74 | M | 28-29 | 79-84 | M | 31-33 |
| 77-81 | L | 30.5-32 | 86-91 | L | 34-36 |
| 85 | XL | 33.5 | 97 | XL | 38 |
| — | | | 102-107 | 3L | 40-42 |

グルメ&カフェ

ショッピング

歩いて楽しむ

エンターテインメント

ビューティ&ヘルス

ホテル

## おすすめのソウルみやげ

日本でも注目されている高品質な韓国コスメから、コンビニで手軽に買えるかわいいパッケージのお菓子まで、おみやげにぴったりな商品が必ず見つかるソウルショッピング。値段も手ごろなものが多いので、まとめ買いするのもおすすめ。

### コスメ ▶P40/P103/P108

絶対チェックしたいのが、世界でも注目されている高品質な韓国コスメ。日本よりもリーズナブルな価格で買える。

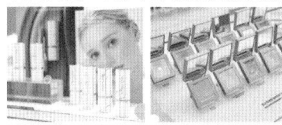

### 伝統雑貨 ▶P106

現代風にアレンジされた伝統雑貨はセンス抜群のものが多い。韓国ならではのおみやげは誰にでも喜んでもらえる。

### キャラクターグッズ ▶P112

日本でもLINEやカカオトークのスタンプが人気。アニメやK-POPグループ発のキャラクターグッズも要チェック。

### ファッション ▶P96

国内外のブランドからプチプラまで、さまざまな価格帯の最新韓国ファッションアイテムが購入できる。

### 食品 ▶P102

韓国海苔や調味料など本場の韓国食品はおみやげの定番。デパ地下なら試食をして味を確認してから購入できる。

### バラマキみやげ ▶P114

スーパーやコンビニで買えるお菓子やインスタント食品は、リーズナブルで手ごろなのでバラマキみやげに最適。

## ソウルの注目ショッピングエリア

朝から晩までショッピングが楽しめるソウル。必見エリアを押さえておこう。

### ソウルの最新流行をキャッチ
**明洞**
ミョンドン　명동
観光客が多く訪れる明洞はファッションやコスメの店、飲食店が軒を連ねる賑やかなエリア。夕方には屋台も並ぶ。 ▶P100

### 眠らないファッションスポット
**東大門**
トンデムン　동대문
朝まで買い物できる東大門エリア。ファッションビルでは、最新トレンドのアイテムを手ごろな価格で購入できる。 ▶P104

### センスが光る注目エリア
**カロスキル**
가로수길
街路樹が美しい江南のカロスキルには、流行最先端のおしゃれなショップや素敵なカフェが集まっている。 ▶P96

## コンビニで買えるおすすめ商品

日本と同じく韓国には多くのコンビニがある。韓国で流行しているお菓子やデザート、ドリンクが手軽に買えるのでぜひ活用しよう。コンビニによって扱う商品が異なるのでいろいろまわってみたい。イートインコーナーもある。

◆チョコリングがついているかわいいヨーグルト

⬅韓国で大人気のバナナウユ（バナナ牛乳）

⬆新フレーバーのバニラウユ（バニラ牛乳）も人気

⬆GS25で限定発売されているカカオキャラのスムージー

### 取り扱っているコンビニはこちら

**セブン-イレブン**
세븐일레븐
日本でもおなじみの定番コンビニチェーンなので利用しやすい。PB商品もある。

**GS25**
지에스이십오
韓国で顧客満足度ナンバーワンのコンビニチェーン。オリジナル商品もある。

**CU**
씨유
韓国ブランドのコンビニで店舗数は一番。CUブランドのお菓子が買える。

## 街ごとにお店の系統も変わります

# 2つのおしゃれエリアで
# ファッション探し**9**店

ソウルのなかでも上質なアパレルショップが集まるのがカロスキルと弘大。2つの異なるエリアで周りと差をつける洋服をゲットしよう!

お店の外観もスタイリッシュで大人っぽいところが多い

### 洗練された上品な服が揃う
# カロスキル MAP 付録P.14

가로수길

芸能人も頻繁に訪れる、ソウル随一のおしゃれエリア。一本道にセンスが光るセレクトショップなどがひしめく。通勤に使えそうなシンプルな服を扱うブランドが比較的多い。

---

#### カラー展開と手ごろさが武器
## サプン

사뿐　Sappun
**MAP** 付録P.14 A-3

豊富なカラーバリエとコスパの高さが魅力のシューズブランド。デザインによってはヒールの高さも段階で選べるため、無理なく履けるとリピーターが多い。理想の一足が見つかるはず。

☎02-544-5352 交 Ⓜ3号線新沙駅8番出口から徒歩8分 所江南区島山大路11キル42 강남구도산대로11길42 営12:00〜22:00 休無休 J E ⬚

・W3万5900

⬆Penisch デイリー トングサンダル

⬅Cernil ストラップ サンダルヒール

・W1万5900

・W3万5900

➡Melod スリングバッグ フラットシューズ

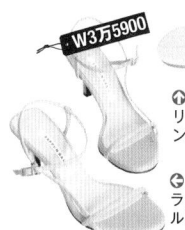

⬇店内にはズラリと靴が並ぶ

---

#### 安定した品質に自信あり
## イズナナ

이즈나나　Isnana
**MAP** 付録P.14 A-3

アイテムにホワイトやアイボリー、ブラックが多いのが特徴の大人女子に愛用されているブランド。長く着られるデザイン、着心地の良さもウケている。よそいきワンピも豊富。

☎02-516-3989 交 Ⓜ3号線狎鴎亭駅5番出口から徒歩13分 所江南区カロスキル80 강남구 가로수길80 営11:00〜22:00 休無休 J E ⬚

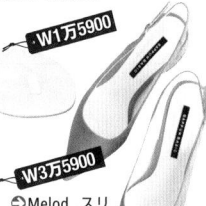

・W19万6000

・W9万8000

⬆ジャケット風のシャツとレースのインナー

・W9万8000

⬆ウエストがゴムではきやすく、デニムのような風合い。着回しがきくワイドパンツ

➡これひとつで存在感を発揮してくれるアクセサリーも充実

・W9万8000

⬆とろみ系で着心地抜群。ゆったりサイズカットソー

・W19万8000

➡黒でもシースルーのため重すぎないワンピース

← ❤❤ちょこんと女の子が描かれた厚めのスポーツソックス

`W1万2800`

→ ファスナー付きのバッグ。紐付きなので、ショルダーにもできる

`W14万8000`

`W16万8000`

`W15万8000`

`W3万8000`

↑旅行に役立ちそうな大きめのポーチ。ミニサイズや色違いもある

↑ピンクの取手がかわいいバッグ。幅があり、使いやすいサイズ

↑Tシャツとパンツがセットになったゆったりホームウェア

## カラフルで愛らしい韓国雑貨
# ユクシムウォン
육심원 YOUK SHIM WON

**MAP** 付録P.14 A-3

大きな目と口の表情豊かなキャラクターが目に止まる。韓国の女流作家、ユク・シムウォンが描いたバッグや雑貨など、見ているだけで笑顔になりそう。韓流スターの間でも愛用している人が多い。

☎02-511-2187 ⊗Ⓜ3号線新沙駅8番出口から徒歩10分 ⌖江南区 論峴路159キル 66、1F 강남구 논현로159길 66,1F ⌚11:00～21:00 休無休

---

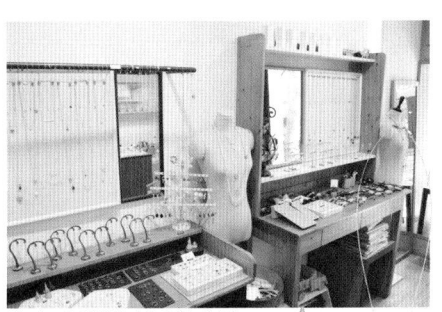

↑一人一人の希望に応えてくれるから、ファンも多い

`W3万`

`各W12万`

`W3万`

↑2枚の円を連ねたピアス。虹色に輝く貝殻がアクセント

↑シルバーにゴールドメッキと13色の天然石をはめ込んだ指輪

↑金にメッキした真鍮製小花に真珠をぶら下げたネックレス

## 細やかなサービスがうれしい
# ダミ
다미 Dami

**MAP** 付録P.14 A-4

オーナーのリ・ジョンヨンさんが工房で1つずつ手作りした繊細なアクセサリー。素材はシルバー、真鍮、天然石など。ピアスはイヤリングにもでき、ネックレスの長さも調節可能。

☎02-518-8620 ⊗Ⓜ3号線新沙駅8番出口から徒歩5分 ⌖江南区島山大路13キル26 강남구 도산대로13길26 ⌚12:00～20:00 休無休

---

## 韓国香水界のパイオニア的存在
# メゾン・ド・パルファム
메종 드 파팡 Maison de Parfum

**MAP** 付録P.14 B-3

香水やフレグランスのセレクトショップ。有名パフューマーとコラボしたオリジナル香水が人気。ブランドは常時20種類以上あり、定期的にリニューアルしている。

☎070-4158-1205 ⊗Ⓜ3号線新沙駅8番出口から徒歩10分 ⌖江南区島山大路17キル27 강남구도산대로17길27 ⌚12:00～20:00 休日・月曜

→OLFACTIVEとコラボしたオリジナル香水は、全6種類

`W12万`

←OLFACTIVEのグレープフルーツのような香りのFlashback

`W16万～`

↑店内の商品はすべてテスターあり

グルメ＆カフェ

ショッピング

歩いて楽しむ

エンターテインメント

ビューティ＆ヘルス

ホテル

## エッジの効いた服が揃う

# 弘大 **MAP** 付録P.10

홍대

カロスキルは落ち着いた色合いのアパレルショップが多いのに対して、弘大は原色を使ったカラフルな服を扱うショップが多いのが特徴。セレクトショップも多く点在する。

⬆帽子やバッグ、ヘアアクセ、キーリングなど小物からコラボアイテムも

## フランス発大人気カジュアル
# マリテ・フランソワ・ジルボ

마리떼프랑소와저버

**MARITHE FRANCOIS GIRBAUD**

**MAP** 付録P.10 B-3

BLACK PINKや女優のキム・コウンなど韓国のスターも着用のファッションブランド。クラシックロゴ入りのトップスや小物などが、若いソウルっ子の間に爆発的な人気を誇る。

☎02-336-7338 🚇M2、6号線合井駅3番口から徒歩6分 📍麻浦区チャンダリ路27、2F　마포구 잔다리로 27, 2F
🕐12:00〜21:00 🈺無休 **E**

W4万5000

⬅➡クラシックロゴT、レターリングロゴ・クロップT

W4万9000

⬆ウッドトーンの店内はラウンド化しており、商品を全体的に見やすくなっている

➡軽くて使いやすいクラシックロゴエコバッグ

W12万9000

W2万9000

W4万9000

⬆ワイドなシルエットのバミューダデニムパンツ

⬆クラシックロゴキャップはカラーバリエも豊富！

---

W7万9000

W4万8000

W19万8000

⬆ペーパードールをテーマにしたシリーズのガーリーワンピ

⬆ボタンのかけ方でシルエットに変化をつけられるスカート

⬆ブルーストライプの軽くて涼しいターバンハット

➡プチプラなのに高品質で人気！ALICE MARTHAのバッグ

W3万9000

## 若者を中心に支持を集める
# エー・ランド

에이랜드　**A Land**

**MAP** 付録P.10 B-3

☎02-3210-5882 🚇M2号線、京義・中央線弘大入口駅9番出口から徒歩5分 📍麻浦区楊花路16キル29　마포구 양화로 16길 29
🕐11:00〜22:00 🈺無休 **E**

国内外のユニークなデザイナーズブランドを扱う、韓国発のセレクトショップ旗艦店。定番モノから奇抜なパターンまで幅広く取り揃えているので、新しいスタイルで攻めてみても楽しい。

➡1階は雑貨とユニセックス、3階はレディスが並ぶ

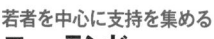
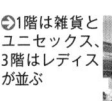

⤴広々とした店内には全身コーデできるアイテムがずらり！

W3万9000
⤴「as if CALIE」のスリーブレストップス

⤵「ANDERSSON BELL」のスプレーレターリングTシャツ

W6万5000

⤵「OPEN YY」のコットンボールキャップ

W8万3000

W29万9000
⤴「ANDERSSON BELL」のデニムスカート

## 韓国の最新ルックならココ！
# ビジュアル・エイド
비주얼에이드
Visual Aid
MAP 付録P.10 C-2

スタイリッシュでトレンディなアイテムが満載のセレクトショップ。人気の洋服からバッグ、靴など20以上のブランドを扱っており、韓国の最新トレンドが一目でわかるスポット。

☎02-336-9678 交Ⓜ2号線、京義・中央線弘大入口駅3番出口から徒歩6分 所麻浦区延禧路25-1 マポクヨンヒロ25-1 営12:00〜20:00 休無休 J E ⬛

## 1万を超えるアイテム数！
# アイ・アム・ジョイ
아이엠조이　I am Joy
MAP 付録P.10 C-3

流行を反映した新作アクセサリーが毎週登場する。ピアスを中心に、ネックレス、ブレスレット、ヘアアイテムと何時間でも見飽きない。商品で埋め尽くされた壁は一見の価値あり。

☎070-8808-6925 交Ⓜ2号線、京義・中央線弘大入口駅9番出口から徒歩6分 所麻浦区臥牛山路27キル40 マポクヨワウサンロ27キル40 営12:00(木〜日曜11:00〜)〜23:00 休無休 J E ⬛

⤴店に入るとまず、壁一面のアクセサリーの輝きに圧倒される

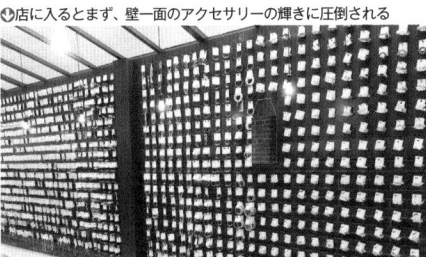

各W8000
⤴すりガラス風のピアス。透け感があり、耳元を涼しげに演出

⤴やや大ぶりで耳元で揺れるマーブル＆べっ甲風イヤリング

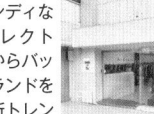

各W3万

各W8000

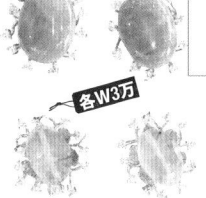
⤴ピーチムーンストーンの上品なハンドメイドピアス

グルメ＆カフェ

ショッピング

歩いて楽しむ

エンターテインメント

ビューティ＆ヘルス

ホテル

## 服もおみやげもここで手に入る

# 明洞で欲しいもの全部買い！ショッピング

ソウル一番の繁華街、明洞。常に人と
エネルギーがあふれるエリアには
トレンドファッションやコスメショップ
がひしめきあっている。服もコスメも
欲しい人は、まずは明洞を訪れて。

↑コスメショップが立ち並ぶ。日本人観光客も多い

## おしゃれでかわいい服がたくさん！

# 人気のショップで
# トレンド服をゲット

人気のセレクトショップや、SPA
ブランドを巡ってトレンドを取
り入れた服を手に入れよう。
お気に入りが見つかるはず！

→ピンクのほか、
ブルーやブラック
などカラーバリ
エーションが豊富

**W4万9000**

**W3万9900**
→着心地が
よく保温性
に優れたリー
ズナブルな
ジャンパー

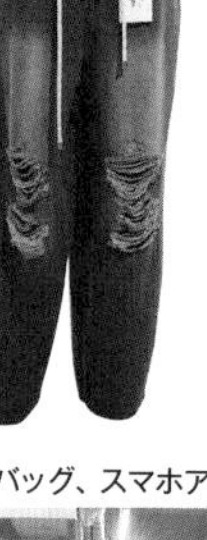

**W9万6000**
→左右の同じ位置に
ダメージ加工が入っ
たデニム

**W5万5400**
↑さりげなく
可愛いアニマ
ルがポイント
のVネックセー
ター

**W5万1000**
→黒に白いス
テッチと外ポ
ケットがアクセ
ントになったパ
ンツ

### 最新トレンドがぎっしり

## エー・ランド
에이랜드　A LAND

**MAP** 付録P.17 D-3

2022年にメインストリートに
再オープン。1~4階まであり、
100種類あまりのブランドを取
り揃えている。ファッションだ
けでなく、おみやげによさそう
な観光客向けの雑貨も多い。

☎02-3210-5900 🚇4号線明洞駅
6番出口から徒歩4分 🏠中区明洞8キル
40、1~4F 중구명동8길40、1~4F
🕐11:00~23:00 🈚無休 🈶

↑1階には、カジュアルファッションやバッグ、スマホアクセサリーなどがある

グルメ&カフェ

ショッピング

歩いて楽しむ

エンターテインメント

ビューティ&ヘルス

ホテル

→ W4万9900

↑ボリューミーな袖がフェミニンなシャーリングブラウス

→ W2万9900

↑マルチカラーのストライブが入ったプリーツスカート

W2万9900

→ W4万9000

↑大ぶりアーガイルチェック柄のVネックカーディガン

→ W2万9900

↑ハートがちりばめられたキュートなニット・トートバッグ

→ W3万9900

↑ハウンドトゥース柄の巾着ふた付きクロスボディバッグ

↑リーズナブルな価格でトータルコーディネートが完成

**レディスもメンズもアリ**
## エイトセカンズ

에잇세컨즈　8seconds

MAP 付録P.17 D-4

10～30代の男女を中心に人気を集めるカジュアルな韓国ファストファッションブランド。ベーシックなアイテムはもちろん、最旬トレンドアイテムも手軽に取り入れることができる。

☎070-7090-2231 Ⓜ4号線明洞駅6番出口から徒歩2分 所中区明洞8ナキル3 중구 명동8 나길3 営10:30～22:00 休無休 Ｊ Ｅ

---

人気のタピオカチェーン店にも注目

# 今、話題のお店へ足を運ぶ

ファストファッションやコスメなど、韓国で定番のブランド店が軒を連ねる明洞。ソウル随一の繁華街には、日本に出店していないレアなお店もあり、見逃さないようにしたい。

常に店内をアップデート
## ナンニング9

난닝구

NANING9

MAP 付録P.16 B-2

ネットショップで人気に火がつき、今では韓国中に支店を展開。ベーシックでシンプルなデザインがモットーだが、毎日新商品が入荷するため、最新トレンドもカバー。お手ごろなのもGOOD！

☎02-2118-5181 Ⓜ2号線乙支路入口駅7番出口から徒歩4分 所中区南大門路67、ロッテ・ヤング・プラザ3F 중구 남대문로 67, 롯데영플라자 3F 営10:30～20:00 休月1回不定休 Ｅ Ｓ

↑左右に長い売り場。マネキンの小物使いもコーディネートの参考になる

→エレガントな模様の、体にフィットするラップスタイルワンピース
→ W6万8000

↓レーヨンが入っているのでやわらかく若干光沢があるパンツ

↑インナーにも使えるノースリーブリブトップス
→ W1万5900

↑鮮やかブルーの装飾が印象的なパンプス
→ W2万5900

→ストラップ付きでななめがけ可能
→ W1万9800

→ W1万9800

自分好みにアレンジ可能！
## タイガー・シュガー

타이거슈가

TIGER SUGAR

MAP 付録P.17 D-2

甘ったるくなく、後味に黒糖の香りとコクを楽しめるよう研究を重ねた黒糖タピオカミルク。タピオカの大きさやクリームの有無を選べるなど、他店にないカスタマイズ感で大行列店に。

☎02-778-0128 Ⓜ2号線乙支路入口駅5、6番出口から徒歩5分 所中区 退渓路129 중구 퇴계로 129 営10:00～22:00(LO21:30) 休無休 Ｅ

↑黒砂糖ボバ+パール+特濃ミルク。飲む前によく振るべし

→ W5100

↑1階が混雑していても、2階はすいている場合もあるのでチェック

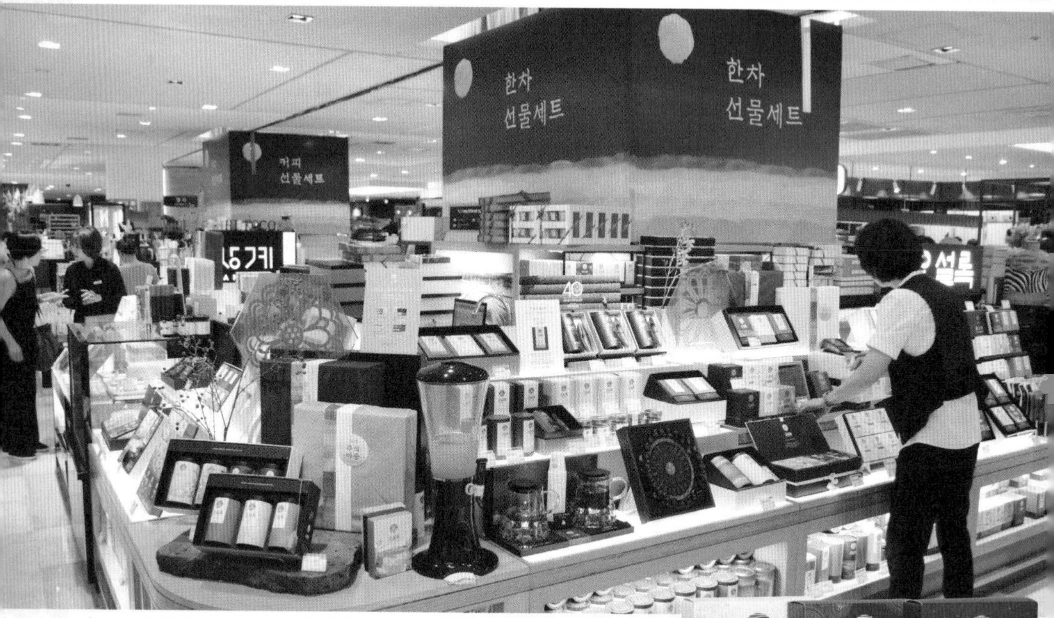


自分への普段のごほうびにもできちゃう

# ロッテ百貨店でリッチなおみやげ探し

**少し高級なおみやげが欲しい人は百貨店がおすすめ。高級キムチなどは家にも持ち帰れるので自分用のおみやげにも。**

グルメなデパ地下に興奮!

## ロッテ百貨店

롯데백화점

ロッテペッカジョム

MAP 付録P.16 B-2

明洞のランドマークといえばここ。駅から直接デパ地下へつながっている利便性と、ここにしかないおみやげを求め、常に観光客で大賑わい。多国籍なフードコートにも胸躍る。

☎02-771-2500 交Ⓜ2号線乙支路入口駅地下直結 所中区南大門路81 중구 남대문로 81 営10:30～20:00(金～日曜は～20:30) 休月1回不定休 💳

⬇館内9～12階に免税店があり、隣にはホテルがある

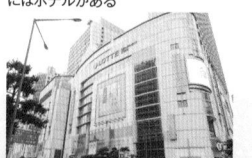

### お茶

차

**韓国茶をおみやげにするなら、済州島産・有機栽培にこだわった「O'sulloc(오설록)」がおすすめ。**

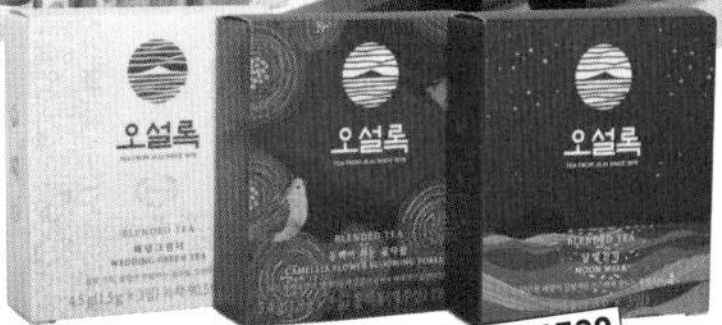


各W4500

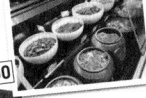

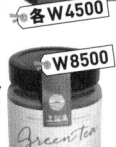

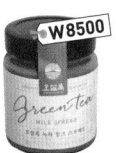

⬆バラマキにぴったりの1箱3包入りブレンドティー

➡好きなフレーバーをお好みで詰め合わせもできる

W8500

➡トーストがおいしくなる人気の緑茶ミルクスプレッド

### キムチ

김치

**メーカーのものなど多数販売するなかで、観光客に人気なのが「朝鮮ホテル」のキムチ。**

➡15種のキムチは韓国産の材料のみを使い、店内で仕込む

100g/W2500

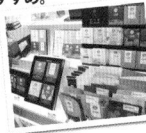

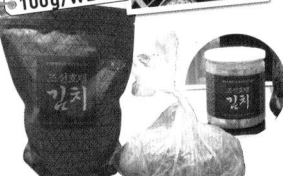

⬆白菜キムチの販売は500g～。真空パックなので、臭いや液もれの心配がない

### 海苔

김

**味や風味はもちろん、売り場がここにしかないレア度で、日本人に人気の「皇室海苔(황실김)」。**

⬆湿気に比較的強い岩海苔を使用。パリパリ感が長く続く

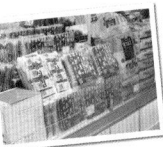

⬅食べやすいサイズ7枚入りの袋×36袋。個別に乾燥剤入り

W1万5000

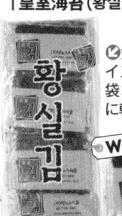

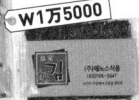

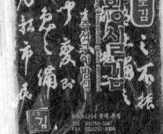

➡大判の海苔10枚入りの袋×5袋。1袋(W3000)から購入可

W1万5000

グルメ＆カフェ

ショッピング

歩いて楽しむ

エンターテインメント

ビューティ＆ヘルス

ホテル

人気のコスメブランドがここに集結!

# 「コスメロード」でコスメは揃う!

コスメロード(明洞8キル)には、人気店が一堂に集合。
品揃えが豊富で、ときにはセールも開催。
お気に入りが見つかったら迷わずゲット!

## ビビッドなオルチャンメイク
### エチュード・ハウス
에뛰드하우스　Etude House
**MAP** 付録P.17 D-2

キュートなアイテムが揃う、メイクアップ専門ブランド。優秀なリップやアイシャドウが手ごろな価格で手に入り、韓国のみならず日本でもファンが多い。

☎02-779-6500 Ⓜ4号線明洞駅6番出口から徒歩4分 所中区明洞8キル2 중구 명동8길 2 ⏰10:00〜23:30 休無休 ᴊ ᴇ 🈂

W1万1000
🔄なめらかに煌めく高保湿ディアダーリング・オイルティント

🔄大人気の4色のパレット、プレイカラーアイズ
W1万8000

## Kコスメのニューカマー
### テンス
텐스　Tense
**MAP** 付録P.17 D-3

2023年新たに誕生したティント専門のブランド。「グロッシー」と「クリームベルベット」との2タイプのティントを多彩なカラーで披露している。

☎02-318-8052 Ⓜ4号線明洞駅6番出口から徒歩2分 所中区明洞8キル31 중구 명동8길 31 ⏰11:00〜23:00 休無休 ᴊ

🔄「グロッシー」は10色、「クリームベルベット」は8色の展開

W2万1500

各W2万4000

🔄ブランド初のコンシーラにも注目!5色あり

## 信頼できる優秀コスメ
### バニラ・コ
바닐라코　Banila Co.
**MAP** 付録P.17 D-3

2024年韓国のファーストブランド大賞でベースメイクの1位を取ったブランド。クレンジングやプライマーなどのスキンケア商品にも定評がある。

☎02-775-1022 Ⓜ4号線明洞駅6番出口から徒歩1分 所中区明洞8キル38 중구 명동8길 38 ⏰12:00〜21:00 休無休 ᴊ

W3万

🔄定番のクリーンイットゼロ・クレンジングバーム

W2万

⬆️24時間アンチダークニングのクッション

## 評判高いカラーメイク
### ホリカ・ホリカ
홀리카홀리카　Holika Holika
**MAP** 付録P.17 D-4

ハイクオリティのアイシャドウやマスカラなどのメイクアップアイテムで愛されるブランド。ユニークでセンスの良いパッケージも20代の女性に人気。

☎02-6365-3360 Ⓜ4号線明洞駅6番出口から徒歩1分 所中区明洞8キル1 중구 명동8길 1 ⏰10:00〜23:00 休無休 ᴊ ᴇ 🈂

🔄独特な形で歯ブラシマスカラと呼ばれる2タイプの2個セット

W1万6000

W9500

⬆️密着感が良いやわらかなジェリー状のブラッシャー

---

### 💬 話題のパワーストーンのお店へ

## パワーストーンならおまかせ!
### 水晶社
수정사　スジョンサ
**MAP** 付録P.16 A-2

明洞で40年以上営業を続ける人気パワーストーン店。「玉ちゃん」の愛称で親しまれる李玉珠(イ・オクジュ)社長が一人一人に合ったパワーストーンをていねいにアドバイスしてくれる。

⬆️美しいブレスレット。オーダーメイドはW5万より

☎02-774-5797／010-5251-2136 Ⓜ1、2号線市庁駅6、7番出口から徒歩5分 所中区小公路106、小公地下商街65号 중구 소공로106, 소공지하상가65호 ⏰10:30〜18:00 休日曜 ᴊ 🈂

⬇️店内には所狭しと豊富なアイテムが並び、目移りしそう

深夜のショッピングへ繰り出す

# 東大門でオールナイトショッピング

夜のショッピングに最適なのが東大門。
夜オープンの店が多く、朝まで買い物ができる。
価格もお手ごろなものが多いので、まとめ買いにももってこい!

↑近くにはタッカンマリ横丁などもある

## 「東大門」ってどんなところ?

元は卸売市場のファションモールが密集するエリアだったが、近年は1着単位で買える店も増えている。買い物をして終電がなくなったあとは深夜バスも運行しているので非常に便利。

ファッションビル群の代表格

## ドゥータ・モール

두타몰　Doota Mall

**MAP** 付録P20 C-1

韓国のレディスファッションブランドを中心に、海外のスポーツブランド、コスメ店など、さまざまなジャンルが一堂に会する。スーパーの「No Brand」「ドゥータ免税店」も要チェック。

**CLOSE 24時**

☎02-3398-3333 ❌M1、4号線東大門駅8番出口から徒歩3分 ⓐ中区奨忠壇路275　중구 장충단로 275 ⏰10:00〜24:00(B1フードコートは〜22:00)※店舗により営業時間が異なる ❌無休(夏季休業あり、店舗により異なる)💳

こちらのお店もおすすめです

夜の外観も美しい複合施設

## DDP東大門デザインプラザ

동대문디자인플라자　トンデムンディジャインプルラジャ

**MAP** 付録P21 D-2

建築家のザハ・ハディドによる前衛的な外観が目を引く。ショッピングだけでなく文化イベントも開催。

☎02-2153-0000 ❌M2、4、5号線東大門歴史文化公園駅1番出口直結 ⓐ中区乙支路 281　중구 을지로 281 ⏰10:00〜20:00(施設により異なる) ❌施設により異なる

グルメ&カフェ

ショッピング

歩いて楽しむ

エンターテインメント

ビューティ&ヘルス

ホテル

流行アイテムを賢くゲット

# チーム204

**티204　Team204**

**CLOSE 翌6時**

MAP 付録P21 D-2

☎02-2232-3604 ⊗2、4、5号線東大門歴史文化公園駅1番出口から徒歩7分 ⊕中区馬場路30　중구 마장로 30 ⊕金・土曜(店舗により異なる)

夜が深くなるほど活気が出てくる卸専門ファッションビル。靴やバッグなどのファッション小物を主体とし、約300軒もの店が集まっていて、上質なアイテムが手ごろな価格で手に入る。

## ビル内の注目店をチェック！

### ミミライン

미미라인　MIMILINE

2023年10月オープンした約500坪規模のファッション小物のマルチショップ。3階ではK-POPアイドルグッズを販売。

☎010-5108-4951 ⊕11:00〜午後5:00 ⊕無休 JE■

⊃ピアスやネックレス、ヘアアクセ、バッグなどが手ごろな値段でゲットできる

⊃カジュアルに仕上げたい日に出番の多いボールキャップ **W1万2500**

⊃ラブリーなハートがポイントとなるパールネックレス **W2万2000**

⊃ディープなグリーンカラーが魅力的なカチューシャ **W1万**

⊃BT21のタンブラー、ミニスウィーティ・クッキー **W1万3500**

AAEB2101R4

**W7000**

⊃小さな赤い花が存在感抜群のフラワーピアス

MIMILINE

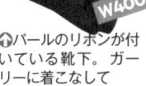

**W4000**

⊃パールのリボンが付いている靴下。ガーリーに着こなして

### ソー・クール

쏘쿨　So cool

ベーシックなカラーが充実。日本人にはスニーカーも人気。片足のみ陳列しており、購入の数時間後に商品を受け取れるシステム。

☎02-2231-5860 ⊕20:00〜翌6:00 ⊕土曜6:00〜日曜20:00 JE■

⊃色違いで揃えたいスエードのサンダル

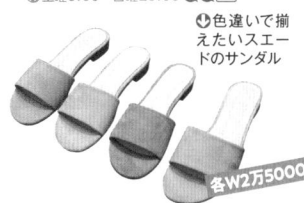

**各W2万5000**

### ソーホー

소호　Soho

日本人女性の常連が多いわけは、シンプルな形とカラーの豊富さにあり。トレンドも押さえているので、流行アイテムはおまかせを。

☎02-2256-0575 ⊕20:00〜翌6:00 ⊕土曜6:00〜日曜20:00 JE■

⊃サイズは小さめだがマチがたっぷり。5色展開

**各W2万7000**

---

## 東大門の屋台グルメを楽しもう

⊃焼き魚横丁とタッカンマリ横丁の入口にも

ファッションビルや卸市場の周辺に屋台が点在する東大門。特に東大門総合市場の横の屋台通りには、多彩なグルメが軒を連ねる。

### 名物料理をピックアップ

▶ クレープ

크레페

もっちり生地に生クリームがたっぷりで、食べごたえ十分 **W7000**

**W4000**

▶ 焼き鳥

닭꼬치

ソースやチーズパウダーがかかっている **W4000**

▶ エゴマの葉トッポッキ

깻잎떡볶이

どっさり入ったエゴマの葉が香り、ピリ辛なソースとマッチ

# かわいくてたくさん欲しくなる

# 韓国らしい**伝統雑貨に**胸きゅん**5**店

韓国のデザイナーのセンス抜群の雑貨たち。
小物からインテリアまで種類もさまざま。
伝統を感じるレトロな模様にときめきが止まらない！

## 韓国の伝統工芸

韓国の宮廷や庶民の生活に古くから息づく、手仕事の芸術。代表的な下記をはじめ、七宝、木工品などどれも独特の温かみが感じられる。

**●韓紙**
コウゾを原料とする伝統紙。素朴な質感と優れた耐久性が特徴。工芸品も多い。

**●刺繍**
華やかな色づかいで、高級感や品がある。長寿や富を象徴する絵柄が多い。

**●ポジャギ**
韓国式のパッチワーク。もとは風呂敷だが、今では小物も多く作られている。

**●陶器**
真っ白な白磁、青緑色の高麗青磁、日本で三島といわれる粉青沙器などがある。

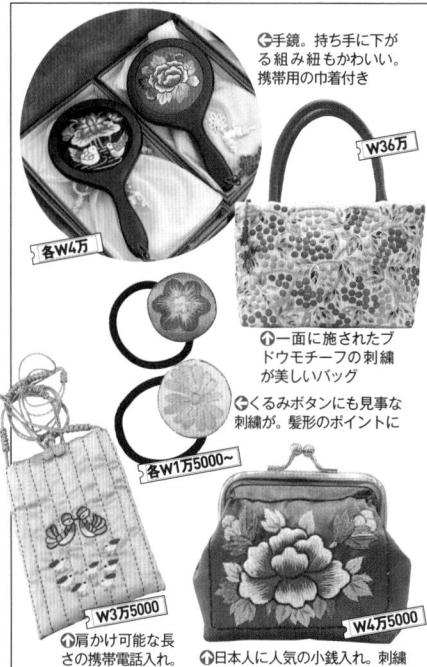

⊙手鏡。持ち手に下がる組み紐もかわいい。携帯用の巾着付き

**W36万**

**各W4万**

⬆一面に施されたブドウモチーフの刺繍が美しいバッグ

⊙くるみボタンにも見事な刺繍が。髪形のポイントに

**各W1万5000〜**

**W3万5000**

⬆肩かけ可能な長さの携帯電話入れ。シルバーもある

**W4万5000**

⬆日本人に人気の小銭入れ。刺繍の技法が数パターンある

**各W3万**

⊙色とりどりの玉ネギ形の小さなランプ。電池式で光る

**W6万**

⬆格子柄などのハイセンスな色合わせが楽しい小物入れ

**各W2万**

⬆上品なアクセントを加える韓紙製の花形ブローチ。複数個集めたい

**W10万**

⬆1つずつ形や大きさが違うサボテン形ランプ。コンセント式

⊙韓紙とマッチするやわらかい風合いの陶器のカップ

**W3万**

⬆陶器にもガラスのコップにも合う刺繍と布張りのコースター

**W2万**

### ワンランク上の刺繍小物
## 国際刺繍院
국제자수원
クッチェジャスウォン
仁寺洞 **MAP** 付録P.19 D-3

匠による刺繍は牡丹やおしどりなど韓国伝統のモチーフで、どれもうっとりする精巧さ。決して安くはないが、旅の記念にと買い求める外国人が多いそう。特別な人への贈り物にもぜひ。

☎02-723-0830 ⊗ Ⓜ3号線安国駅6番出口から徒歩4分 ⊕鍾路区 仁寺洞キル41 종로구 인사동길 41 ⊕10:00〜20:30 ⊛無休 ＪＥ

### モダンな生活にも調和する
## ジョンイナム・ギャラリー
종이나무 갤러리
**Jonginamoo Gallery**
三清洞 **MAP** 付録P.19 D-2

韓屋を改装したギャラリーで、韓紙や古材で作った温かみのある雑貨や家具を販売。普段使いできそうな雑貨は、隣のシルバーアクセ「ムジケ工房」で多く扱っているのでのぞいてみて。

☎02-766-3397 ⊗ Ⓜ3号線安国駅2番出口から徒歩5分 ⊕鍾路区北村路12キル20-7 종로구 북촌로 12길20-7 ⊕10:00(日曜12:00)〜21:00 ⊛無休

グルメ&カフェ

ショッピング

歩いて楽しむ

エンターテインメント

ビューティ&ヘルス

ホテル

## 美のギャラリー兼ショップ
### 通仁カゲ
통인가게
トンインカゲ

仁寺洞 **MAP** 付録P19 D-3

地下1階〜地上1階、4、5階の4フロアで、工芸品や古美術品、家具などを扱う。観光客に人気なのは、主に1階で販売されている螺鈿（らでん）や韓紙の小物入れ、韓国人作家による陶器など。

☎02-733-4867 ⓂＭ3号線安国駅6番出口から徒歩6分 ㊟鐘路区仁寺洞キル32 ⏰10:30〜18:30 日曜、祝日12:00〜17:00 ㊡無休(B1、4〜5Fは火曜) Ｊ

↑フタ付きの伝統マグカップ。ベーシックな青磁もあり

**W3万**

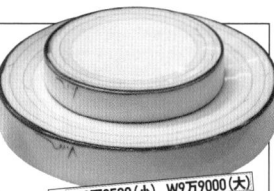

↑ひっくり返すと鉢になる、両面使えるユニークな器

**W3万8500(小)、W9万9000(大)**

↑伝統刺繍でハングルを書いた名刺入れ。色彩が鮮やか

**W7万5000**

各W7000

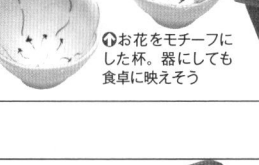

↑お花をモチーフにした杯。器にしても食卓に映えそう

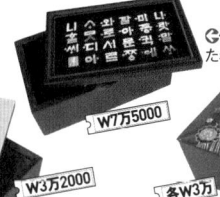

↑トラを連想させる色使いの、韓紙を使った小物入れ

**W3万2000**

↑螺鈿細工の小物入れ。明るい赤とグリーンがまた粋

各W3万

---

↑リップスティックや鍵、手鏡など小物を入れたいポーチ

**W6万**

↑上品な色合いが魅力のコースター。おみやげにピッタリ！

**W5000**

↑中に8個のポケットがありアクセサリー巾着としてオススメ

各W4万5000

**W6万**

↑インテリア装飾やバッグのチャームにも活躍できる玉ノリゲ

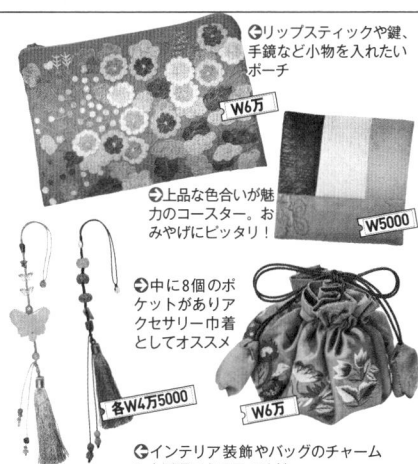

## 韓国の伝統美に出会える
### ウリ美
우리미
ウリミ

仁寺洞 **MAP** 付録P19 D-3

現代生活に使えるさまざまな伝統雑貨を販売する工芸店。ここでしか手に入らない経歴25年のオーナーによるオリジナル手芸品が80％以上で、一部アンティークなアイテムも取り扱う。

☎02-722-3744 ⓂＭ3号線安国駅6番出口から徒歩5分 ㊟鐘路区仁寺洞キル12 種路区仁寺洞10길 12 ⏰10:00〜19:00 ㊡無休

---

↑色違いで揃えたい、かわいい三角形デザインの鍋つかみ

各W2万〜

↑赤でも自然な色合いなので派手すぎない座布団

**W15万**

レストランもあたらしくオープン

↑掛け布団にしても床に敷いてもOKの布団。160×220cm

**W50万**

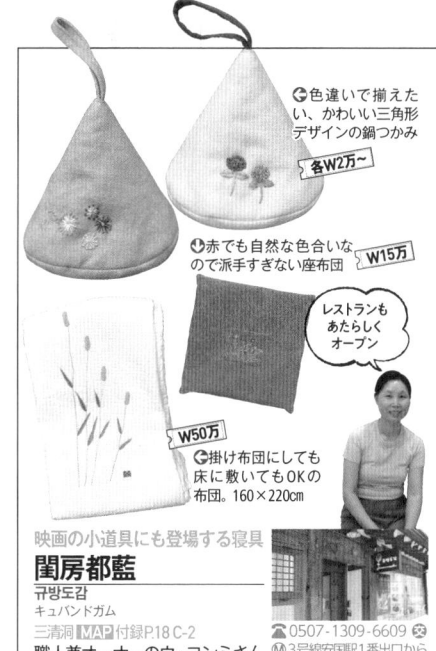

## 映画の小道具にも登場する寝具
### 閨房都藍
규방도감
キュバンドガム

三清洞 **MAP** 付録P18 C-2

職人兼オーナーのウ・ヨンミさん制作の刺繍入り布製品は、韓国人女性が結婚するときに揃える寝具として絶大な人気。すべて手作りの一点もので、オーダーメイドや日本への発送も可能。

☎0507-1309-6609 ⓂＭ3号線安国駅1番出口から徒歩5分 ㊟鐘路区北村路1キル24-4 種路区北村로1길24-4 ⏰10:00(土曜12:00)〜19:00 レストラン11:00〜15:00 17:30〜21:00 ㊡日曜(レストラン月曜) Ｅ

# パックで夜ケアも完璧
# トレンドコスメをハンティング **6**店

韓国旅行の目的がコスメショッピングの人も多いはず。韓国では、フラッグシップストアがあるブランドの商品がドラッグストアで売られていることも多い。どちらも要チェック!

## DSで買えるコスメ
ソウルの2大ドラッグストアで買えるパックとコスメはこちら!

### プライベートブランドコスメも人気
## オリーブ・ヤング
올리브영 Olive Young

多彩なアイテムを扱う、韓国版大型ドラッグストア。品揃えが豊富なので、自分へのおみやげはもちろんバラマキ用のプレゼント購入にも最適。プライベートブランド品も要チェック。

🚇交🕐営🈺休 店舗により異なる

### 清潔感のあるバラエティショップ
## ロブス
롭스 LOHB's

ロッテ系列のチェーン店で、コスメをはじめ日用品やお菓子、健康グッズなども販売している。人気はシートマスクで、大量買いする人も。ultruのマスクなど、ここだけの取り扱い商品もある。

🚇交🕐営🈺休 店舗により異なる

### ブリスキンのシートマスク
**各W3000〜**
繊維シート「バイオセルロース」のおかげで、肌へのフィット感が高い

### カラミンカミングのソリューションマスク
**W3500**
老廃物を取り除き、肌を沈静化し、なめらかに整えてくれる

### espoirのリップスティック・ノーウェアー・リップトッパー
**W2万**
鮮やかなカラーが密着。高いキープ力も人気の理由

### 23years oldの鼻パック
炭酸の刺激で毛穴をすっきり。皮脂や老廃物を除去してくれる
**W5500**

### オリーブ・ヤングのウォーターリーパフ
**W5000**
ツヤ肌に仕上げてくれると評判のメイク用スポンジ。リピ買い必至

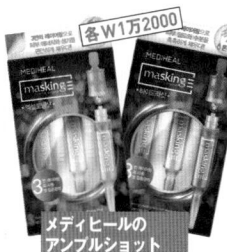

### メディヒールのアンプルショット
**各W1万2000**
人気のマスクブランド。高濃度の美容液を重ねづけするタイプ

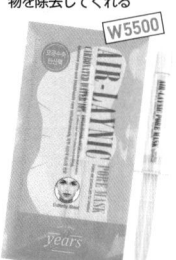

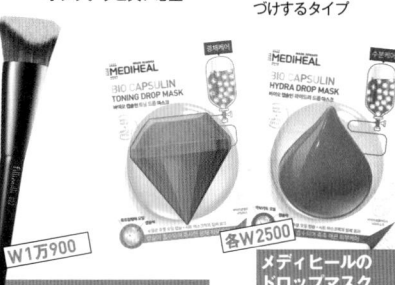

### WAKEMAKEのルージュ・ガン・ゼロ
**W1万6000**
テクスチャはナチュラルマット。ビビッドな発色をキープ

### fillimilliのVカットファンデーションブラシ
**W1万900**
両面V型にカットされたマルチブラシ。初心者でも使いやすい

### メディヒールのドロップマスク
**各W2500**
シートが密着し、成分がお肌に浸透。3Dの立体容器もかわいい

### espoirのグローライザー・トーンビッカー・クッション
**W2万3000**
ナチュラルなツヤ肌を叶えるクッションファンデーション

### WAKEMAKEのポケット・スタイラー
7色入りのアイシャドウパレット。グリッターが華やか

**W2万2000**

# 韓国ブランドコスメ

韓国発の高品質コスメ。ニューオープンのお店も必見。

**セカンドスキン・ファンデーション**
自分の肌のようにフィットする、セミマット仕上げのリキッドファンデ
●ヒンス
**W3万6000**

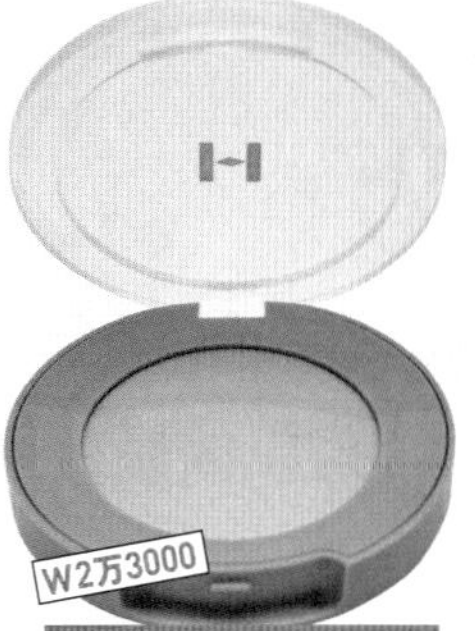

**各 W2万3000**

**ヴィーガンソイハンドクリーム**
アクアソルト香りのリバティ（左）、甘い桃ムスクのラブ（右）
●アミューズ

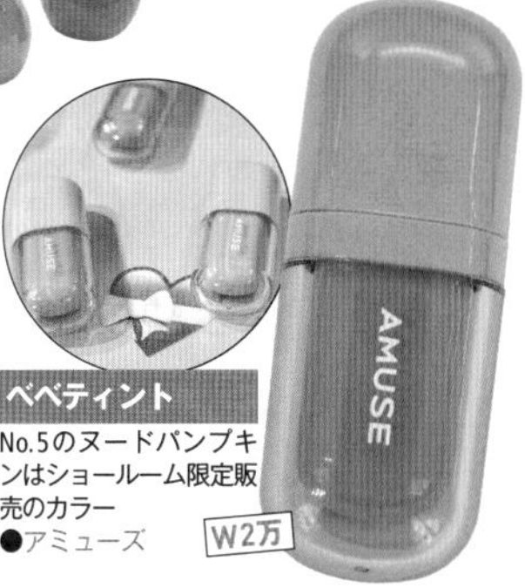

**W2万3000**

**トゥルーディメンション・グロウチーク**
ほのかな発色で自然なツヤを演出するクレイタイプのチーク●ヒンス

**エムパーフェクトカバーBBクリーム**
優れたカバー力と軽い付け心地はファンデが苦手な人にも評判
●ミシャ
**W1万6600**

**ベベティント**
No.5のヌードパンプキンはショールーム限定販売のカラー
●アミューズ
**W2万**

**タイムレボリューション・ナイトリペアアンプル**
特殊発酵工程を経たエクストリームバイオーム配合の弾力ケアアンプル
●ミシャ
**W5万5000**

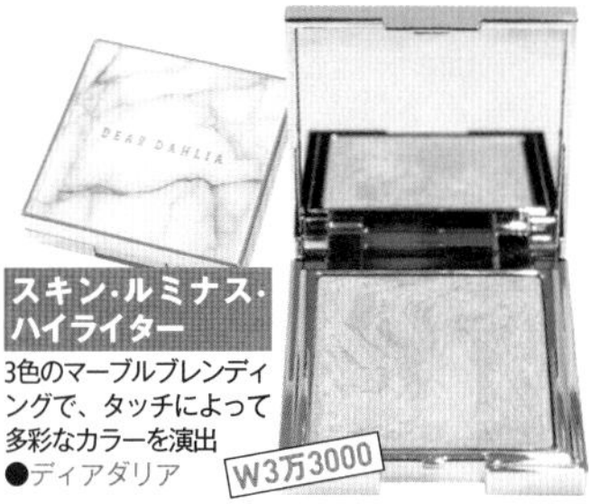

**スキン・ルミナス・ハイライター**
3色のマーブルブレンディングで、タッチによって多彩なカラーを演出
●ディアダリア
**W3万3000**

**グリッツ・グロー・ハイライター**
華やかに輝くグリッターパールが、透明感のある光沢をもたらす
●ディアダリア
**W3万**

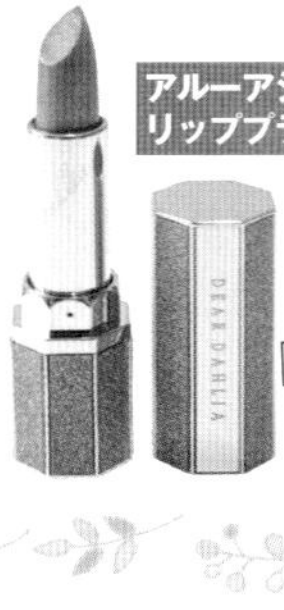

**アルーアシャイン・ラストラス・リップブランパー**
しっとりなめらかな塗り心地できれいに輝くリップスティック
●ディアダリア
**W2万8000**

---

## 洗練されたカラーメイクなら
# ヒンス
힌스　hince

漢南洞 **MAP** 付録P.20 C-4
「ムード・ナラティブ」をコンセプトに2019年誕生。ナチュラルで上品なカラーバリエーションのメイクアイテムで人気を集めている。

☎02-2135-3031 Ⓜ6号線漢江鎮駅1番出口から徒歩6分 龍山区梨泰院路49キル14-2 용산구 이태원로49길 14-2 ⏰11:00～20:00 休無休 J□

## 心地よいヴィーガンコスメ
# アミューズ
어뮤즈　AMUSE

漢南洞 **MAP** 付録P.20 C-4
審査に最も厳しいフランスの「イヴヴィーガン」より認証されたヴィーガン＆ウェルネスビューティーブランド。初のショールームは2022年オープン。

☎02-796-2527 Ⓜ6号線漢江鎮駅1番出口から徒歩7分 龍山区梨泰院路55キル49,3F 용산구 이태원로55가길 49, 3F ⏰11:00～20:00 休無休 E□

## 高品質アイテムを次々開発
# ミシャ
미샤　MISSHA

明洞 **MAP** 付録P.17 D-4
韓国コスメブームの先駆けで、グローバルな人気を誇るブランド。コスパの良いハイクオリティのコスメ商品は幅広い世代から信頼を受けている。

☎070-4288-6519 Ⓜ4号線明洞駅6番出口から徒歩1分 中区明洞8キル42 중구 명동8길 42 ⏰10:00～22:30 休無休 J E□

## ダリア花エキス配合の上品コスメ
# ディアダリア
디어달리아　Dear Dahlia

江南 **MAP** 付録P.15 E-3 
「庭園の女王」と呼ばれるダリアの花からインスピレーションを受けて誕生したヴィーガンビューティーブランド。ラグジュアリーなパッケージも好評。

☎02-547-0502 Ⓜ盆唐線狎鴎亭ロデオ駅5番出口から徒歩11分 江南区島山大路45キル14 강남구 도산대로45길 14 ⏰11:00～20:00 休無休 E□

グルメ&カフェ
ショッピング
歩いて楽しむ
エンターテインメント
ビューティ&ヘルス
ホテル

**一生使い続ける品を見つけに!**

# センスが光る粋な陶磁器 ④ 店

韓国人作家の陶磁器を集めたセレクトショップや、オーナー手作りの食器を扱う店を紹介。
少し値が張っても暮らしになじみ、一生モノになること間違いなし。
お気に入りを見つけたら迷わず持ち帰ろう。

⊃インテリアにもなり
そうな華やかな小皿
**W25万**

現代作家の優れた一点もの
## チョン・ソヨンの食器匠
정소영의 식기장
チョン・ソヨンエ シッキジャン

清潭洞 MAP 付録P.13 D-1
製品企画者でデザイナーのチョン・ソヨンさんがセレクトした、20名ほどの現代作家の陶磁器を販売。白磁や青磁をはじめ、個性的な作品を販売。箸などの手ごろな小物類もある。
☎02-541-6480 ❖7号線清潭駅8番出口から徒歩7分 ⌘江南区三成路751 강남구 삼성로751 ⏰10:00〜12:00 13:00〜19:00 休日曜
E

**W3万**
↑パステルカラーの小皿。
グリーンとパープルの2色

⊃ホサンウック作の、鳥やポットなどの絵柄が楽しい銀彩茶碗
**各W11万**

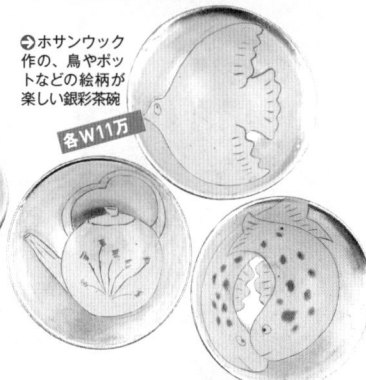

**W2万2000**
↑漆塗りが施された白い陶器。ユンセホ作

↑高級ブランド店がひしめく清潭洞にある
⊃温かみを感じさせる木の棚に、おしゃれな陶磁器が並んでいる

ナチュラルな手作り食器
## 共感陶
공감도
コンガムド

仁寺洞 MAP 付録P.19 E-2
陶芸家のキム・ミョーレさんがオーナー。キムさんの作品のほかキムさんと親交のある作家の作品も販売。自然をテーマにしたシンプルでモダンな食器が並び雑貨やアクセサリーも扱う。
☎02-762-5431 ❖3号線安国駅3番出口から徒歩5分 ⌘鍾路区 昌徳宮キル35 종로구 창덕궁길35 ⏰10:00〜19:00 休無休 E

↑オーナーの作業場を改装したショップ

**W2万5000〜**

⊃逆さにすればまさに山の形の「ブラックマウンテン・ボウル」

**W3万**
↑「ブルーム・ディッシュ」。花の華やかさが感じられる皿

**各W7万〜**
⊃やさしい色合いの「ブルー・バード」。部屋のインテリアに

グルメ＆カフェ

ショッピング

歩いて楽しむ

エンターテインメント

ビューティ＆ヘルス

ホテル

## 骨董品を鑑賞しつつお買い物
# 工芸 長生壺

공예 장생호
コンイェ チャンセンホ

仁寺洞 **MAP** 付録P.19 D-3

仁寺洞の骨董街にあり、骨董品と現代作家の作品をともに販売。新羅や李朝の時代の家具や器にまぎれて、現代作家の手ごろな作品が並ぶ。現代ものではどこか古典的でモダンな作品が見つかる。

☎ 02-735-3448
Ⓜ 3号線安国駅6番出口から徒歩2分 🏠 鍾路区仁寺洞10キル23-4 종로구 인사동10길 23-4 ☻ 10:30～19:00 ☻ 不定休
🅹🅴

↑貴重な骨董品を見学するだけでも楽しめる

## 自然主義の高級陶磁器
# 広州窯

광주요
クァンジュヨ

漢南洞 **MAP** 付録P.4 C-3

天然原料を使い職人の手作業によって作られる上品な食器ブランド。先祖の魂が込められている伝統陶磁器の原料や形、文様の研究・再解釈を行い、完成度の高い名品を販売している。

☎ 02-3446-4800 Ⓜ 6号線漢江鎮駅2番出口から徒歩20分 🏠 龍山区漢南大路20キル28 용산구 한남대로20길 28 ☻ 10:00～19:00 ☻ 無休 🅴

←漢南洞の高級住宅街に位置している

→高級韓定食レストランでも多く使われるゴージャスな品々

↑価格帯は手ごろなものから高額なものまで幅広い。シリーズ別にディスプレイ

↓高足杯。昔は盃だったが今はさまざまな用途に使えそう **W3万**

↑シックなカラーの碗。和食にも合いそう **W55万**

→高足皿。店には伝統とモダンが融合した作品が多い **W10万**

→十二支の神が蓋に付いている青磁。宝石箱としても使える **W49万**

↑熟柿の釉薬で色付けした皿。優雅な木の葉の形が魅力的 **W4万9000**

↓食卓のほのかなポイントとなるハスの花のお皿 **各W3万4000～**

↑土で作った陶磁器の玉が美しい音を出すカップ **2個でW7万**

## 韓国発のキャラクターたちに会いに

# 絶対持ち帰りたい
# キャラクターグッズ **2** 店

日本でもおなじみの韓国で生まれたキャラクターたち。ショップでグッズをゲットしたあとは定番フォトスポットで撮影をしたり、カフェでひと休みできたりと楽しみがたくさん。

### フォトゾーンが豊富なグッズショップ

## ラインフレンズ・フラッグシップストア

라인프렌즈 홍대 플래그십스토어
Line Friends Flagship Store
弘大 **MAP** 付録P.10 B-2

おなじみのキャラアイテムから、BT21やバニニなど、K-POPアイドルとのコラボ商品がずらり。フォトジェニックなスポットも多く、楽しく買い物ができる。

☎02-322-9631 ㊛京義・中央線、2号線弘大入口駅1番出口から徒歩1分 ㊟麻浦区楊花路141　마포구 양화로 141 ㊚11:00~22:00 ㊡無休 ☐

メガブラウンやサリー、レニニなど、人気キャラクターが並ぶ入口からワクワク!

### ショップのフォトスポット

➥アーミーには外せない2階のBT21のスペース

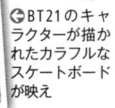
⬅BT21のキャラクターが描かれたカラフルなスケートボードが映え

⬆『ASAP』のMVにも出たNewJeansとコラボの巨大バニニ

**キーリング**
W1万9000
セーターを着ているブラウンのぬいぐるみキーリング

**DIY商品**
各W2万~
スマホケースやバッグなど、好きなようにDIYできる

**電卓**
W1万7000
軽くて持ち歩きに便利なブラウンのミニサイズ電卓

**ポーチ**
W9900
小銭入れに使いたいBT21 RJのミニニ・ミニポーチ

**マグカップ**
W1万7000
BT21のMangベーシックセラミック製マグカップ

**カレンダー**
W1万
かわいらしいイラストがいっぱい! ミニニ2024年カレンダー

**タンブラー**
W3万2000
ロック&ロックとコラボのサリータンブラー。355㎖

グルメ&カフェ

ショッピング

歩いて楽しむ

エンターテインメント

ビューティ&ヘルス

ホテル

↑開放感がある店内。1階階段の下にもフィギュアがあるので、撮影を楽しむ人が多い

各階の巨大フィギュアに興奮

# カカオフレンズ・ストア

카카오프렌즈 스토어

Kakao Friends Store

弘大 **MAP** 付録P.10 B-2

1～3階で、文房具や生活雑貨、ぬいぐるみ、デジタル製品などのグッズを販売。日本人に人気のアピーチも盛りだくさんだ。吹き抜けになっている階段横の壁画が大迫力。

☎02-6010-0104 Ⓜ京義・中央線、2号線弘大入口駅8、9番出口から徒歩1分 ㊟麻浦区楊花路162 마포구 양화로 162 ⊙10:30～22:00 ㊡無休 ＪＥ

1階にいるリラックスモードのライアン。各キャラクターがいろんな姿で出迎えてくれる

**マルチペン**
各W6000
黒、赤、青、緑、4色のペンとシャープが合体

**フェイス
キーホルダー**
各W5000
各キャラクターの顔だけがマスコットになっている

**エアーポッズ
ケース**
W1万5000
キャラクターが立体的なのがウケている、売れ筋商品

**フェイス
クッション**
W2万7000
なめらかな手ざわり。目を閉じている表情との2種類

**デスク
クリーナー**
W1万5000
汚れたところに底面をあてるとゴミを吸い取る。電池式

**シリコン
ムードライト**
W3万9000
触れると3段に照度調節ができる、充電式ライト

**ワイヤレス
マウス**
W2万3000
パソコン作業が楽しくなりそう。アピーチもある

## ショップのフォトスポット

↑ウサギの着ぐるみを着ている、たくあんの「ムジ」

↑怖がりなアヒルの「チューブ」は怒ると緑色に変わる

↑おかっぱ頭の「ネオ」は自分大好きなおしゃれさん

## 職場にも家族にも配れるプチプラ具合がうれしい

# スーパー&コンビニでバラマキみやげ探し

おみやげ探しにうってつけなのがスーパーとコンビニ。海苔やお菓子など配りやすい
お手ごろ価格と個別包装のものが多いのもうれしい。PB商品もお見逃しなく。

### Seaweed
### 韓国海苔

韓国みやげのド定番。迷ったら、伝統ブランドの両班を選べばハズレなし。

**Ⓐ 両班
エゴマ20パック**
W5980

ロングセラーの定番商品。エゴマ油と塩だけのシンプルな味付け

**Ⓐ 両班
炭火焼20パック**
W7980

味付けは控えめで、海苔の風味が豊かに引き立つ。香ばしい炭火焼海苔

**Ⓑ 両班
野菜16パック**
W4780

熱風乾燥した7種の野菜フレークをちりばめた、新発売フレーバー

**Ⓑ 両班
岩海苔32パック**
W9880

ゴマ油の香りがしっかりと楽しめる。包装も薄いので、持ち帰りやすい

### Instant Food
### インスタント食品

手軽に韓国の味を再現できるのが特徴。あの味を日本に帰っても！

**Ⓑ 牛プルコギのタレ**
W1580

牛肉と玉ネギ、キノコをタレでもみ、30分以上ねかせて炒めるだけで、手軽に本格的な味が完成

**Ⓑ ハムキムチ丼**
W980

湯せんや電子レンジでソースを温めてご飯にかけるだけで、ピリッと辛い丼ができる！

**Ⓒ コチュジャン
ナムルビビムパブ**
W2480

レトルトご飯がついていて、レンジや湯せんで簡単に王道の韓国料理が味わえる人気シリーズ

**Ⓑ プルダック
ポクンミョン**
W990

口の中がしびれるほどの激辛で話題！鶏ガラソースのカップ焼きそば

**Ⓒ 麻辣トッポッキ**
W3200

ヒーヒー辛いだけじゃなく、ピリピリするしびれを加えた変化球。小腹がすいたときにちょうどの量

**Ⓐ プルダックポクンミョン カルボナーラ味4食入り**
W4980

激辛汁なし麺シリーズの新商品。辛いので、生卵を加えてマイルドに

**Ⓑ ハッピーラーメン
(辛口)5袋入り**
W1980

30年ぶりに復刻された、韓国人には懐かしい味&パッケージ。辛さ控えめの「マイルド」もある

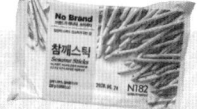

**B バターワッフル**
W4380

老舗ブランド「クラウン製菓」を代表するお菓子。濃厚バター味のクッキー

**B ゴマスティック**
W1980

PB商品。至極シンプルかつ素朴な味で"とまらなくなる系"スナック。牛乳との相性がいい

**B 紫芋チップス**
W980

Eマート限定発売。芋の甘さを引き立てるほんのり塩味。ビールのおつまみにも

### Snacks
# お菓子

韓国らしいお菓子もたくさん。おみやげに喜ばれそうなものばかり。

**C マックスチップ**
W3000

ジャガイモ、紫芋、カボチャ、桃を、素材の味を生かしたチップスに。サクサクでヘルシー

**C トッポッキスナック**
W1200

ポリポリ食感が止まらない、セブン-イレブン限定パッケージ

**D トッポッキスナック**
W1200

トッポッキをイメージし、甘辛コチュジャンで味付けしたお徳用スナック

**C コソミ**
W1500

長い間愛される、素朴な食感の甘いクラッカー。小分けの袋入りでシェアも◎

**B コーンナッツバー**
W2480

アーモンドやナッツ、クランベリー入りのシリアルバー。朝食やおやつにもいい。PB商品

**C 笑えるグミ**
W2000

(笑)の意味を持つハングルを、桃とスイカ味のグミにしたテッパンみやげ。セブン-イレブン限定

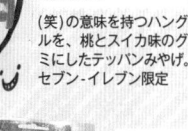

**C ヤクルトグミ**
W1200

グミブームの先駆け。パッケージとグミがヤクルトの形で、イチゴ味も。セブン-イレブン限定

**C ハニーバターアーモンド**
W6880

新商品も続々登場する、人気味付きアーモンドシリーズのオリジナルフレーバー

---

## A アクセス良好の大型店
# ロッテマート
롯데마트　Lotte Mart

ソウル駅 **MAP** 付録P8 B-2

日本でもおなじみロッテ系列のスーパー。ソウル駅周辺は大型で外国人観光客のための品揃えや免税設備も整い、帰国前のおみやげ調達に適している。

☎02-390-2500 ✕Ⓜ1、4号線ソウル駅1番出口からすぐ 🏠中区青坡路426　중구청파로426 🕙10:00~24:00 🚫第2・4日曜 🅹

Ⓔ🆑

## B 日用品・食料品が低価格で充実
# Eマート
이마트　イーマート

龍山 **MAP** 付録P4 B-3

韓国で100店舗以上の新世界グループ系列スーパー。プライベートブランド「No Brand」商品がリーズナブルで高品質と若者の間で注目を集めている。

☎02-2012-1234 ✕Ⓜ1号線龍山駅1番出口直結 🏠龍山区漢江大路23ギル55　용산구 한강대로 23길55 🕙10:00~22:30 🚫第2・4月曜 🅹Ⓔ🆑

## C 現地での食料調達にも
# セブン-イレブン
세븐일레븐　Seven-Eleven

ソウルの随所に展開し、ロゴも日本と同様。韓国セブン-イレブン限定の商品も多く取り揃えており、パッケージにこだわった個性的な商品は観光客にも人気。

## D 韓国国内人気ナンバーワン
# GS25
지에스이십오

韓国初、韓国オリジナルのコンビニチェーン。品揃えも豊富で、ここでしか買えない個性的な商品や、アイドルやキャラクターとのコラボ商品も多い。

グルメ&カフェ

ショッピング

歩いて楽しむ

エンターテインメント

ビューティ&ヘルス

ホテル

115

※店舗によって価格が異なる場合があります

### チャミスル

韓国の焼酎といえば真っ先に名前があがる。ロックやストレートで

**W1340**

### 焼酎
소주

フルーツ味のチャミスルや、人気上昇中のチョウンチョロムにも注目。

### チョウンチョロム

口当たりがやわらかく、ほんのり甘口で女性にも飲みやすい

**W1340**

**W1390**

### チャミスル グレープフルーツ味

甘みと苦味のハーモニーを味わえる、フルーティなチャミスル。度数も13度と一般的なチャミスルより低い

**W1390**

### チャミスル マスカット味

グレープフルーツより甘さを感じられるチャミスル

### マッコリ
막걸리

韓国の伝統酒にも多彩な味が登場。いろいろ買って飲み比べてみたい。

**W2280**

**W3090**

### バナナマッコリ

バナナピューレを加えた米マッコリ。甘さと微炭酸が絶妙にマッチ

### 栗マッコリ

日本でも大人気のウリスルしゅわっと栗マッコリ

## 部屋飲みにもおみやげにも、利用価値高し
# 安くて手軽なアルコール!

定番の焼酎から飲みやすいフルーツ系、最近人気が高まっているご当地クラフトビールまで。
コンビニやスーパーで気軽に買えるお酒のラインナップは年々拡大中。

**W2250**

### Cass Fresh

喉ごしスッキリ、韓国を代表するブランドOBの主力商品

### Cass Light

カロリー33%オフ。クセがなく、軽くて飲みやすい

**W2250**

### ビール
맥주

韓国料理やおつまみと一緒に買うのがおすすめ。ご当地ビールも楽しもう。

### 光化門

きめ細かな泡とモルトの深いコクが楽しめるアンバーエール

**W4500**

**W4500**

### 景福宮

人気メーカー「Kabrew」とのコラボ商品。蓮の葉の粉末入り

### 済州白鹿潭

すっきりしたボディとフルーティな香りのシトラス系ビール

**W4500**

### 済州 WIT ALE

済州島産有機ミカンの皮入りで、ほのかに柑橘の香りが楽しめる

**W4200**

### Kloud

濃厚なモルトの味わいと、なめらかでリッチな泡が特徴

**W2300**

**W2250**

### Kelly

まろやかな味わいで、喉を通るときは炭酸感が強烈なラガービール

# SEOUL, AREA WALKING

# 歩いて楽しむ

📷

## 新旧が交錯する街を歩く

### Contents

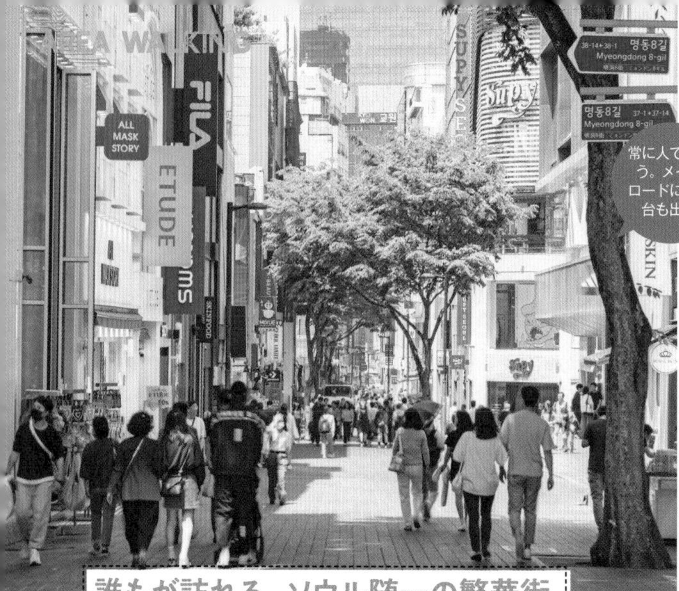

常に人で賑わう。メインロードには屋台も出店

★徳寿宮

徳寿宮の正門からおよそ800m延びている石垣道をトムダルキルという

명동8길
30·14·30·1
Myeongdong 8-gil

명동8길
37-1·37-14
Myeongdong 8-gil

0    100m

4 ソウル市庁C

3

5 市庁駅

ソウル広場

2

6

1

7

12

11

8

1号線

市庁駅

**南大門市場** ▶P.120
남대문시장
衣類や小物、屋台グルメなど魅力が詰まった市場。掘り出し物を見つけよう

24ゲストハウス
明洞アベニュー Ⓐ

南大門路
地下商街 Ⓒ

南大門
地下歩道

南大門路

★ **南大門（崇礼門）**

南大門路

南大門市場

---

## 誰もが訪れる、ソウル随一の繁華街

# 明洞・南大門

명동 ミョンドン ～남대문 ナムデムン

ソウル駅・★Nソウルタワー
ロッテワールドタワー・

**最新のトレンド発信地である明洞と、600年もの歴史を有する南大門市場は、移り変わりの激しい韓国で不動の人気。ショッピングと食べ歩きを楽しめる。**
MAP 付録P.16-17

### 圧倒的な人気の繁華街・明洞と
### 庶民的な雰囲気が楽しい南大門市場

　明洞は明洞駅と乙支路入口駅に挟まれたエリアで、明洞芸術劇場の四つ角を中心に、メインストリートの明洞キルが東西南北に走る。ファッションやコスメの路面店、エステにマッサージ、夕方からは屋台街も出現し、毎日多くの人で賑わう。周辺には百貨店、免税店、裏路地のローカル食堂、多様な宿泊施設、歴史ある明洞聖堂、そして最近は格安スーパーも増え、ここだけで何でも揃う。場所柄、外国人観光客も多く、日本語や英語も通じやすい。明洞駅から西に500ｍほど進むと、ソウル最古の市場がある南大門にたどり着く。衣類、寝具、食料品などジャンルごとに分かれ、店の数は1万軒ともいわれる。伝統雑貨や朝鮮人参専門店、小売りもしている卸問屋も多く、手ごろな価格で買い物ができる。

### 交通

Ⓜ4号線 明洞駅
Ⓜ2号線 乙支路入口駅
Ⓜ4号線 会賢駅

### 韓国の国宝第一号にも認定

# 南大門（崇礼門）

남대문（숭례문）　ナムデムン（スンレムン）
MAP 付録P.8 B-1

朝鮮王朝初代王の太祖によって1398年に建立。2008年に放火され損壊するものの、その後復元。今では夜にライトアップもされ幻想的な姿が見られる。Ⓜ④4号線会賢駅5番出口から徒歩5分 所中区世宗大路40　중구 세종대로 40 開9:00～18:00 休月曜 料無料

復元された崇礼門広場

3

## 韓国の5大王宮のひとつ
# 徳寿宮
덕수궁　トクスグン
**MAP** 付録P.6 B-4
もとは朝鮮王朝の王族の邸宅として建てられた。大漢門前では水～日曜の1日2回、守門将交代式が行われる。

▶P.131

↑王が政務を執り行っていた浚明堂

乙支路入口駅　2号線

Namdaemunno

Ⓗロッテ・ホテル・ソウル P.162
●ハナカード本社

P.102
ロッテ百貨店 ●

● 円丘壇

南大門路

> 大韓帝国初代皇帝の高宗が祈りを捧げたとされる、有名なパワースポット

> 2009年にリニューアルオープン。ルネッサンス調の劇場で1階にはカフェも

### コスメロード

明洞8キルは通称「コスメロード」と呼ばれ、超有名コスメショップが軒を連ねる

明洞芸術劇場 ● 7 キル
● 明洞観光案内所
● 明洞キル Myeongdonggil

三一大路 Samil-daero

明洞 7 キル 明洞 8 キル（明洞中央路）

● 明洞 地下商街

● ヌーン・スクエア

★ 明洞聖堂

> 明洞中央路（メインロード）には屋台が数多く出店。映えグルメにも出会える

Sogongno 小公路

> 免税店も入っているセレブ御用達の百貨店。本館と新館に分かれている

地下歩道

● ソウル中央郵便局

● コスメロード P.103

ミリオレホテル ソウル明洞

12

11

新世界百貨店

3

4号線

明洞駅

退渓路

9 10

5 6 7 8 1

● メサⓈ

9

3

### 韓国カトリック教の総本山
# 明洞聖堂
명동성당　ミョンドンソンダン
**MAP** 付録P.17 E-3
ドラマに使われたことでも有名な、韓国最古のカトリック教会。ゴシック調の建物の地下にはモールもありショッピングが楽しめる。

● 会賢地下商街

8

6

7

6

☎02-774-1784　Ⓜ4号線明洞駅8番出口から徒歩8分 ㊟中区明洞キル74 中区明洞1街74 ㊇6:30～21:00（施設により異なる）㊡無休　㊷無料

賢駅

1

● パシフィック

↑荘厳な雰囲気の内部。ミサ中以外なら見学も可
↑本堂の高さは23mにも及ぶ

---

## 明洞から南山をつなぐ

# 南山ケーブルカー
남산케이블카　ナムサンケイブルカ
**MAP** 付録P.9 D-2
Nソウルタワーに行くときに便利。約10分間隔の運行と回数も多く、片道5分ほどで到着する。

☎02-753-2403　Ⓜ4号線明洞駅3番出口から徒歩10分 ㊇10:00～23:00（最終受付22:30）㊡無休（天候による変動あり）㊷往復大人W1万5000、小学生以下はW1万1500

★ 南山ケーブルカー

グルメ&カフェ

ショッピング

歩いて楽しむ

エンターテインメント

ビューティ&ヘルス

ホテル

# 南大門市場でかわいい雑貨探し

ソウルの中でもトップクラスの規模を誇る南大門市場で、キュートな小物を見つけに行こう。

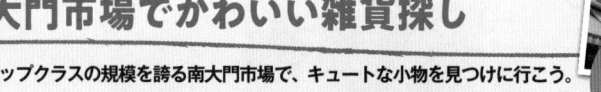

市場はC棟とD棟に分かれているので要注意！

## 問屋価格でおみやげゲット！

### セボサ
세보사
大都商街C棟
MAP付録P.8 C-1

問屋直営のため、格安だと観光客に人気のみやげ店。おすすめはリバーシブルで使える韓国の風呂敷「ポジャギ」。
☎02-778-5929 Ⓜ4号線会賢駅5番出口から徒歩5分 所中区南大門市場4キル3、中央商街C棟2F92 중구 남대문시장4길3, 중앙상가C동 2F92 ⊙8:30〜17:30 休日曜 J E

→大人買いが多い巾着W800〜3000

↑カラムシのランチョンマット各W5000

↓伝統美のポジャギW7000〜3万5000

↓華やかで繊細な刺繍入りポーチはW1万〜

## 食器が種類豊富に揃う

### スド商社
수도상사
大都商街D棟
MAP付録P.8 C-1

シンプルモダンなマグカップから華やかな洋風食器、落ち着いたアジアンテイストまで、幅広い商品を扱う食器専門店。
☎02-778-5524 Ⓜ4号線会賢駅6番出口から徒歩3分 所中区南大門市場4キル9、中央商街D棟3F 중구 남대문시장4길9, 중앙상가D동 3F ⊙9:00〜18:30 休日曜 J E

↑カラフルなボーダー模様の茶碗。底にはイラストが

→チマチョゴリをデザインしたお皿。キュートで持ち帰りたくなる

## ふとん通りの老舗寝具店

### パゴダ商社
파고다상사
ふとん通り
MAP付録P.8 C-1

キルトの寝具が人気。卸価格なので大量買いができ、持ち帰り用に圧縮もしてくれる。現金払いだと少し安くなる。

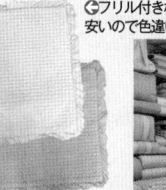

→フリル付き枕カバーはW1万3000。安いので色違いで揃える人も

↑やわらかい色合いの寝具は、どれもカラーバリエーション豊か

→星柄キルトの敷布団W2万〜は売れ筋商品

←飾り気のない店内には、所狭しと布団類が積まれている

☎02-753-2688／02-753-3388 Ⓜ4号線会賢駅6番出口から徒歩5分 所中区南大門市場4キル9、大都商街D棟1F16,17 중구 남대문시장4길9,대도상가D동1F16,17 ⊙8:30(日曜10:00)〜19:00 休無休 J E

## 手作業が生む素朴なぬくもり

### モンシリ
몽실이
カルグクス通り付近
MAP付録P.8 B-1

「ヌビ」という韓国古来の刺し子生地に、伝統衣装の「韓服」や「コッシン」を刺繍したバッグやポーチが売れ筋。
☎02-757-8028 Ⓜ4号線会賢駅5番出口から徒歩2分 所中区南大門市場4キル38 중구 남대문시장4길38 ⊙8:30〜18:00(日曜は〜17:00) 休無休 J E

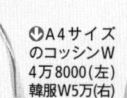

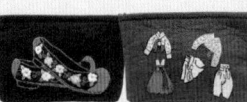

↑A4サイズのコッシンW4万8000(左)韓服W5万(右)

↑ポーチ各W1万8000。強度は抜群。裏地には伝統模様の「セットン」を使っている

→バラマキみやげに購入する人が多いしおり各W5000。手仕事なので、よく見ると刺繍が少しずつ違う

## 南大門市場食べ歩きグルメ

実は食べ歩きグルメも充実している南大門。行列が絶えない2店をご紹介。ぜひご賞味あれ!

### 一年中行列! 南大門の名物おやつ
### 南大門野菜ホットク
남대문야채호떡
ナンデムンヤチェホットック
**MAP** 付録P.8 B-1

韓国春雨と玉ネギ、ニンジン、ニラなどの野菜が入り、小腹を満たすのにちょうどいい野菜ホットック。醤油の香りがたまらない。

↑道路の端に延びている行列に並べば、順番が来ると屋台に呼ばれる

☎なし ⓂⒺ4号線会賢駅5番出口から徒歩5分 所中区南大門路4街、南大門市場2番ゲート前　中区南大門市場2번게이트앞 営8:30〜18:30※なくなり次第終了、平均して18:00前後 休日曜 ⒿⒿⒺ

↑サクサクの食感で香ばしい。仕上げに醤油をぬってくれる

←野菜ホットックW2000。具材たっぷり

### 小ぶりだけれど満腹感あり!
### カメゴル・イェンナルソンワンマンドゥ&ソンカルグクス
가메골 옛날손왕만두&손칼국수
**MAP** 付録P.8 B-1

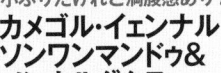

地元韓国人には「南大門市場の手みやげ」として重宝されている肉まん。薄い皮の中に、香味の効いたあんがぎっしり詰まっている。ほかの軽食メニューも充実。

☎02-755-2569 ⓂⒺ4号線会賢駅5番出口から徒歩1分 所中区南大門市場4キル42　中区 남대문시장 4길42 営8:00〜20:00 休日曜 ⒿⒿⒺ 〓

↑→マンドゥW4500(4個)。あんが透けるほど薄い皮でもモチモチ

←入口付近では職人がひたすらあんを包んでいる

↑蒸し上がりのタイミングには店の前が人でごった返す

↑アツアツを店頭で販売。テイクアウトは5個でW5000

## 南山コル韓屋村で伝統家屋や文化にふれる!

### ソウル各地から5軒の韓屋を移転

景勝地として知られていた南山の麓に朝鮮時代の景観を現代に蘇らせるべく、1998年、ソウル各地から5軒の伝統家屋を移築。旧正月の伝統遊び体験や旧盆の餅作り、冬のキムチ漬けなど、季節ごとに伝統文化を伝えるイベントが開催されている。

### 南山コル韓屋村
남산골한옥마을　ナムサンコルハノンマウル
**MAP** 付録P.9 E-1

☎02-2264-4412 ⓂⒺ3、4号線忠武路駅3番出口から徒歩5分 所中区退渓路34キル28 중구 퇴계로34길28 営9:00〜20:00 休月曜 料無料

←コルは「谷」の意。晴れた日は南山のNソウルタワーがよく見える!

↑朝鮮王朝時代にタイムスリップ!

→キムチや味噌、醤油を漬けるハンアリと呼ばれる壺。韓屋の中にも朝鮮王朝時代の生活用品が展示されている

近年はモールも誕生して若者も多く訪れる街だ

李朝時代の面影が残る歴史の街へ

# 仁寺洞

인사동 **インサドン**

ソウル駅・　●Nソウルタワー
　　　●ロッテワールドタワー

王朝建築や韓屋の立ち並ぶ歴史地区。
昔ながらの路地裏を散策しながら、
お気に入りの韓国伝統雑貨に出会う。
疲れたら韓屋カフェでほっこり。

**MAP** 付録P.18-19

## 李氏朝鮮時代の栄華を偲ばせる
## 韓国の古都として観光客に根強い人気

　600年続いた李氏王朝の王宮・景福宮が威容を誇り、そのお膝元として発展したのが仁寺洞だ。安国駅の南には王侯貴族や、両班(ヤンバン)と呼ばれる高級官僚が暮らした韓屋街が広がり、彼らの生活を彩った美術品や骨董品、筆や韓紙など伝統工芸の店が現在も連なる。また韓屋をリノベしたカフェや各国料理レストランも多く、国内外から観光客が引きも切らない。迷路のような狭い裏路地は、どこを撮ってもフォトジェニックなので、撮影も楽しい。近年は若手作家によるハンドメイド雑貨などを扱う大型モールもオープンし、盛り上がりをみせている。鍾路3街駅周辺には焼肉街やポッサム横丁があり、夜になると仕事帰りの地元民で賑わう。彼らに交じって焼酎を片手にディープなソウルを楽しむのも一興だ。

## 交通

Ⓜ3号線 安国駅
Ⓜ1、3、5号線 鍾路3街駅

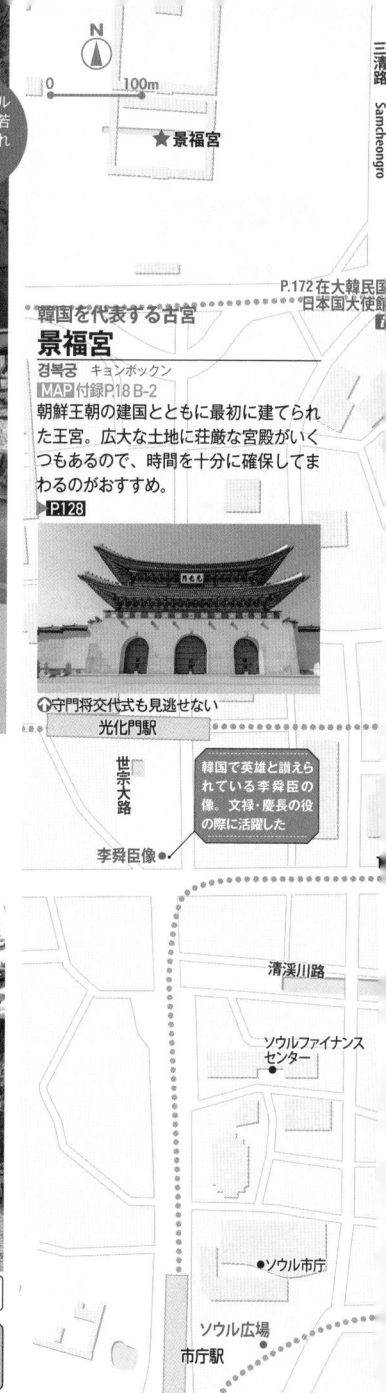

P.172 在大韓民国
日本国大使館

### 韓国を代表する古宮

# 景福宮

경복궁　キョンボックン
**MAP** 付録P.18 B-2

朝鮮王朝の建国とともに最初に建てられた王宮。広大な土地に荘厳な宮殿がいくつもあるので、時間を十分に確保してまわるのがおすすめ。
▶**P128**

↑守門将交代式も見逃せない

光化門駅

世宗大路

李舜臣像●

韓国で英雄と讃えられている李舜臣の像。文禄・慶長の役の際に活躍した

清渓川路

ソウルファイナンスセンター●

●ソウル市庁

ソウル広場

市庁駅

三清洞

3号線

安国駅

● 雲峴宮 P.133

栗谷路
Yulgongno

3号線

P.80
コッパベビダ

P.125
月鳥は月だけ思う

Ⓗ ナインツリープレミア ● サムジキル P.124

P.107
通仁カゲ

P.125
太極堂

KOREAN REビル

郵政局路

★ 曹渓寺

仁寺洞マル

オラカイ・
スイーツ Ⓗ

● 楽園商街 ● 益善洞

鍾路3街駅

アルムダウン茶博物館
P.91

5号線

公平都市遺跡博物館 ●

SC銀行本店 ●

● グランソウル

鍾路タワー

YMCA Ⓗ

● タプコル公園

鍾路3街駅

鐘閣駅

ポッサム横丁

普信閣

★ 清渓川

韓国観光公社 ●

南大門路

Ⓗ ミッドシティ

乙支路入口駅

---

**大韓仏教・曹渓宗の総本山**

# 曹渓寺

조계사 チョゲサ

**MAP** 付録P.18 C-3

1395年創建の古刹。有形文化財に指定
されている大雄殿は内部見学もでき、3
体の黄金の大仏は必見だ。外国人案内所
には日本語パンフレットもある。

☎ 02-768-8600 Ⓜ 3号線安国駅6番出口から
徒歩5分 ⌂ 鍾路区郵征局路55　종로구 우정국로 55
⌚ 24時間（大雄殿・極楽殿 4：00～22：30）休 無
休 Ⓔ

---

**益善洞**
익선동

細い路地に韓屋をリノ
ベーションしたカフェ
などが密集しているト
レンドタウン。**P22**

---

33階建ての高層タワー。
中に入っているスターバック
スが内装も美しく人気

---

三一独立運動の発祥地。
当時の様子を再現したレ
リーフも飾られている

---

除夜の鐘つきで毎年盛
り上がる、鍾路のランド
マーク

---

# 清渓川

### ソウルを流れる全長5.8kmの川

1970年代は清渓川を覆う高速道路が存
在したが、2003年に川としての復元事
業が始まると道路も撤去され2005年に
は川が復活。上流は歴史、中流は文化、
下流は生態とテーマが分かれている。

**清渓川** ▶P.154

청계천 チョンゲチョン

↑テーマに沿ったモニュメントを見るのも楽しい

---

グルメ＆カフェ

ショッピング

歩いて楽しむ

エンターテインメント

ビューティ＆ヘルス

ホテル

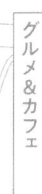

# サムジキルから始める仁寺洞のすてき雑貨探し

ショッピングセンター「サムジキル」は仁寺洞のランドマーク的存在。伝統雑貨のお店なども充実。

### 伝統とアートが香るビルで
### ちょっと変わったおみやげ探し
## サムジキル

쌈지길
**MAP** 付録P.19 D-3

工芸品とデザイン小物が集まった、仁寺洞の名所。石鹸、ハンコ、オーガニックコスメなど、韓国的エッセンスが溶け込んだ店で買い物を楽しもう。建物自体がアートのようで、階段をギャラリーに見立てた展示にファンが多い。

☎02-736-0088 ◉Ⓜ3号線安国駅6番出口から徒歩4分 ㊣鍾路区仁寺洞キル44 종로구 인사동길 44 ⊕10:30～20:30(店舗により異なる) Ⓗ無休(店舗により異なる) Ⓔ🇬🇧(店舗により異なる)

➥仁寺洞の目抜き通りに面している。1階の広場では、ハングルの「ㅅ」をモチーフにした看板が目立つ

---

### こんなお店があります

### ネコモチーフのデザイン雑貨店
## トゥスン

두슌　DUSOON
**MAP** 付録P.19 D-3

捨て猫たちを飼いながら猫の魅力にハマったウェブトゥーン作家による文具やファンシーアイテムが揃う。食べ物と合わせたデザインもおもしろい。

☎031-875-2511 ◉Ⓜ3号線安国駅6番出口から徒歩4分 ㊣鍾路区仁寺洞キル44、サムジキル2F 종로구 인사동길 44、2F ⊕10:30～20:30 Ⓗ無休 🇬🇧

➥小さなショップにかわいい商品が盛りだくさん

➥①アクリル製キーリングW8000。デザインの種類も豊富

➥辛ラーメンにぶら下がっている猫のメモ用紙W2500

➥みかんの実になった猫マグネットW5000

### 韓国風アートに出会えるショップ
## ホッ・コレクション

홋컬렉션　HAUT collection
**MAP** 付録P.19 D-3

「コリアン・アール・ヌーヴォー」をコンセプトに、朝鮮時代後期のデザインを再解釈した商品を展開する。

☎02-3446-7664 ◉Ⓜ3号線安国駅6番出口から徒歩4分 ㊣鍾路区仁寺洞キル44、サムジキル3F 종로구 인사동길 44、3F ⊕10:30～20:30 Ⓗ無休 🇬🇧

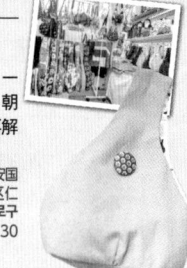

➥曲線の美を表現したバッグW3万3000

➥かわいらしい鳥と花が描かれたファブリックポーチW1万1000

➥色合いとパターンが素敵な手鏡W4000

➥伝統工芸品を販売する店など、古き良き街の名残があちらこちらに感じられる

グルメ&カフェ

ショッピング

歩いて楽しむ

エンターテインメント

ビューティ&ヘルス

ホテル

韓屋や煉瓦の家々が残っているところに情緒を感じる

益善洞エリアは近年おしゃれカフェが増えている

## オールド×モダンな文化が心地よく溶け合う

# レトロな街並みに映えるカフェ&茶房

仁寺洞と益善洞のおしゃれなカフェたち。街散策に疲れたときはこちらでほっとひと息つこう。

### 月鳥は月だけ思う

달새는 달만 생각한다
タルセ ヌン タルマン センガッカンダ

**MAP** 付録P.19 D-3

仁寺洞の目抜き通りからそれた路地で20年以上営業。自家製を貫く姿勢で常連のなかには親子で通う人も。

☎02-20-6229 ◆M3号線安国駅6番出口から徒歩3分 ㊙鍾路区仁寺洞12キル14-3 종로구인사동12길14-3 ⊙11:30（土・日曜11:00）〜22:30 ㊡水曜（祝日の場合は翌日）

J E J

路地裏にひっそりたたずむ誰かを連れていきたくなる店

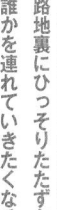
↑ツタの多さに歴史を感じる

↑スジョングァ W9500。お餅がサービスで付く

ソウルで最も歴史の長い78年伝統のベーカリー

↑仁寺洞店にしかない自然と調和する美しいテラス席

### 太極堂

태극당
テグダン

**MAP** 付録P.19 D-3

奨忠洞に本店を持つ1946年創業のソウルの老舗パン屋。3代を継ぐ職人の変わらぬ味を誇る。

☎02-733-1946 ◆M3号線安国駅6番出口から徒歩6分 ㊙鍾路区仁寺洞キル30-1、2F 종로구인사동길30-1,2F ⊙11:00〜20:00（ピンスLO19:00、ドリンクLO19:30）㊡無休 E E

↑2023年8月に移転し、仁寺洞メイン通りに再オープン

↑カボチャシッケ W6300（手前）、モナカ各 W3300（奥）

↑テーブルや壁の落書きは、この店のちょっとした名物

黄昏どきには夕陽が差し込みロマンチックな風景

北村韓屋村を歩き、現代アートを鑑賞

# 三清洞・北村

삼청동 サムチョンドン ～ 북촌 プッチョン

ソウル駅・
Nソウルタワー
ロッテワールドタワー

タイムスリップしたような古い街並みと最先端がわかる現代アートの発信地。ソウルの新旧が入り交じり共存する、洗練された雰囲気を満喫したい。

MAP 付録P.18

## ゆったりと時間をとって散策したい
## 歴史と芸術が息づく大人の街

　景福宮の東側、仁寺洞の北側に広がる一帯は三清洞と呼ばれる閑静なエリア。山、水、人情の3つが清らかな場所、という意味があるとされている。景福宮に沿って延びる三清洞通りは、石畳と街路樹できれいに整備された通り。モダンアートのギャラリーや博物館、センスの良いカフェやショップが連なる。さらに東側の北村路周辺に広がるのが北村韓屋村だ。李朝時代の貴族が暮らした築数百年の伝統家屋・韓屋がひしめき合い、入り組んだ迷路のよう。ソウル市が選定した「北村八景」を参考にそぞろ歩くと景色の良い場所を効率良く巡ることができる。始めに「北村まちの案内所」で日本語のパンフレットを手に入れておくとよい。また、坂道が多く駅から離れているので、歩きやすい靴がよい。

### 交通

Ⓜ3号線 安国駅
Ⓜ3号線 景福宮駅

北村の情報をゲット

## 北村まちの案内所

북촌한옥마을안내소
プッチョンハノクマウルアンネソ

MAP 付録P.18 C-2

北村韓屋村の日本語地図も配布しているので、ここで地図をもらってから北村八景散歩に繰り出そう。

☎02-2148-4151 ⊗Ⓜ3号線安国駅2番出口から徒歩7分 ㉐鍾路区北村路5キル38 종로구 북촌로 5 길 38 ㉕10:00～17:00 ㉖日曜 ㉘無料

国立民博物館
P.129

景福宮
P.122/
P.128

韓国現代アートの集大成

## 国立現代美術館ソウル館

국립현대미술관 서울관
クンゴッヒョンデミスルグァンソウルグァン

MAP 付録P.18 B-2

韓国現代アートの中心地。メディアアート、写真、工芸など多様なジャンルのアート作品を展示。館内には映画館やカフェ、レストランも併設。

☎02-3701-9500 ⊗Ⓜ3号線景福宮駅5番出口から徒歩8分 ㉐鍾路区三清路30 종로구 삼청로 30 ㉕10:00～18:00(水・土曜は～21:00)最終入館は各1時間前 ㉖無休 ㉘常設展無料 Ⓔ

建春門

©Myung yu-shik

⬆広大で緑豊かな敷地に建つ

⬆北村四景。瓦屋根が歴史を感じさせる

グルメ＆カフェ

ショッピング

歩いて楽しむ

エンターテインメント

ビューティ＆ヘルス

ホテル

## 北村韓屋村
북촌 한옥마을

朝鮮王朝時代に王族が住んでいた伝統家屋が残るエリア。近くに景福宮もあり、歴史情緒を感じる

三清洞通り

北村八景

北村七景

北村六景

北村韓屋村

北村五景

北村四景

中央高校

北村五景と六景は同じ路地のことで、上りか下りかで名称が変わる

北村路

北村三景

正読図書館

嘉会民画博物館 ★

紅葉の時期には街路樹が黄色く染まり見た目も美しい栗谷路3ギル

P.126
北村まちの案内所

ソウル斎洞小学校

★ 国立現代美術館ソウル館

栗谷路3ギル

憲法裁判所

徳成女子高校

徳成女子中学校

ソウル工業博物館

北村一景

利パ

現代ビル

3号線

カフェ・オニオン
P.36

安国駅

コッパペビダ
P.80

ナインツリープレミア

サムジギル
P.124

曹渓寺
P.123

仁寺洞マル

通仁カゲ P.107

ソンビ仁寺洞

オラカイ・スイーツ

N

0　100m

仁寺洞

5号線

楽園商街

益善洞

鍾路3街駅

# 北村八景
북촌팔경
プッチョンパルギョン

景福宮と昌徳宮の間にある北村韓屋村の中にある、8つのフォトスポットのこと。すべてまわると3時間弱かかるがスポットごとに異なる景色は一見の価値あり。

北村二景

↑北村五景は北村韓屋村でも特に人気があるフォトスポット

韓国の伝統文化の息吹を感じる

## 嘉会民画博物館

가회민화박물관　カフェミヌァパンムルグァン

MAP 付録P.19 D-1

1500点に及ぶ美術品の数々は受け継がれてきた韓国の伝統や文化、風俗とともにどこか懐かしさも感じられる。民画体験などもできる（要予約）。

☎02-741-0466 ⊗Ⓜ3号線安国駅2番出口から徒歩15分 ⑰鍾路区 北村路 52、B1　종로구 북촌로 52、B1 ⑲10:00～18:00（12～2月は～17:00）入館は40分前、体験は各1時間前 ⑭月曜 ⑭W5000～ 🈹

↑都会の喧騒を忘れさせる穏やかな雰囲気

⬆韓流の時代劇ドラマの舞台にも登場

ソウルの歴史が詰まったパワースポット！

## 華麗なる王朝の歴史
# 李朝の史跡を歩く
### 朝鮮王朝時代の優雅な文化を伝える、ソウルのレトロな王宮を巡ってみよう。

朝鮮王朝の最初の王宮
5大王宮で最も壮大な美しさ
## 景福宮
경복궁 キョンボックン
三清洞 **MAP**付録P.18 B-2

李氏朝鮮王朝の創始者・李成桂が1395年に創建した正宮。風水思想に基づいて白岳山麓に造営され、数百棟もの殿閣が立ち並んでいた。豊臣秀吉による文禄の役(1592年)のとき、建物の大部分が焼失。離宮の徳寿宮に正宮が移され、景福宮は荒廃。1868年に再建を果たしたが、1896年に26代国王・高宗が政務の場所をロシア公館に移して以降、正宮には戻らなかった。1910年の日韓併合後には、多くの建物が撤去され、日本の朝鮮総督府が置かれた。現在、再建当時の姿に戻す復元工事が進行中。すでに、正殿の勤政殿や庭園などが見学可能。

☎02-3700-3900 ⊗Ⓜ3号線景福宮駅5番出口からすぐ 鐘路区社稷路161 종로구 사직로161 ⏰9:00～18:00(6～8月は～18:30、11～2月は～17:00)最終入場は各1時間前 火曜 W3000(毎月最終水曜は無料) J
【日本語無料ツアー】10:00、14:30(所要約60分)

### information

● 古宮巡りのための総合観覧券　景福宮、昌徳宮(秘苑含む)、昌慶宮、徳寿宮の4大宮と宗廟の5カ所に入場できる総合観覧券(W1万)を各窓口で販売。昌徳宮の秘苑はW8000かかるので、秘苑と景福宮に行く際などにお得。購入日から3カ月間有効。
● 韓服を着ていくと入場料は無料　韓服をレンタルして古宮を見学しよう。韓服を着て行けば、景福宮、昌徳宮、昌慶宮、徳寿宮の入場料が無料になる。歴史建築が集まる古宮は韓服の撮影には絶好のスポット。

⬇ライトアップで浮かび上がる光化門

### 厳かな儀式を見学
# 守門将交代式
朝鮮王朝時代に王宮の門の開閉や警備などを担った守門軍の交代儀式を再現。光化門前で火曜を除く毎日、10時と14時の1日2回実施。終了後、華やかな伝統衣装に身を包んだ演者との写真撮影もできる。

興礼門
흥례문 フンレムン

正門(光化門)から正殿(勤政殿)へ向かう途中にある門のひとつで、2001年に再建された。2層の屋根を持つ豪壮な造り。この門から先が有料エリア。

⬆交代式の見学はこの門の前で

⬆白岳山麓の広大な敷地に広がる景福宮。敷地内には国立古宮博物館や国立民俗博物館がある

## 国立古宮博物館
### 국립고궁박물관 クンニッコグンバンムルグァン

ソウルの古宮で所有していた朝鮮
王室の文物など約4万点を収蔵。宮
中を飾った美術品や調度品、衣装
や生活品など王室の暮らしぶりや
古宮の建築についても詳しく紹介。
☎02-3701-7500 Ⓜ3号線景福宮駅5番出
口からすぐ 所鍾路区孝子路
12 所鍾路区孝子路 종로구 효자로
最終入場は各1時間前 休無休 料無料 J E
10:00～18:00(水・土曜日は～21:00)

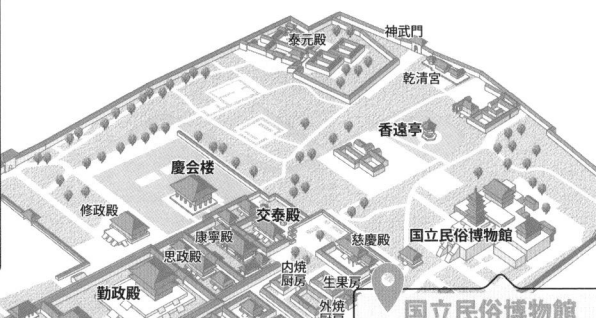

## 国立民俗博物館
### 국립민속박물관 クンニッミンソッバンムルグァン

韓民族の暮らしや文化を紹介する博
物館。先史時代から近代までの衣食
住や職業、芸術文化、祭礼などにつ
いて模型を活用しながら紹介。
☎02-3704-3114 Ⓜ3号線安国駅1番出
口から徒歩15分 所鍾路区三清洞 37 종로구
삼청동 37 開9:00～18:00(月により変動あ
り) 休無休 料無料 J E

グルメ&カフェ

ショッピング

歩いて楽しむ

エンターテインメント

ビューティ&ヘルス

ホテル

## 勤政殿
### 근정전 グンジョンムン

国家行事を執り行う景福宮の正
殿で、現存する韓国最大の木造
建築。中央に玉座を備え、龍の
天井画など随所に華麗な装飾が
見られる。1867年再建。

## 交泰殿
### 교태전 キョテジョン

景福宮でも特に美しい装飾が施さ
れた王妃の住まい。建物裏手に庭
園の峨眉山が広がる。1994年復元。

## 康寧殿
### 강녕전 カンニョンジョン

1395年に創建された国王の居室。
中央に国王の寝室、周囲に女官が宿
直する小部屋が並ぶ。1994年復元。

## 香遠亭
### 향원정 ヒョンウォンジョン

香遠池の中央に建つあず
ま屋。池と六角形のあずま
屋、緑の織りなす風景が美
しい。紅葉シーズンもおす
すめ。

## 慶会楼
### 경회루 일반공개 キョンフェル イルバンコンゲ

太宗が1412年に創建した楼閣。池
の小島に建ち、国王の列席する宴
会や外国特使の接待に利用された。
文禄の役で焼失し、1867年に再建。

香遠亭とともに人気の
絶景スポット!

5大宮で唯一の世界遺産建築
韓国伝統様式の優美な庭園も必見

# 昌徳宮

창덕궁　チャンドックン
三清洞 **MAP** 付録P.19 E-2

3代国王・太宗が景福宮の離宮として
1405年に創建。1592年の文禄の役の
際に大半を焼失した。1615年に再建
後、同年に焼失した景福宮が復興した
1868年まで正宮とされた。正殿の仁
政殿など、保存状態の良い13棟の木造
建築が残り、世界遺産に登録された。
☎02-3668-2300 Ⓜ3号線安国駅3番出口
から徒歩5分 Ⓐ鍾路区栗谷路99 종로구율곡로
99 Ⓗ9:00～18:00（6～8月は～18:30、11～1
月は～17:30）※秘苑は異なる Ⓗ月曜 Ⓦ3000
（毎月最終水曜は無料）ⒿⒺ 【日本語ツアー（有料。
入場料＋Ｗ5000）】昌徳宮11:00（所要約60分）、
後苑13:30（所要約90分）

↑保存状態の良い、鮮やかな色彩の伝統建築が立ち並ぶ

### 仁政殿
인정전 インジョンジョン

王の即位式など国の重要
行事を行う正殿。2層に見
えるが中は吹き抜け。朝鮮
王朝末期の建築様式。

↑1412年に創建された敦化門はソウル最古
の木造門

### 秘苑
비원 ビウォン

多くの楼閣や池が点在す
る広大な庭園。野山や谷な
ど自然の地形を生かし、四
季折々の美しい風景を見
せる。見学はガイドツアー
のみ（要別料金）。

---

ソウルで3番目に建造された宮殿
退位後の国王夫人が暮らした

# 昌慶宮

창경궁　チャンギョンクン
鍾路 **MAP** 付録P.19 F-2

前身は3代国王・太宗が退位後に住んだ
寿康宮。1483年に9代国王・成宗が、祖
母や母の暮らす宮殿として増改築した。
文禄の役のときに焼失し、1616年に再
建されている。その後も焼失が続き、
日本統治時代には敷地内に動植物園や
博物館が造られた。正殿の明政殿や弘
化門が再建時のまま残り、1986年には
宮殿の大規模な復元工事が完了した。
☎02-762-4868 Ⓜ4号線恵化駅4番出口か
ら徒歩15分 Ⓐ鍾路区昌慶宮路185 종로구창경
궁로185 Ⓗ9:00～21:00（最終受付20:00）
Ⓗ月曜 Ⓦ1000 Ⓙ

### 明政殿
명정전 ミョンジョンジョン

即位式などを行った昌慶
宮の正殿。1616年の再建
時の建物で、現存する韓国
の王宮で最古の政殿。

### 観天台
관천대 クァンチョンデ

1688年に造られた天文観
測台。石造りの台の上には
星を観測するための器具
が据えられていた。

↓明政殿に続く回廊。韓流ドラマの主人公が登場しそう

↑1616年の再建当時の姿を残す弘化門

## 韓国伝統建築と西洋建築が混在
## 小規模ながら建築は多種多彩
# 徳寿宮
덕수궁　トクスグン

市庁駅前 **MAP** 付録P.6 B-4

元は9代王・正宗の兄の月山大君の私邸。景福宮が焼失した直後の1592年から23年間、仮の宮殿とされた。1897年に26代王・高宗が再び住まいとし、初代大韓帝国皇帝に就任している。高宗は建物を大改造し、西洋建築や電灯などの西欧文明を積極的に取り入れた。退位後も高宗はここに住み、徳寿宮と改名した。

☎02-771-9951 ⊛Ⓜ1、2号線市庁駅2番出口から徒歩1分 ⊛中区世宗大路99 중구세종대로99 ⊛9:00〜21:00 ⊛月曜 ⊛W1000
Ⓙ Ⓔ ▱

 西洋建築と韓国伝統建築が混在する李朝末期の姿を残す

### 中和殿
충화전　チュンファジョン

李朝末期の1902年に創建された正殿。1904年の大火で焼失し、2年後の1906年に再建。天井には皇帝の権威を示す龍が刻まれている。

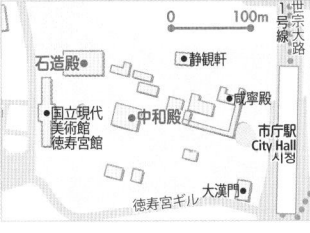

### 石造殿
석조전　ソッチョジョン

1910年に完成した新古典主義様式の建物で、英国人技師の設計。現在は大韓帝国歴史館に利用。

 大漢門の前では守門将交代式を見学できる

## 李朝後期の離宮のひとつ
## 周辺の公園散策もおすすめ
# 慶熙宮
경희궁　キョンヒグン

鍾路 **MAP** 付録P.6 A-3

15代王・光海君が1623年に造営した離宮。完成前に光海君は追放され、次代・仁祖から約280年間、10代の王が住まいとした。創建時には100棟余の殿閣が並んでいたが、日本統治時代に多くが取り壊され移転。跡地に京城中学校(現ソウル高校)が設置された。近年、正殿の崇政殿とその周辺の建物が復元され、現在無料で一般公開している。

☎02-724-0274 ⊛Ⓜ鍾路区セムナン路45 종로구 새문안로 45 ⊛5号線西大門駅4番出口から徒歩10分 ⊛9:00〜18:00 ⊛月曜 ⊛無料

### 崇政殿
숭정전　スンジョンジョン

国家行事が行われた慶熙宮の正殿。現在の建物は近年の復元。天井に2匹の龍の彫刻が見られる。

### 資政殿
자정전　チャジョンジョン

国王が臣下と会議をするなど、日常業務を行った建物。正殿よりは簡素な造り。1980年代に再建。

新羅ホテルから宮殿内に戻された興化門

慶熙宮の周辺は散策路を設けた公園に整備されている

グルメ＆カフェ

ショッピング

歩いて楽しむ

エンターテインメント

ビューティ＆ヘルス

ホテル

### 正殿
정전 チョンジョン

宗廟の正殿。横長に並ぶ19の部屋に、王と王妃の位牌49位を祀る。全長は101mで、同時代の単一木造建築では最大規模とされる。各部屋の扉（板門）は、祭礼の日以外は閉ざされている。

位牌を祀る部屋の扉には魂の通る隙間がある！

## 飾り気のない簡素な建築群に霊廟の神聖なムードが漂う

# 宗廟
종묘 チョンミョ

益善洞 **MAP**付録P.19 F-3

朝鮮王朝歴代の王と王妃の位牌を祀る霊廟。李朝創始者の太祖が、1395年に景福宮とともに創建した。王と王妃の位牌を祀る正殿は、位牌が増えるたびに増築されたため横長の造り。王宮祭祀も行われる神聖な場所で、現在も毎年5月に宗廟祭礼が催される。自由観覧日の土曜以外は定時のガイドツアー（所要約60分）で見学できる。

☎02-765-0195 🚇1、3、5号線鍾路3街駅11番出口から徒歩3分 🏠鍾路区鍾路157 종로구종로 157 🕘9:00〜18:00（月により異なる）❌火曜 🎫W1000（毎月最終水曜は無料）Ｊ Ｅ

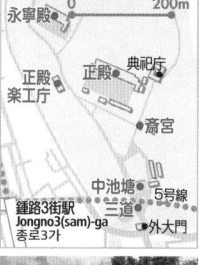

↑正門の蒼葉門は宮殿の門と比べるとシンプルな造り

### 正殿楽工庁
정전악공청 チョンアッコンチョン

宗廟大祭のときに、演奏や舞踊を担当する楽士らが待機し、準備を行う場所。

### 三道
삼도 サムド

正門から続く3本の道。一段高い中央の道は神が通る「神香道」、向かって右が王の通る「御路」、左は皇太子が通る「世子路」。

### 中池塘
중연지 チュンジダン

1443年に造営された人工の池。四角い池は地を、丸い中島は天を表し、両者が調和することで平和を象徴しているという。

### 永寧殿
영녕전 ヨンニョンジョン

正殿に祀られていなかった王の位牌を安置する別廟で1421年の創建。16室に34位の位牌を安置する。

### 斎宮
재궁 チェグン

王と皇太子が祭礼の前に身を清めたり、準備をしたりする部屋。沐浴をして心身を清浄な状態にした。

グルメ&カフェ

ショッピング

歩いて楽しむ

エンターテインメント

ビューティ&ヘルス

ホテル

# もっと歴史を感じたい！
# 街なかに残る
# 王都の面影

王宮のほかにも李氏朝鮮時代に関係する歴史スポットが点在。街歩きの途中で立ち寄ってみよう。

周辺は市民の憩う公園に整備されている

## 豊作と国家の安泰を祈る
## 国家の祭礼が行われた
### 社稷壇

사직단　サジッタン
社稷 MAP 付録P.6 A-2

李朝時代に国家の重要祭祀が行われた場所。李朝を建国した太祖が景福宮の東側に宗廟を、西側に社稷壇を配置した。土地神を祀る「社」と穀物神を祀る「稷」の2つの方形の祭壇が並び、王朝時代に五穀豊穣と国家平安のための祈りが捧げられた。

☎02-2148-4149(鐘路区庁) Ⓜ3号線景福宮駅1番出口から徒歩5分 ⑰鍾路区社稷路 89　종로구 사직로 89 休⑰見学自由

↑2重の柵に囲まれ、間近では見られない

## ショッピング街に建つ
## 歴史と風格を感じる門
### 東大門

동대문　トンデムン
東大門 MAP 付録P21 D-1

李朝時代にソウルを取り囲んでいた城郭の東の入口に設置された門。正式には興仁之門といい、東西南北の門にそれぞれ、仁義礼智の文字が含まれていた。創建は1396年で、現在の門は1869年の再建。半円形の城壁が門を守るようにして築かれている。

☎なし Ⓜ1、4号線東大門駅9番出口からすぐ ⑰鍾路区鍾路288　종로구종로288 休⑰見学自由

↑ライトアップされた東大門。現在は東大門市場や商業施設が集まり夜まで賑やかだ

## 影の王宮となった国王の実家
## 韓服の着付け体験も楽しめる
### 雲峴宮

운현궁　ウニョングン
鐘路 MAP 付録P.19 D-3

26代国王・高宗の父・興宣大院君の私邸。高宗が12歳で即位するまで暮らし、即位後は興宣大院君が摂政となってここで政務を取り行った。執務室兼住居の老安堂などが残り、調度品や生活用品を展示して当時の生活を再現。

☎02-766-9090 Ⓜ3号線安国駅4番出口から徒歩1分 ⑰鍾路区三一大路464　종로구삼일대로464 開9:00～12:00 13:00～18:00 休月曜 ⑰無料 JE

↑当時の敷地は現在よりも相当広かった

## 大都会・江南の中心に建つ古刹
## 高さ23mの弥勒大仏がある
### 奉恩寺

봉은사　ボンウンサ
江南 MAP 付録P.13 E-2

新羅時代の794年創建の見性寺が前身。1498年に9代国王・成宗の王陵(宣陵)を守護する寺院に改築した際、奉恩寺に改名。約20棟の仏教伽藍が建ち、本堂の大雄寺や境内最古の建築・板殿、国内最大の弥勒大仏などが立つ。

☎02-3218-4827 Ⓜ9号線奉恩寺駅1番出口から徒歩5分 ⑰江南区奉恩寺路531　강남구봉은사로531 開5:00～22:00 休無休 ⑰無料

↑高層ビルの林立する江南にある静寂の場。伽藍の多くは1939年の火災後に再建された

## 広大な公園にある2基の陵墓
## 人気ドラマの登場人物も眠る
### 宣陵／靖陵

선릉／정릉　ソルルン・チョンヌン
江南 MAP 付録P.13 D-3、E-3

宣陵は9代国王・成宗とその継妃(後妻)・貞顯王后の墓。靖陵は成宗と貞顯王后の子で、韓国ドラマ『宮廷女官チャングムの誓い』に登場する11代王・中宗の墓。韓国のほかの37基の陵墓とともに世界遺産に登録されている。

☎02-568-1291 Ⓜ2号線、盆唐線宣陵駅10番出口から徒歩5分 ⑰江南区宣陵路100キル1　강남구선릉로100길1 開6:00～21:00(最終受付20:00)※月により異なる 休月曜 ⑰W1000

↑動物や人の石像が見守るようにして点在

# ソウルの歴史

朝鮮半島の変遷をたどり、韓国への理解を深める

日本に最も近い隣国であり、古くから深い関わりを持ってきた韓国。
李氏朝鮮王朝の都が置かれたソウルには、歴史を物語る見どころが多数。

## 高句麗・新羅・百済が鼎立
### 三国時代

4～7世紀にかけて、朝鮮半島では高句麗、新羅、百済の三国が鼎立し、互いに覇権を争っていた。なかでも半島北部に広大な領土を有していた高句麗は、391年に即位した広開土王・長寿王の時代に最盛期を迎え、6世紀末～7世紀には隋からの遠征軍を幾度も撃退した。その後、中国が隋から唐の時代へ移ると、唐と結んだ新羅が勢力を拡大。660年に百済、668年に高句麗を滅ぼし、三国時代は終焉を迎える。

## 朝鮮半島で最初の統一国家
### 統一新羅時代

676年、新羅によって朝鮮半島初の統一がなされると、唐を手本とした律令体制が整備され、国家の保護のもとで仏教文化が花開いた。しかし、8世紀後半から王位継承をめぐる争いが勃発し、飢饉や疫病も重なって国家は疲弊。骨品制と呼ばれる身分制度への人々の不満も噴出し、王権は力を失っていく。やがて有力な地方豪族が台頭し、後百済、後高句麗が新羅から分裂。三国を中心とする後三国時代となる。

## コリアの語源となった王朝
### 高麗王朝

多数の豪族たちが群雄割拠するなか、頭角を現したのが王建である。918年に高麗王朝を創設し、935年に新羅を併合。翌年には後百済を支配し、朝鮮半島を統一する。仏教を手厚く保護し、中央集権化を推進。国家試験の科挙を導入し、文班と武班による両班官僚体制を確立する。独自の文化が発展した時期でもあり、美しい高麗青磁が有名。なお、英語の「コリア」は高麗（コリョ）に由来するといわれている。

## 元の属国となった高麗
### 元の襲来

1231年、元が高麗へ侵攻。高麗は抵抗を続けるが、1259年に属国となり、1273年には完全に鎮圧される。その後、元と高麗の連合軍は2度にわたり日本を攻撃するも失敗。日本では「文永・弘安の役」として知られる。

○日本でも有名な福岡県の石でできた防塁。「文永・弘安の役」で活躍

○高麗の王に即位した李成桂の肖像画

## 王朝500年の華やかな歴史
### 李氏朝鮮王朝の成立

14世紀になると、元では紅巾の乱と呼ばれる農民反乱で国が乱れ、反乱軍に加わった朱元璋が明を建国。高麗は1356年に元から独立を果たすも、国内では親元派と親明派が対立。さらに倭寇の活動にも悩まされ、国力は弱体化していた。そんな状況下、倭寇の撃退などで名をあげた李成桂がクーデターを起こし、1392年に自ら高麗の王に即位。国号を朝鮮と改め、1910年の日韓併合まで500年以上続く朝鮮王朝が成立する。成桂は開城から漢城（現ソウル）へ都を移し、国家の学問として儒学を奨励。特に朱子学が重んじられ、仏教は排斥されていく。ソウル市内には、王朝時代の名残を伝える歴史スポットが点在。景福宮をはじめとする5大王宮はぜひ見ておきたい。▶P128

| 200 | 300 | 400 | 500 | 600 | 700 | 800 | 900 | 1000 | 1100 | 1200 |
|---|---|---|---|---|---|---|---|---|---|---|
| 新羅（前356～935） | | | | | | | | | | 高麗 |
| | | 百済（346～660） | 513～ 五経博士を日本へ | | 676 新羅の朝鮮半島統一 | | | 963 宋に服属 / 994 契丹に服属 / 両班制が確立 | 1126 金に服属 / 1170 鄭仲夫のクーデタ | 1196 崔氏の軍事独裁 / 1231 「八萬大蔵経」 / 1251 元が朝鮮半島に侵攻 / 1259 元に服属・復元 |
| 高句麗（前37～668） | 391 好太王 | | | | | | | | | 承久の乱 |
| 同時期の日本 | 百済使者来日 | | 十七条憲法 / 大化の改新 | 大宝律令 | 遣唐使廃止 | 承平・天慶の乱 | 白河上皇院政 / 保元・平治の乱 | 鎌倉幕府 | | |

### ハングル文字を生み出した名君
## 世宗大王の時代

朝鮮王朝の歴代国王のなかで最も尊敬を集めているのが、第4代国王の世宗。儒教に基づく安定した政治を進めたほか、農業や科学技術の発展に尽力するなど多彩な分野で功績を残した。なかでも注目すべきは、ハングル表記の原型となる文字体系『訓民正音』を公布したこと。難しい漢字とは異なり、広く民衆が使用できる画期的な文字で、その後の朝鮮半島の文化に多大な影響を与えた。

●光化門駅の前にたたずむ世宗の銅像

### 秀吉の朝鮮出兵が残した傷跡
## 壬辰倭乱からの動乱

16世紀末、朝鮮王朝に大きな打撃を与えたのが、豊臣秀吉による2度の朝鮮出兵である。日本では「文禄・慶長の役」というが、朝鮮では「壬辰・丁酉の倭乱」と呼ばれている。当初は日本が優勢だったが、明からの援軍や李舜臣が指揮する朝鮮水軍の活躍などにより形勢は逆転。秀吉の死により日本は撤退したものの、朝鮮の国土は著しく荒廃し、人口は激減した。7年に及んだ戦争は朝鮮に暗い影を落とし、大軍を送り込んだ明も次第に国力を喪失。その後、清が台頭するきっかけとなった。17世紀前半には清が朝鮮に攻め入り、朝鮮は清の属国となる。

### 日本が朝鮮半島を支配下に
## 江華島事件と日本併合

1875年、江華島付近を測量中だった日本軍艦に向け、朝鮮が砲撃するという事件が発生。これを機に日本は朝鮮に不利な日朝修好条規を締結し、鎖国政策をとっていた朝鮮は日本に対して開国を余儀なくされる。一方、朝鮮王朝に不満を募らせた農民たちが蜂起して甲午農民戦争を起こすと、朝鮮での覇権を争っていた日清両国が派兵し、やがて日清戦争へと発展。日本の勝利により朝鮮は清の冊封体制から離脱し、国号を大韓帝国と改める。その後、日露戦争に勝った日本は韓国における権利をロシアに認めさせ、漢城に統監府を設置。1910年に韓国を併合する。

### 独立運動の波が朝鮮全土へ拡大
## 三一独立運動

日韓併合により大韓帝国は消滅し、朝鮮総督府が置かれて朝鮮は日本の植民地となった。これに対して朝鮮での反日意識は日増しに高まり、1919年3月1日、大規模な独立運動へと発展する。宗教指導者ら33人による独立宣言の発表をきっかけに、京城のタプコル公園には独立を叫ぶ民衆が集結。独立運動は朝鮮各地へ広がり、日本は武断政治から文治政治へと転換を迫られた。

●タプコル公園内の八角亭。ここで数千人の市民を前に、独立宣言が発表されたという

### アメリカとソ連による分割占領
## 大韓民国の成立

1945年8月、日本の敗戦によって朝鮮は植民地支配から解放されたが、アメリカとソ連による分割占領が始まった。北緯38度線を境に南にはアメリカ、北にはソ連が進駐し、それぞれ異なる政治体制のもとに置かれた。1948年5月、南側で単独選挙が行われ、8月に大韓民国が誕生して李承晩が大統領に就任。翌9月、北側には金日成率いる朝鮮民主主義人民共和国が成立した。

●李承晩の銅像。大学路にある「梨花荘」というかつての李承晩の自宅に祀られている

### 現在も戦争状態が継続
## 朝鮮戦争

1950年6月25日、北朝鮮が北緯38度線を越えて韓国を攻撃したのが朝鮮戦争の始まり。間もなく北朝鮮はソウルを占領し、半島南部の釜山付近まで迫った。これに対して、アメリカを中心とする国連軍の支援を受けた韓国が反撃し、ソウルを奪還。さらに平壌を制圧して中国国境付近まで兵を進めた。すると、中国が義勇兵を北朝鮮へ派遣して参戦し、戦況は泥沼化。やがて膠着状態に陥り、1953年に休戦協定が結ばれた。犠牲者は民間人を含めて数百万人にのぼるといわれ、朝鮮半島の国土は疲弊。現在も講和には至っておらず、法的には戦争状態のままである。

| 1400 | 1500 | 1600 | 1700 | 1800 | 1900 | 2000 |
|---|---|---|---|---|---|---|
| | | 李氏朝鮮 | | | | 大韓民国 |

1392 李成桂、朝鮮建国
1418 世宗が王位に就く
1446 『訓民正音』施行
1498 戊午の士禍
1592 壬辰倭乱（文禄の役）
1597 丁酉倭乱（慶長の役）
1609 日朝己酉約条
1643 中国からキリスト教伝来
1791 洋学を禁止
1811 平安道農民戦争
1866 キリスト教弾圧
1872 大院君失脚・閔氏政権に
1873 大飢饉
1894 甲午農民戦争 江華島事件
1919 三一独立運動
1950 朝鮮戦争
1953 朝鮮休戦協定
1980 光州事件

日本統治時代 / 朝鮮民主主義人民共和国

室町幕府
織田信長入京
豊臣秀吉関白
江戸幕府
生類憐みの令
享保の改革
寛政の改革
天保の改革
明治維新
日清戦争
日露戦争
日米和親条約
関東大震災

135

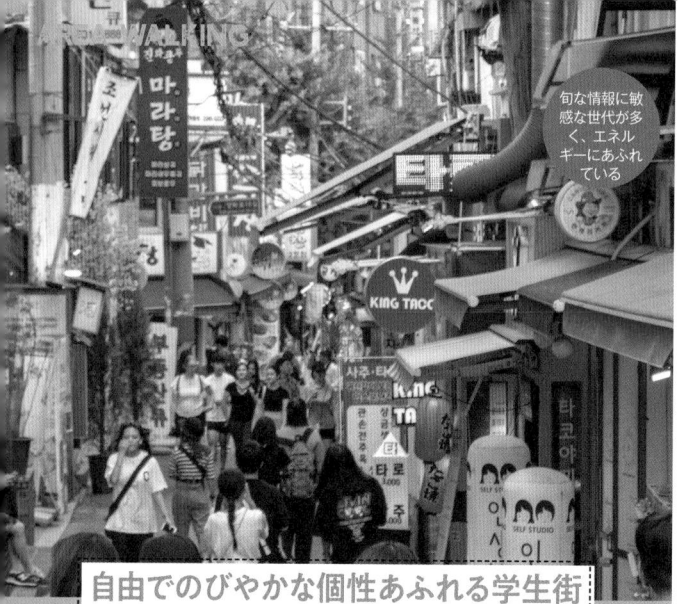

旬な情報に敏感な世代が多く、エネルギーにあふれている

自由でのびやかな個性あふれる学生街

# 弘大

홍대  ホンデ

ソウル駅
Nソウルタワー
ロッテワールドタワー

美大の自由な気風に誘われて、
個性的なカフェやショップが多い。
ソウルの若者が牽引するカルチャーは、
いつ訪れてもエネルギッシュ!

**MAP** 付録P.10

**名門芸術大学の周辺に形成された
アートとサブカルの若者文化圏へ**

　韓国一の美術大学である弘益大学があることから、弘大の通称で親しまれる。新しいものや個性的なものを街全体で受け入れる土壌があり、アートやサブカルなどの若者文化が元気な街だ。メインストリートであるオウルマダンキルは、「歩きたい通り」と呼ばれ、道沿いにはカフェやグルメ、ファッションにアクセサリーの店がずらりと並び、路上ライブも盛ん。弘益大学正門の向かいにある弘益公園では、毎週末にフリマを開催。手作りアクセサリーや衣類だけでなく、似顔絵や歌、ダンスのパフォーマンスもあり、大勢の人で賑わう。ここから西南に向かうと、ナイトクラブやライブハウスが密集するエリア。昔から弘大といえば若者の夜遊びスポットというイメージが強く、週末の夜は活気に満ちている。

**交通**

Ⓜ2号線、京義・中央線、
空港鉄道　弘大入口駅

---

**ノーシュガーデザートカフェ**
# フィロ・ベーカリー

필로베이커리 Filo Bakery

**MAP** 付録P.10 B-2

砂糖のかわりにステビアを使っており、カロリーは砂糖の半分程度。糖度も低いのでダイエット中の人にもうれしいスイーツを提供する。

☎02-6084-7779 Ⓜ京義・中央線、2号線弘大入口駅8番出口から徒歩3分 ㊟麻浦区弘益路2キル27-22、2F　마포구 홍익로2길 27-22,2F ⏰13:00～20:00(日曜は～19:00) ㊡無休 Ⓔ Ⓒ

↑リボン装飾や鏡が多くヒップな感性の店内

🄐チェリーチーズケーキW5800(左)、イチゴラテ(中)、チョコプリンカップケーキ各W6800(右)
🄑ワンちゃんイチゴプリンカップケーキW6800

---

**話題のデザイナーズトート**
# ディパウンド・ショールーム

드파운드 쇼룸 Depound Showroom

**MAP** 付録P.10 A-3

日本人客も多い、トートバッグの人気店。全体的にシンプルで取り入れやすく、それでいてデザインはさりげなくおしゃれ＆高品質。

☎070-4848-3226 Ⓜ2、6号線合井駅7番出口から徒歩7分 ㊟麻浦区トンマッ路19　마포구 독막로 19 ⏰12:00～20:00 ㊡無休 Ⓙ Ⓔ

合井駅　　ディパウンド・ショールーム

🄐淡いカラーのスマホケースW2万9000

↑スエードのなめらかな肌ざわりのトートW4万9000

グルメ＆カフェ

ショッピング

歩いて楽しむ

エンターテインメント

ビューティ＆ヘルス

ホテル

### 韓国芸能人も夢中の王道パン
# フハハクリームパン
평하하크림빵
**MAP** 付録P.10 B-2

6種類のクリームパンが人気のテイクアウト専門店。フランス式ブリオッシュ生地の中に、動物性生クリームやバターを使ったクリームがたっぷり！

☎0507-1401-6003 ⓍⓂ京義・中央線、2号線弘大入口駅3番出口から徒歩2分 ㋑麻浦区楊花路19キル22-25 마포구양화로19길22-25 ⓣ9:30〜22:00※売り切れ次第終了 ㋡無休 J J E E

**168cm★**

↑甘じょっぱい塩W3000（上）、香りのよい抹茶W3000（下）が人気のツートップ

### 24時間営業のスマホグッズ店
# 168cm
168센치 ベクヨッシバル
**MAP** 付録P.10 C-2

ユニークでかわいらしいデザインの雑貨を展開する韓国発ブランド。スマホケースに好きなパーツを付けて自由にカスタマイズもできる。

☎070-7734-9119 ⓍⓂ京義・中央線、2号線弘大入口駅3番出口から徒歩6分 ㋑麻浦区延禧路1キル51 마포구 연희로1길 51 ⓣ24時間 ㋡無休

↑無人店舗だが、日本語案内文があるので安心！

↑スマホケースW1万800〜（左）、アクリルグリップトックW4300〜（右）

↑ アマンティ

スッキル公園 ボアトラベルハウス Ｈ

★フハハクリームパン

弘大入口駅

新村路

弘大入口駅

□カカオフレンズ・ストアP.113

ビオク★

歩きたい通り

P.162 L7弘大 by LOTTE Ｈ

★フィロ・ベーカリー

P.20 京義線ブックストリート

長橋路

西橋小学校●

□アイ・アム・ジョイ P.99

●9ブリック

天主教西橋洞聖堂

Yanghwaro

弘益路 Hongikro

臥牛山路 Wausanro

●ナンタ弘大劇場

弘益公園●

芸術家、音楽家が多く集う弘益大学。週末は多くの若者で賑わう

臥牛山公園

新村延世病院 Ｈ

西江大駅

新村・梨大

空港鉄道A'REX

京義・中央線

KT&Gサンサンマダン □

駐車場通り

●弘益大学

### 個性豊かな生活雑貨が勢揃い！
# ビオク
비옥 BEOK
**MAP** 付録P.10 C-2

独特なセンスが光る若い韓国作家による雑貨が150ブランド以上揃うセレクトショップ。インテリアグッズから日用品までラインアップも幅広い。

☎070-7789-0818 ⓍⓂ京義・中央線、2号線弘大入口駅7番出口から徒歩2分 ㋑麻浦区臥牛山路29キル48-24 마포구와우산로29길 48-24 ⓣ10:00〜22:00 ㋡無休

上水駅

←「均衡感覚」のウサギぬいぐるみのキーリングW4万2000

↑新作も随時入るので、好みのアイテムがきっと見つかる

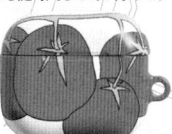

←「ミニミニ」のトマトAirPodsケースW2万1000

学生街なので
プチプラグッ
ズショップな
ども多い

**2つの有名私大が隣り合う学生街**

# 新村・梨大

신촌 シンチョン ～이대 イデ

★ ソウル駅
・Nソウルタワー
・ロッテワールドタワー

**ソウルの大学生の日常がわかる、
若いエネルギーがあふれる2つの街。
プチプラショッピングと街歩きをしつつ、
学生の最新トレンド観察も楽しい。**

MAP 付録P.11

**学生たちのグルメスポット・新村と
リーズナブルな買い物が楽しい梨大**

　新村の延世大学と梨大の梨花女子大学は、韓国でも屈指の名門私立大学。この2校は約1kmしか離れておらず、周辺にそれぞれ特徴的な文化圏をつくり上げている。2号線の新村駅から北に延びる延世路周辺は、コスパ良好でボリューミーな飲食店街や居酒屋街が広がり、おいしいサムギョプサルやマッコリを求めて、学生や会社帰りのサラリーマンが集う。新村路を東にまっすぐ行くと、京義・中央線新村駅の前に出る。駅の周辺には百貨店やスーパー、また新しい複合商業施設・ボックスクエアもあり、注目を集める。さらに東に進むと梨大へ。女子大だけあり、大学～地下鉄駅を南北につなぐ通り沿いには若い女の子向けの店が並ぶ。服、靴、アクセサリー、コスメはもちろん、安くて実用的な文具や雑貨も揃う。

### 交通

Ⓜ2号線、京義・中央線 新村駅
Ⓜ2号線 梨大駅

---

特別な一杯を一日の締めくくりに
## バー・ティルト

바틸트　**Bar Tilt**

MAP 付録P.11 D-2

マイナーなカクテルからお店のオリジナルカクテルまでが味わえる知る人ぞ知るバー。その日の気分に合わせ、オススメカクテルを作ってくれることも。

☎02-322-8279 Ⓜ2号線新村駅2番出口から徒歩10分 ⍟西大門区延世路11キル27、2F 서대문구 연세로11길27,2F ☺18:30～翌2:00 ⊛無休 Ⓙ Ⓔ Ⓔ

↑日本語ができるバーテンダーがいる場合は、おすすめを聞いてみるのも◎

---

韓国でしか買えないもの多数
## ダイソー 新村本店

다이소 신촌본점

MAP 付録P.11 D-2

均一ではなくW1000～5000の価格帯のプチプラアイテムを多数取り揃える韓国版ダイソー。韓国限定のおみやげならKorean Traditionalコーナーへ。

☎02-335-6016 Ⓜ2号線新村駅8番出口から徒歩1分 ⍟麻浦区新村路90 마포구 신촌로90 ☺10:00～22:00 ⊛無休 🈶

→全4フロアにまたがる大型店舗！

←↓バラマキみやげにぴったりの韓国らしい商品も並ぶ

広興倉

グルメ＆カフェ

ショッピング

歩いて楽しむ

エンターテインメント

ビューティ＆ヘルス

ホテル

↑延世大学新村キャンパスはさまざまなドラマのロケ地として知られている

←韓国きっての名門女子大学。周辺には学生向けの居酒屋やショップが多い

梨花女子大学●

**梨大ショッピング通り**
이대 쇼핑 거리
女子受けバッチリで、お手ごろ＆かわいい商品が多数集まるエリア

京義・中央線

●延世大学

城山路

新村壁画トンネル

**新村駅**

★ボックスクエア

●滄川教会

★バー・ティルト

延世路

**サムギョプサル横丁**
삼겹살골목
西門市場の通称で、屋台が多く並ぶ市場になっている。夜になれば夜市に変わり多くの人で賑わう。

Ever8 レジデンス Ⓗ

ソウル大新小学校

●イエス!apM

2号線

●倉西小学校

新村路 Sinchonro

梨大駅

待ち合わせ場所として人気が高い梨大のランドマークビル

大興路Daeheungro

現代百貨店Ⓜ

**新村駅**
★
**ダイソー新村本店**

新村グランXi●

●滄川小・中学校

弘大

老姑山洞
体育公園

ソウルハンソ小学校●

**延世路**
연세로
学生街・新村を南北に貫くメインストリート。週末には歩行者天国になりイベントも開催される。

●大興第一教会

西江大駅

コンテナ型の文化スポット
# ボックスクエア
박스퀘어　**Boxquare**
MAP 付録P.11 E-2
京義・中央線新村駅前にできた、セレクトグッズショップや露店式グルメ店など約50の店舗が入る施設。中央の吹き抜けには椅子があるので休憩も可能。
☎02-3140-8371 Ⓜ京義・中央線新村駅1番出口から徒歩1分 所西大門区新村駅路22-5 서대문구 신촌역로 22-5 ⏰12:00～21:00 休店舗により異なる 🔲

↑1階の屋台フロアでは韓国料理が楽しめる

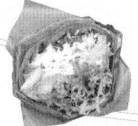

↑モッツァレラチーズクレープW6000

←韓国の菓子パン、ケランパン1個あたりW1000

↑鶏肉の辛味揚げ1カップW5000

6号線

外国人も多く異国情緒あふれるエリア。多国籍料理店も多い

異国情緒あふれる大人のトレンドタウン

# 梨泰院

이태원 **イテウォン**

ソウル駅・Nソウルタワー
ロッテワールドタワー・

アメリカ軍基地の影響が色濃く残り、現在でも多国籍な文化が共存する。洗練された街を歩きつつ買い物したり、グルメやナイトライフを楽しみたい。

**MAP**付録P.20下

## 多様なカルチャーが共生する
## 国際色豊かなおしゃれタウン

　戦前は日本軍の、戦後は米軍の基地があった関係で、在韓アメリカ人向けに発展した街。基地が縮小した現在でも、外国人が多く住み、各国料理店が並ぶ。ランドマークのハミルトンホテルにイスラム教のモスク、皮革専門店やアンティークストリートなど多様な文化が共存。洗練された街並みはソウルでも唯一無二のインターナショナルな雰囲気だ。このあたりは夜遊びスポットとしても人気で、年齢層の若い弘大と比べて、外国人や大人向けのおしゃれなナイトクラブが多い。梨泰院の西隣の駅・緑莎坪駅と南山公園をつなぐ経理団通りとその周辺は、最近話題の注目エリア。感度が高めで個性的なショップやレストランが続々と誕生している。また、東隣の漢江鎮駅の周辺はグルメやファッションの高級店が集まる。

### 交通

Ⓜ6号線 梨泰院駅
Ⓜ6号線 緑莎坪駅
Ⓜ6号線 漢江鎮駅

経理団キルのギャラリーカフェ

# 梨泰院モーメント

이태원모먼트 Itaewon Moment

**MAP**付録P.20 A-4

手作りスコーンやクッキーのほかに、果物をふんだんに使ったインパクト大のピンスも人気。ルーフトップから見えるNソウルタワービューも美しい。

☎010-4808-7343 ⓧⓂ6号線緑莎坪駅2番出口から徒歩8分 鄌龍山区緑莎坪大路46キル31용산구녹사평대로46길31 ⏰11:00〜21:00(LO20:00) 休水曜 ⒺⒺ▭

↑穏やかで居心地よい雰囲気でゆっくりひと休みできる

↩ド迫力のみかんタンフルピンス
W2万8000

梨泰院モーメント★

↑緑莎歩道橋は韓国ドラマ『梨泰院クラス』の聖地として多くの観光客が訪れている

緑莎坪駅

グルメ&カフェ

ショッピング

歩いて楽しむ

エンターテインメント

ビューティ&ヘルス

ホテル

## 注目の高いフレグランスショップ
# ペサドゥ

페사드 pesade

**MAP** 付録P.20 C-4

馬場馬術から影響を受けた韓国発の新しい香水ブランド。1つのチャプターに3種類の香りが調香されるのが特徴。ストーリーのある香りづくりが楽しみ。

☎02-6956-0053 ◎M6号線漢江鎮駅1番出口から徒歩7分 ㊟龍山区梨泰院路49キル16 용산구 이태원로49길 16 ◷12:00〜20:00 ㊡無休 J E 🖥

⬅繊細なフローラルの香り、An UnseenW9万5000

➡ミッドマウンテン・ハンド&ボディーウォッシュ W3万6000

⬆スタイリッシュで感覚的なショールーム

南山公園

## エッジの効いたアクセサリー
# マンデイ・エディション

먼데이 에디션　Monday Edition

**MAP** 付録P.20 C-4

ラグジュアリーからデイリー、メンズまで複数のラインがあり、ユニークで存在感のあるアイテムが揃う。性別、年齢を問わず愛用されている。

☎0507-1401-5923 ◎M6号線漢江鎮駅3番出口から徒歩10分 ㊟龍山区大使館路11キル57 용산구 대사관로 11길57 ◷11:00〜19:00 ㊡不定休 E 🖥

⬇ゴールドやパールアイテムが人気

経理団通り（フェナム路）

### 経理団通り
경리 단길
梨泰院の隣にある、世界各国の味が楽しめる料理店と個性的なカフェが集まる話題のスポット。

Ｈグランドハイアットソウル

P.31
サムスン美術館 リウム

## ミニマルで実用的な上品バッグ
# ミニミュート

미닛뮤트 minitmute

**MAP** 付録P.20 C-4

イタリアの上質なヴィンテージレザーを使用するハンドメイドバッグブランド。本革なのに軽量で長時間持っても疲れない。価格もリーズナブル。

☎070-4640-2804 ◎M6号線梨泰院駅3番出口から徒歩9分 ㊟龍山区梨泰院路230-2 용산구 이태원로 230-2 ◷13:00〜20:00 ㊡日・月曜 E
⬆3フロアにわたるオシャレなディスプレイ

ペサドゥ★

現代（ヒョンデ）が運営する音楽をテーマにした図書館

●現代ミュージックライブラリー

★ミニミュート　　★マンデイ・エディション

梨泰院の通りの中心にある「ハミルトンホテル」はランドマーク的存在

Ｙ P.48
デイ&ナイト

Ｈハミルトンホテル

梨泰院駅

⬆さわやかなポーチキーリング W3万9000

⬇ラブリーなピンクのツインミニバッグ W24万

百貨店や高級ブティックが立ち並ぶハイソなエリア

## ブランド店が立ち並ぶセレブタウン

# 狎鷗亭洞・清潭洞

압구정동 アプクジョンドン ～ 청담동 チョンダムドン

江南の急成長を牽引する2つの街、狎鷗亭洞と清潭洞はトレンド発信地。高級百貨店に一流ブランド店が並び、ハイセンスな流行をキャッチできる。

MAP付録P.14-15

### セレブ気分でおしゃれに楽しみたい 流行最先端の高級ショッピング街

ソウルきってのハイソな街といえば、狎鷗亭洞と清潭洞。漢江の南側・江南を代表するエリアで、70年代から急速に開発され、洗練された街並みが広がっている。現代百貨店のある狎鷗亭駅を出て東に進むと、右手にロデオ通りが見える。カジュアルなショップや飲食店が多く、若者に人気のストリートだ。まっすぐ進むと狎鷗亭ロデオ駅にたどり着く。交差点には高級感のあるギャラリア百貨店がそびえ、周辺には芸能事務所も多い。セレブ御用達のレストランやエステサロンが立ち並ぶのも特徴だ。ここからさらに東に向かって、Kスター・ロードが延びている。清潭洞ブランド通りとも呼ばれ、世界的な一流ブランドがこの大通り沿いに集結しているさまは壮観だ。ただ、駅から遠いのでタクシーの利用が便利。

### 交通

Ⓜ 3号線 狎鷗亭駅
Ⓜ 盆唐線 狎鷗亭ロデオ駅

現代百貨店 ★

神殿風の外観が特徴的な百貨店。韓国から海外までブランド品が多数揃う

● 光林教会

Ⓗ アンダズ
● CGV

カロスキル ◀

人気アイドルをモチーフにした人形が集まる「Kスター・ロード」

### フランス風のクロワッサンカフェ

# パニド・エム・ムーニ

빠니드엠무니　Panierde M.mooni
MAP付録P.15 F-2

クラシックでゴージャスな雰囲気の大型カフェ。上品なヴィエノワズリーをはじめケーキやドリンクなど、SNS映え抜群のメニューが大人気。

☎なし Ⓜ⊗Ⓜ盆唐線狎鷗亭ロデオ駅6番出口から徒歩1分 ⑰江南区狎鷗亭路56キル16　강남구압구정로56길 16 ⓉⒺ10:00～22:00(LO21:00) ⓌⓇ無休 ⒺⒾⒺ

↑元ウェディングスタジオだった建物を改造

→ド派手なムーニ・バニラシェイクW1万3800

→ストロベリー・リボンクロワッサンW8500

グルメ＆カフェ

ショッピング

歩いて楽しむ

エンターテインメント

ビューティ＆ヘルス

ホテル

N

200m

●狎鷗亭中・高校

**ロデオ通り**
로데오 거리
メイン通りから小道まで話題のグルメ店や輸入ブランドセレクトショップがちらばるアツイ通り。

**清潭ブランド通り**
청담동 브랜드대로
ギャラリア百貨店から清潭洞の十字路までのストリートは、世界の有名ブランド店が並ぶ。

広々とした店内の高級感あふれるデパート。海外の一流ブランドが揃う

グルメ494
ギャラリア百貨店
（WEST館）★

ギャラリア百貨店
（EAST館）

●清潭小・中・高校

ロデオ通り

●新鷗中学校

狎鷗亭ロデオ駅

ビーカー

清潭ブランド通り

パニド・エム・ムーニ ★
★ウィッグル・ウィッグル・
チップ

★ル・チェンバー
P.49

故・安昌浩が眠る江南の公園。ドラマや映画、CMのロケ地としても有名

清潭銀杏ナム公園

島山公園

K近代美術館★

e雪花秀スパ P.157

■雪花秀 フラッグシップストア
P.40

↑夜にギャラリア百貨店の外観はさまざまな色に光る。特にクリスマス時季はフォトスポットとして人気が高い

Dosandaero

Seolleungno

Samseongno

---

## ワンランク上の韓国食材を求めて
# グルメ494

꼬메이494　Gourmet494

`MAP`付録P.15 F-1

高級感あふれるデパ地下。現地で人気の飲食店が入店したフードコートは、休憩や食事に便利だ。スーパー部門で扱うPB商品はおみやげにもおすすめ。

☎02-3449-4114（代表）Ⓜ盆唐線狎鷗亭ロデオ駅地下直結 ㊟江南区狎鷗亭路343・ギャラリア百貨店名品館WEST、B2 강남구 압구정로 343, 갤러리아백화점 명품관WEST,B2 🕐10:30〜20:00（金・日曜は〜20:30）㊡月1回不定休ⒿⒺ🅿（店舗により異なる）

↑フードコートの広々としたテーブル

➡有機農オリーブオイルや塩で味付け。海苔W9500
➡3年以上熟成させた、伝統テンジャンW2万
➡低温で炒ったゴマを搾油。韓国産ゴマ油W2万3000〜

---

## 一目惚れしちゃうポップな雑貨天国
# ウィッグル・ウィッグル・チップ

위글위글집　WIGGLE WIGGLE ZIP

`MAP`付録P.15 E-2

かわいい花キャラクターを中心に、カラフルでユニークな日用品を披露するライフスタイルショップ。すべてがフォトジェニックな空間も楽しい。

☎02-6959-2051 Ⓜ盆唐線狎鷗亭ロデオ駅5番出口から徒歩7分 ㊟江南区彦州路168キル31 강남구 언주로168길 31 🕐11:00〜20:00 ㊡無休ⒿⒺ

↑フロアごとにフォトスポットがいっぱい！

↑スマイル・ウィー・ラブ・スリッパW4万9600

↑リトルブレイバニー・キーリングW2万4000

---

## 洗練をカジュアルにまとう
# ビーカー

비이커　Beaker

`MAP`付録P.15 F-1

オリジナルブランドをはじめ、国内外の大人カジュアルを取り扱うセレクトショップの旗艦店。ファッション小物、食器、フレグランスもラインナップ。

☎02-543-1270 Ⓜ盆唐線狎鷗亭ロデオ駅3番出口から徒歩すぐ ㊟江南区狎鷗亭路408 강남구 압구정로 408 🕐11:00〜20:00 ㊡無休ⒿⒺ

↑ゆったりとショッピングを楽しめる配置

↑赤いボンボンがついたカーディガンW73万5000
➡派手すぎないチェックのウールパンツW93万5000
↩Edit Seoulの人気商品パズルブロックバックW21万5000

洞駅

マン
会

Ecijuno

彦州路

島山大路

●永東高校

洗練されたブランドショップが並び、ソウルっ子に人気

## 韓医学から生まれた上品コスメ
## イース・ライブラリ
이스라이브러리　EATH Library
**MAP** 付録P.14 B-3

韓方専門医のチャン・トンフン氏によるブランド。特許成分配合のスキンケア商品は5つ星ホテルのスパでも使われる。東洋的なパッケージも素敵。

☎02-723-7001 ⊗Ⓜ3号線新沙駅8番出口から徒歩10分 ⑯江南区島山大路17キル31　강남구 도산대로17길 31 ⑫11:00〜19:00 ⑭日曜

⊕高級エステに来ているかように、気持ちよい香りがするラグジュアリーな店内

⊖ウッディ香りのハンドクリームW2万2000

⊖肌の抵抗力を高める化粧水W4万8000

---

## エッジィな最先端おしゃれに出会うなら

# カロスキル
가로수길

ソウル駅　●Nソウルタワー
ロッテワールドタワー●

有名ブランドや個性派ショップが、しのぎを削り独特の文化圏を形成。ほかでは見られない独自路線を突き進む、ワンランク上のおしゃれを楽しめる。

**MAP** 付録P.14

## 見た目も味も華やしい
## ソナ
소나　Sona
**MAP** 付録P.14 A-3

一流レストランで腕をふるっていたオーナーシェフのデザートが食べられるカフェ。どのデザートもコース料理の最後にいただくような逸品ばかり。

☎02-515-3246 ⊗Ⓜ3号線新沙駅8番出口から徒歩10分 ⑯江南区江南大路162キル40、2F 강남구 강남대로162길 40,2F ⑫12:30〜21:00(LO20:30) ⑭火曜 ⑧日⑯

### トレンドに絶大な影響を与え続けるソウルで要注目のおしゃれタウン

新沙駅の北東に延びる700mほどのおしゃれなストリートが、通称カロスキル。両側にイチョウ並木が立ち並ぶ通りには、韓国内外の有名カジュアルアパレルやコスメブランドのフラッグシップストアが競うように出店する。カロスキルの裏道を総称してセロスキルと呼び、こぢんまりとして個性的なセレクトショップやカフェが点在。お気に入りのお店を発掘するもよし、ゆったりとティータイムやブランチを楽しむもよし。一般に注目され始めたのはここ15年くらいのことで、もともとデザイナーズブティックなどが多く、唯一無二のスタイルで知られていたエリアだ。そのため、芸能人や感度の高いインフルエンサーたちにも常に注目されており、差別化した自分だけのおしゃれを好む雰囲気がある。

### 交通

Ⓜ3号線 新沙駅
Ⓜ3号線 狎鷗亭駅

⊖シトロン・シャンバンエイドW8000

⊖割るのがもったいないシャンパン・シュガーボールW1万8000

新沙駅

グルメ&カフェ

ショッピング

歩いて楽しむ

エンターテインメント

ビューティ&ヘルス

ホテル

**オリンピック大路**
Olimpicdaero

N

0 100m

●新沙公園

●新現代アパート

現代百貨店

江南観光情報センター

●現代高校

Apgujeongno

狎鷗亭洞・清潭洞

狎鷗亭駅

韓流体験フロアが
ある韓流ファンも必
見の観光センター

Ⓗアンダズ

●新沙中学校

狎鷗亭路

ファッション業界の経験
が長いオーナーが商品
の半分は自作している!

●光林アートセンター

P.96
イズナナ

**セロスキル**
세로수길
カロスキルの周囲に
ある路地の通称。小
洒落たショップがた
くさんあるので街歩
きにも最適。

Ⓜ ロウ・クラシック554

3CEシネマ Ⓜ

カロスキル

★ソナ

イース・ライブラリ★

P.96 サプン Ⓜ

ピンク・メロウ
★

Ⓜダミ P.97

ハイランドⒽ

3号線

鳥山大路
Dosan-daero

ⒶVOCOソウル江南

新沙駅

⬆空間ごとに違う雰囲
気を楽しめる♪

⬆ブラッサムシュ
ペナーラテ W7500

⬆シグネチャー・ピ
ンクメロウケーキ
W1万1800

**心ときめくラブリーなカフェ**
# ピンク・メロウ
핑크 멜로우　PINK MELLOW
**MAP** 付録P.14 A-4
ピンク好きにはたまらないピンクが
テーマのカフェ。10種類を超えるこだ
わりのミニケーキやクッキーなどの手
作りスイーツもどれもがキュート。
☎02-511-5990 Ⓜ3号線新沙駅8番出口か
ら徒歩5分 🏠江南区江南大路158キル27　강남
구　강남대로 158길 27　🕐11：30～
21：30(LO21：00) 🈳無休 ⒺⒿ🈂

145

# 江南で注目の観光スポット！
# 高速ターミナル・三成・蚕室で
## 注目のスポット

**江南のなかでも人気急上昇中のスポットを3つ大紹介！ 展望台からソウルを一望するのもよし、買い物に夢中になるのもよし！**

ファストパスW5万なら並ばずに上れる

### 絶景パノラマビューを楽しむ
## ロッテワールドタワー

開業記念の花火ショーが行われることも

롯데월드타워
**Lotteworld Tower**
蚕室 **MAP** 付録P.5 E-3

地上555mという韓国一の高さを誇るビル。国内外の有名ブランド、免税店、スーパー、水族館にホテルまで、ロッテ系列を中心に1000店舗以上が集結する超高層複合エンターテインメント施設。

☎02-3213-4000 ⊗ Ⓜ2、8号線蚕室駅直結 ㊟松坡区オリンピック路300 송파구 올림픽로 300 ⏰10:30〜22:00(施設により異なる) ㊡無休 ⒿⒺ (店舗により異なる)

LOTTE WORLD MALL

---

### ロッテワールド・アクアリウム

롯데월드 아쿠아리움
**Lotteworld Aquarium**

ソウル最大規模の水族館で、飼育している海洋生物は5万5000匹。大洋・テーマごとにわかりやすく展示され、体験型のコーナーも豊富。

☎10:00〜20:00(金〜日曜は〜22:00)最終入館は各1時間前 ㊡無休 ㊋W3万5000 ⒿⒺ▦

⬆人気のシロイルカ・ベルーガが至近距離にやってくる

### ソウル・スカイ

서울 스카이 **Seoul Sky**

2017年4月にオープンした超高層展望台。入口は地下1階。チケット売り場にその日の視界の目安があるので、上る前にチェックを。

☎10:30〜22:00(金・土曜は〜23:00) チケット販売は各1時間前 ㊡無休 ㊋W3万1000 Ⓔ▦

⬆足元が透ける強化ガラスの床がスリリングなスカイデッキ

⬆生物を下から見上げる海底トンネルのような通路

⬆昼と夜でそれぞれ違う表情を見せるソウルを眼下に一望！

⬇ソウル・スカイをモチーフにしたアイテムなどを販売

## 地下の買い物天国が人気
# 高速ターミナル
고속터미널 コソクトミノル

**MAP** 付録P4 C-3

地下鉄3、7、9号線が乗り入れ、地方とソウルを結ぶ長距離バスの発着所「高速バスターミナル」もあることから、一日中人の往来が激しい。ソウル女子には、ショッピングスポットとしても人気。

品数も豊富！掘り出し物を見つけよう

---

## ゴー・トゥー・モール
고투몰
**Go to Mall**

2本の通りに600軒以上の店が並ぶ地下ショッピングセンター。カード不可の店もある。☎02-535-8182 ⓜ③、7、9号線高速ターミナル駅直結 🏠瑞草区新盤浦路200、B1　서초구 신반포로 200、B1 🕐10:00〜22:00（店舗により異なる）🌙無休 Ⓙ Ⓔ（店舗により異なる）

## ジェイ・ストーリー
**J story**

店舗2つ分の売り場に約1000点もの商品が並ぶ。使い回しの利くアイテムが多く、驚きの安さで大人買いをする人も少なくない。☎ 02-537-0661 🕐10:30〜21:30 🌙無休 Ⓙ Ⓔ 🖼

➡色違いで購入する人続出。シースルースカート

**W1万**

⬅淡色系のバリエーション。浅めＶネックニット

**W1万**

---

## オードリー
오드리

20〜40代の女性がターゲット。カジュアルなアイテムが多く、そのなかにはこの店にしかないデザインも。日本人には特にワンピースが人気。☎なし 🕐10:30〜21:30 🌙無休 Ⓙ Ⓔ

**W1万9000**

⬆上品なレース使いのシックなブラウス。色違いあり

**W1万5000**

⬆裾の切り替えしとアシンメトリーがポイント！

## クイーンズ・ココ
**Queen's coco**

コアな客層はやや若めだが、かわいいスタイルのなかで弾けるユニークさが、幅広い年齢層に支持されている。Tシャツ W5000-とお手ごろ。☎なし 🕐10:30〜21:30 🌙無休 Ⓙ Ⓔ

**W4万**

➡軽い素材で動きやすく、裾が短いイージーパンツ

**W3万2000**

➡襟元のレースとバックリボンがかわいいブラウス

---

## 娯楽施設も豊富な地下モール
# コエックスモール
코엑스몰　**Coexmall**
三成 **MAP** 付録P.13 F-2

複合施設コエックスの地下2〜1階にあり、三成と奉恩寺の両駅に直結した大規模ショッピングモール。国内外のブランドファッションや雑貨、グルメのほか、シネコンや水族館、図書館まで集結。☎02-6002-5300（顧客センター）ⓜ2号線三成駅5・6番出口から地下直結 🏠江南区永東大路513 강남구 영동대로 513 🕐10:30〜22:00（店舗により異なる）🌙無休

日本語のフロアガイドを手に入れよう

---

## ピョルマダン図書館
별마당도서관
ピョルマダントソグァン

モールの中央に2017年にオープンした図書館。約5万冊を所蔵している。名物は、吹き抜けのホールにそびえる高さ13mの書棚。☎02-6002-3031 🕐10:30〜24:00 🌙無休 🈚無料

⬆巨大な書棚は人気の撮影場所。周辺にコンセント付きの座席があり休憩にも便利

---

## コエックス・アクアリウム
코엑스 아쿠아리움
コエッスアクアリウム

約650種4万匹の水中生物を展示する大型水族館。川から深海へと旅するようにゾーンを設けて展示。世界各地の海中世界が再現されている。☎02-700-7200 🕐10:00〜20:00（土曜・祝日は〜21:00）最終受付は各1時間前 🌙無休 💴W2万4000、3〜12歳 W2万3000 Ⓙ Ⓔ 🖼

➡入口にも水槽を展示しているのですぐ見つけられる

個性的な展示方法で楽しませ、さまざまなプログラムも用意している

グルメ&カフェ

ショッピング

歩いて楽しむ

エンターテインメント

ビューティ&ヘルス

ホテル

147

# エンターテインメント

## 韓国伝統文化をとことん堪能
# 韓国文化体験施設
## おすすめ **4** 選

ショッピングやグルメもよいけれど、
文化を感じられる体験もおすすめ。
伝統衣装を着てみたり、キムチやお酒を
作ってみたりとできることも幅広い。

### 韓服からヘアセットまでOK
## オヌルハル韓服
오늘하루 한복
オヌルハルハンボッ
景福宮 **MAP** 付録P.18 A-3

色とりどりの韓服が豊富に揃うレン
タル専門店。アクセサリーや
バッグ、さまざまなヘアセットが
無料で利用できるのがうれしい。
インスタ予約をすると、スペシャ
ルヘアスタイリングサービスも。

☎010-2508-7836 ⊗Ⓜ3号線景福宮
駅4番出口から徒歩1分 ㊟鍾路区紫霞門路
2キル16、2F　종로구 자하문로2길 16、
2F ㊚9:00～19:00 ㊡火曜 ㊛W1万～
(2時間～) Ⓙ Ⓔ ✆ 🗒

1.お気に入りのチマチョゴリを着て韓国
を楽しめる　2.景福宮駅からすぐなので
アクセスが便利!　3.韓服は着用済みご
とに洗濯し清潔に管理される

### 韓服ってどんなの?
韓国の伝統的民族衣装。かつては日
常的に着用されていたが、現在では
婚礼や旧盆・旧正月などの特別なと
きに着用されることが多い。見た目
の華やかさと美しさが目を引く。

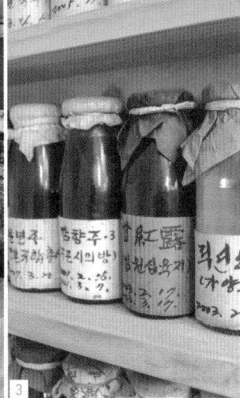

グルメ&カフェ

ショッピング

歩いて楽しむ

エンターテインメント

ビューティ&ヘルス

ホテル

# 伝統酒を造ってみる

韓国伝統酒を自分の手で造るという貴重な体験ができる

韓国伝統酒の歴史を身近に感じる

## 韓国伝統酒研究所

한국전통주연구소
ハングッチョントンジュヨングソ

景福宮 **MAP** 付録P6 B-1

韓国の伝統酒を韓国内外に広く広報する活動を行っている。マッコリをはじめ、韓国で古くから親しまれてきた伝統酒の歴史とその歩みを知ることができるほか、伝統酒造りの体験、専門講座も開設されている。

☎02-389-8611 🚇Ⓜ3号線景福宮駅3番出口から徒歩10分 📍鐘路区紫霞門路62 종로구 자하문로 62 🕐9:30〜18:30 🚫土・日曜 🕑見学は要予約

1 日本をはじめ、アジア、欧米からも韓国伝統酒造りを体験しに訪れる　2 伝統酒造りのレクチャーの様子　3 所狭しと並べられた伝統酒はひとつひとつ復元されたという

キムチを作ってみる
手軽に簡単！キムチ作り
をマスターしよう

**本格キムチ作りに挑戦！**

# ソウルキムチ
# 文化体験館

서울김치문화체험관
ソウルキムチムナチェホムグァン
明洞 **MAP** 付録P.17 F-3

韓国の人々のソウルフードともいうべき「キムチ」。一見、複雑で難しそうに見えるキムチ作りを手軽に楽しく体験できる。できあがったキムチは真空パックで包装してくれるので持ち帰りがOKなのがうれしい。

☎02-318-7051 Ⓜ4号線明洞駅10番出口から徒歩1分 ⓐ中区明洞8ガキル47、2F 中구 명동8가길47、2F ⓗ要確認 ⓚ無休 ⓔキムチ作り W4万5000 Ⓙ Ⓔ

1.子どもから大人まで年齢、性別、国籍を問わずキムチ作りを楽しめる 2.記念の1枚。スタッフも気さくで安心 3.明洞に位置し気軽に足を運べる 4.韓国の伝統家具や雑貨のスペースもある

**キムチの作り方**

1 まずはキムチの味の重要な素材となるヤンニョム（調味料）から。ヤンニョムは地方や各家によって材料が異なる。

2 白菜と塩をしっかりなじませる。塩をなじませるときは白菜の葉の1枚1枚にしっかりとしみ込ませるように。

3 ヤンニョムも白菜の葉1枚1枚にすり込むようにぬる。白菜全体にヤンニョムの色がしっかりつくように。

4 できあがり。完成後は梱包をしっかりしてくれるので持ち帰りも可能。レシピや食べ頃も教えてくれる。

---

**キムチのすべてがここにある**

# キムチ間

뮤지엄김치간 ミュジオムキムチカン
仁寺洞 **MAP** 付録P.19 D-3

キムチに関する歴史や文化を学べる参加体験型施設。バーチャルからリアルまでさまざまな角度で見聞きでき、実際にキムチ作りを体験することもできる。韓国で食されるキムチの種類の多さに驚く。

☎02-6002-6456 Ⓜ3号線安国駅6番出口から徒歩6分 ⓐ鍾路区仁寺洞キル35-4、モール 4〜6F 종로구인사동길35-4、몰 4〜6F ⓗ10：00〜18：00（最終入場17：30）ⓚ月曜 ⓔW5000 Ⓔ ⓙ

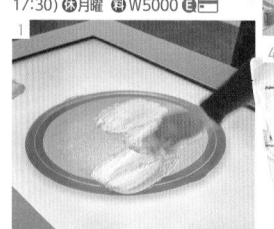

1.キムチ作りをバーチャル体験できるコーナー 2.ショップでは伝統食器なども販売されている 3.さまざまなキムチを目にすることができる 4.大手食品メーカー「プルムウォン」によって運営されている 5.館内にはキムチ作りやキムチをモチーフにしたアート体験ができるフロアもある

グルメ&カフェ

ショッピング

歩いて楽しむ

エンターテインメント

ビューティ&ヘルス

ホテル

## 驚きのパフォーマンスから目が離せない!

# 迫力満点のショーを観にいく

韓国では2000年前後よりパフォーマンスショーが続々と誕生し、人気のショーへと成長。
ロングランを続け親しまれる韓国パフォーマンスショーの魅力にソウルでふれてみよう。

4人のコックたちのハチャメチャ劇

1. 息もぴったりな4人の演技。包丁さばきを模した演技は見応え十分 2. 食材や火を用いての本格的なパフォーマンスは迫力満点 3. 観客とキャストが一体になれる

1
2
3

## ナンタ

난타 **NANTA**

明洞 **MAP** 付録P16 C-2

1997年の初演よりロングラン公演を続け人気を博している。韓国の伝統芸能サムルノリのリズムをもとに4人のコックたちによるコミカルでリズミカル、そしてダイナミックな演技とストーリー構成が観客を魅了。劇場は明洞の中心に位置し、アクセスも良い。

☎02-739-8288 ◉Ⓜ4号線明洞駅6番出口から徒歩5分 ㊒中区明洞キル26、3F 중구 명동길 26, 3F ⏰17:00〜、20:00〜(土曜14:00〜、17:00〜、20:00〜、日曜、祝日14:00〜、17:00〜) ㊡無休 ¥VIP席W7万、S席W6万、A席W5万 J

### ⟨ チケットの買い方 ⟩

**オンラインで買う**

出発前に日本で手配できるインターネット予約が便利。主なショーの公式サイトは日本語対応している場合も多いので利用しやすい。ほかにも、旅行会社の予約サイトなどで購入が可能。各社で料金や条件が異なるため、よく比較して希望に合うものを選びたい。

**Imagine your Korea**

韓国観光公社の公式サイト。観光の基本情報をはじめエンタメの情報も満載で、各ショーの予約サイトにリンク。

🌐 japanese.visitkorea.or.kr/svc/main/index.do

### 韓国観光公社

鐘閣 **MAP** 付録P6 C-3

☎02-729-9497〜9499 ◉Ⓜ1号線鐘閣駅5番出口から徒歩5分 ㊒中区清渓川路40、2〜5F 중구 청계천로 40,2〜5F ⏰9:00〜20:00(2F観光センター) ㊡無休

**各劇場や観光案内所で買う**

空席があれば公演当日に劇場でチケットを買うことも可能。上演の約1時間前から販売を始める劇場が多い。ただし、希望の席がない場合もあるので、できるだけ事前予約したほうが確実。

**予約代行サービスを利用する**

ホテルのコンシェルジュや旅行会社のデスクなどに、予約代行を依頼するのも方法のひとつ。クレジットカード会社のサービスを利用できる場合も。

韓国の伝統音楽、あなたは知っていますか?

# 伝統芸能に酔いしれる

古くから人々の間に喜怒哀楽の表現と心のよりどころとして親しまれてきた伝統音楽。
華麗な音色を奏でる宮廷音楽や軽快なリズムで庶民に親しまれた民謡などを気軽に楽しめる。

伝統音楽と舞踊に癒やされる 2
優雅なひととき

## 国立国楽院

국립국악원　クンニックガグォン
ソウル南部 **MAP** 付録P.4 C-4

国楽院の始まりは1951年に遡り、ソウルに加え釜山、珍島、南島と韓国各地に点在する。伝統音楽と舞踊の伝承、保存、普及と発展を目的に宮廷雅楽から民族芸能と幅広い伝統音楽と舞踊を鑑賞することができる。毎週土曜に開催される「土曜名品公演」は一見の価値あり。

☎02-580-3300 交 M 3号線南部ターミナル駅 5番出口から徒歩20分 所瑞草区南部循環路2364　서초구남부순환로 2364
時休料要確認

グルメ＆カフェ

ショッピング

歩いて楽しむ

エンターテインメント

ビューティ＆ヘルス

ホテル

# 韓国の伝統的な舞踊と音楽を知る

**韓国の伝統音楽や舞踊を歴史劇などで一度は目や耳にした人も
多いのでは？ そんな奥深い伝統芸能の数々を詳しくご紹介！**

### ソウルで発見＆体験！
### 韓国の伝統文化の数々

日本の伝統芸能「歌舞伎」や「能」が親しまれてきたように、韓国でも伝統音楽や舞踊は人々の間に古くから深く浸透し、根付いてきた。さまざまな音楽、舞踏、劇などがあるなかで共通しているのは、「情熱的でダイナミック」でありながらもどこか「優雅で繊細さ」も併せ持つ魅力があることである。海外旅行での文化鑑賞は若干、ハードルが高いイメージがあるものの、ソウルではこうした伝統芸能を気軽に鑑賞することができる施設が数多くあり、ビギナーにも親しみやすいのが特徴である。韓国の伝統芸能との出会いはあなたにとってもソウル旅行の特別な思い出になるかもしれない。

宗廟で執り行われる祭祀の際に奏でられる楽曲。伝統楽器、歌、舞から構成されている。

↑国立国楽院の「土曜名品公演」では観光客にも親しみやすくわかりやすい演目を公演

### チョヨンム（処容舞）

新羅時代より宮中の饗宴として受け継がれてきた。五色のあでやかな衣装と仮面をつけた男性たちが力強く舞う。2009年にユネスコの無形文化遺産に登録された。

### ハッギョナデム（鶴蓮花台舞）

重要無形文化財であり、演目は国立国楽院でのみ鑑賞可能。舞踊は2部構成になり鶴と蓮の花を表現した舞。優雅な音色と舞に魅了されること間違いなし。

### サムルノリ

太鼓、チャンゴ、クウェンガリ、銅鑼の4種類の伝統楽器による協奏からなりたつ。テンポよく軽快、そしてダイナミックな楽器の共鳴は客席の興奮を最高潮に導く。

### プチェチュム（扇の舞）

学校の学芸会の演目としても親しまれている舞踊。伝統衣装に身を包んだ女性たちが羽のついた扇を両手に花や波、風など自然を表現する。

### サムゴム（三鼓舞）

3面の太鼓を全身を使い激しく打ち鳴らす。情熱的でエネルギッシュな楽器と舞踊の融合に圧倒されながらも、どこか優雅さと繊細さも感じられる。

1.『宗廟祭礼楽』の一場面。李氏朝鮮時代にタイムスリップしたかのよう　2. 人々の生活に密接に関わり発展してきた「農楽」。賑やかに楽器を打ち鳴らしながら豊作を願う　3. 軽快で優雅な仮面劇。韓国の伝統の多くは全身で喜怒哀楽が表現される

## 韓国の伝統芸能はこちらでも楽しめます

**国立国楽院以外にも伝統芸能を鑑賞できる劇場が多くある。
それぞれ演目は異なり、公演時間、日時などは事前に確認が必要。**

### 韓屋での伝統文化体験をしよう
## コリア・ハウス

코리아하우스

忠武路 **MAP**付録P9 E-1

☎02-2266-9101 Ⓜ3、4号線忠武路駅3番出口から徒歩2分 ⍟中区退渓路36キル10 중구 퇴계로36길10 **HP** www.koreahouse.or.kr

### 伝統文化から芸能まで
## ソウルノリマダン

서울놀이마당

蚕室 **MAP**付録P5 E-3

☎02-414-1985 Ⓜ2号線、8号線蚕室駅1番出口 から徒歩5分 ⍟松坡区 蚕室路124 송파구 잠실로 124 **HP**なし

### 伝統芸能をたっぷり味わう
## 貞洞劇場

정동극장　チョンドンクッチャン

ソウル市庁 **MAP**付録P6 B-4

☎02-751-1500 ⒹⓂ1、2号線市庁駅12番出口から徒歩7分 ⍟中区貞洞キル43、B1 중구 정동길 43、B1 **HP** www.jeongdong.or.kr

### 現代＆伝統音楽・舞踊の融合
## ファンタスティック

판타스틱

鍾路 **MAP**付録P7 F-1

☎02-3143-5959 Ⓜ4号線恵化駅1番出口から徒歩1分 ⍟鍾路区大学路146、Fanta-Stick専用館4F 종로구 대학로 146、Fanta-Stick専用館4F **HP**なし

## ソウルの夜はフォトジェニックで近未来的！
# 幻想的な夜景スポットにうっとり

光と水が織りなす圧巻のショーや、近年整備された散策に最適なスポット。
日没後の街を彩る、ロマンティックな都会の夜景を楽しもう。

### 虹色に輝く水のショー
## 月光レインボー噴水
달빛무지개분수
タルピッムジゲブンス

盤浦 **MAP** 付録P.4 C-3

漢江に架かる盤浦大橋から一斉に
放水が行われ、7色にライトアッ
プされる。橋梁噴水としては世界
最長でギネスブックにも登録。ラ
イトが反射し、水面がキラキラと
光る様子も幻想的。

交Ⓜ3、7、9号線高速ターミナル駅8-1番
出口から徒歩15分住瑞草区新盤浦路11キ
ル40　서초구신반포로11길40電12:00、
20:00〜21:00の30分ごとに開催（土・日
曜、祝日は19:30も）7・8月は12:00、
19:30〜21:00の30分ごとに開催（土・日
曜、祝日は21:30も）約20分間休11〜3
月、雨天、増水時など料無料

↑ネオンに照らされた盤浦大橋。
放水は1km超にわたる

╲╲ 観賞ポイント!! ╱╱

橋の南側にある盤浦漢江公
園から見学できる。間近で
見たいなら橋のたもとへ。
漢江のクルーズも人気だ。

---

╲╲ 観賞ポイント!! ╱╱

岸辺には座ってくつろげる
場所がたくさんある。川沿
いのおしゃれなカフェから
眺めるのもいい。

### 夜景を眺めながらおさんぽを
## 清渓川
청계천　チョンゲチョン

鐘路周辺 **MAP** 付録P.7 D-3

市庁から東大門方面へ、ソウル中
心地を流れる5.8kmの川。2005
年に復活し、昼は市民の憩いの場
になっている。夜はさまざまなイ
ルミネーションで彩られ、デート
を楽しむカップルも多い。

交Ⓜ1号線鐘閣駅4、5番出口、5号線光化
門駅5番出口など料休散策自由

↓ソウル中心部に整備された人工河川

↑橋の下もライティ
ング。場所ごとに異
なる魅力がある

## 高架の遊歩道が夜は別世界に
# ソウル路7017

서울로7017　ソウルロ7017

ソウル駅 **MAP** 付録P8 A-2

ソウル駅や南大門市場、近くのホテルなどをつなぐ、歩行者専用の道路。日没後は青いネオンで照らされ、前衛的な雰囲気に。遊歩道からは、ソウル中心部のビル群や南大門などが眺められる。

☎02-313-7017(ソウル路管理事務所) ❷ⓂÏ、4号線ソウル駅2番出口からすぐ ⓐ中区退渓路一帯　중구 퇴계로 일대 ⓗ休 ⓢ散策自由

↑地下鉄やホテルなど17カ所と連結しており、市内観光に便利

╲╲ 観賞ポイント!! ╱╱

ソウル駅向かいのソウルスクエアにはビル全面にアートが映される。また駅隣接の旧ソウル駅も見もの。

←2017年にオープンし、その幻想的な壁面アートで話題に

╲╲ 観賞ポイント!! ╱╱

タワー前の広場から全景を見上げることができる。4・5階にある展望台からの眺めもいい。

➡ロマンティックなムードを演出してくれるアートたち

↑照明の色は日によってさまざま。7階には回転レストランもあり

SEOUL TOWER

↑中にはレストランやショップが入店

## ソウルーのデートスポット
# Nソウルタワー

N 서울타워　N Seoul Tower

南山 **MAP** 付録P9 D-2

南山の頂上に立つソウルのランドマーク。夜になると紫や黄緑などの照明で照らされる。遠くから見るのもいいが、やはり目の前の広場で鑑賞するのがおすすめ。展望台はソウル随一の夜景スポット。

☎02-3455-9277 ❷Ⓜ4号線明洞駅3番出口からケーブルカー乗り場まで徒歩10分。ケーブルカーで5分 ⓐ龍山区南山公園キル105 용산구 남산공원길105 ⓣ10:30〜22:30　金・土曜10:00〜23:00 ⓗ無休 ⓔ展望台はW2万1000

グルメ&カフェ

ショッピング

歩いて楽しむ

エンターテインメント

ビューティ&ヘルス

ホテル

# ビューティー

疲れた体を癒やしてくれる

## 極上スパで至福のひととき ③店

「日頃の疲れを癒やしたい」と思う人必訪の韓国のスパ。高級スパから
庶民的なお手ごろスパまで幅広く、プログラム内容も充実している。

高級ブランドの製品を贅沢に使用した極上スパ

**1**

## スパ1899

스파1899　スパイルパルググ

江南 **MAP** 付録P.13 F-3

高級紅参ブランド「正官庄」が運営するスパで、製品もすべて「正官庄」の製品を使用している。美容と健康を重視したアンチエイジングをはじめとしたプログラム内容も充実し、高品質のサービスとケアを受けられるのが魅力。

☎02-557-8030　交Ｍ2号線三成駅2番出口から徒歩4分　所江南区永東大路416、B2　강남구 영동대로 416, B2 営10:00〜22:00（最終受付はコースの時間＋30分まで）休無休 ⒿⒺ🅿

1.健康、美容にも効用があるとされる紅参、高麗人参のコスメを使用　2.ボディケアのほかヘッドスパのプログラムもある　3.リラクゼーションルームは個室のためゆったりと過ごせる　4.最新機器を取り入れたフットスパ　5.ホスピタリティと技術力が高いスタッフによる施術は満足すること間違いなし

### 主なMENU

※フルケア（フェイシャル＋ボディ＋フット＋頭皮）…180分 W35万

※スローエイジングB（ボディ＋フット）…120分 W25万

**2**

**3**

**4**

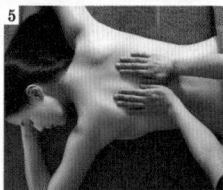

**5**

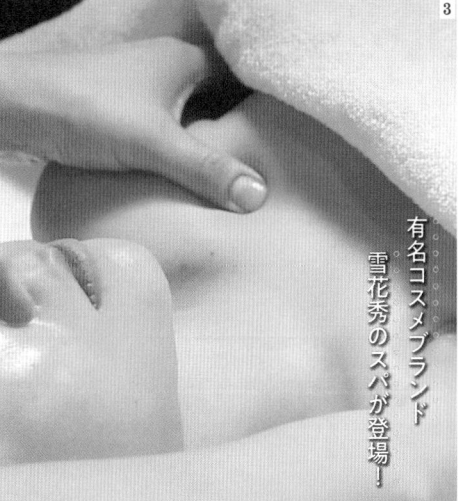

3
1. アンチエイジングの韓方スパプログラム　2.使用するコスメは「雪花秀」をプロデュースする化粧品会社のもの　3.4階の「バランススパ」は20代を中心とした若い女性から人気を集めている

1

2

有名コスメブランド
雪花秀のスパが登場！

## 雪花秀スパ

설화수스파　ソルファススパ
狎鷗亭洞 **MAP** 付録P15 E-3

有名コスメブランド「雪花秀」のフラグシップストア内にあり、ラグジュアリーな「雪花秀スパ」とカジュアルな雰囲気で手軽に利用できる「雪花秀バランススパ」の2種類がある。

☎02-541-9272、02-541-9273(スパ直通)　**Ⓜ**3号線狎鷗亭駅3番出口から徒歩15分　働江南区島山大路45キル18　강남구 도산대로45길18　働10:00〜20:00(予約は〜18:00)　働第1月曜 **Ⓔⓒ**▭

### 主なMENU

※インテンスジンセンジャーニー
（フェイシャル＋背中）
…100分 W35万
※ヘリテージ
…90分 W25万

---

## スパ・デ・イヒ

스파드이희　スパドゥイヒィ
狎鷗亭洞 **MAP** 付録P15 E-2

髪と頭皮のケアが専門のスパ。多くの芸能人のヘアメイクも手がけてきた院長の腕は確かなもので、ストレスが表れやすいヘアに効果的なケアの研究を重ねてきた。ヘアケア商品にも定評がある。

☎02-3446-0376　**Ⓜ**盆唐線狎鷗亭ロデオ駅5番出口から徒歩7分　働江南区彦州路168キル 30　강남구 언주로168길30　働10:00〜19:30(金・土曜は〜18:00)　働日・月曜 **Ⓙ Ⓔ**◔▭

1.落ち着いた雰囲気のスパルーム　2.周囲は公園やおしゃれなカフェが多く集まる地域　3.イ・ヒ院長。美容業界で30年以上のキャリアを持ち、ヘアケア商品のプロデュースも自ら手がける

韓流スターたちも
御用達のヘッドスパ！

2

3

1

### 主なMENU

※エクストラリラクシングケア
…90分 W18万5000
※アブソリュートヘッドスパ…
100分 W24万5000

グルメ＆カフェ

ショッピング

歩いて楽しむ

エンターテインメント

ビューティ＆ヘルス

ホテル

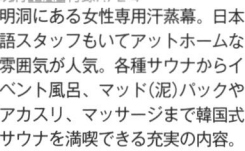

内容充実の女性専用汗蒸幕
## 明洞花マッド汗蒸幕
명동하나머드한증막
ミョンドンハナマッドハンジュンマク
明洞 **MAP**付録P.7 E-4

明洞にある女性専用汗蒸幕。日本語スタッフもいてアットホームな雰囲気が人気。各種サウナからイベント風呂、マッド(泥)パックやアカスリ、マッサージまで韓国式サウナを満喫できる充実の内容。

☎02-2268-5510 Ⓜ2、3号線乙支路3街駅10番出口から徒歩1分 中区乙支路14キル7, B1 중구을지로14길7, B1 9:00〜22:00 無休 Ⓙ

1.免疫力増進にも効くといわれるアメジストサウナ 2.ミネラルが豊富に含まれたマッドパックで毛穴の引き締めを 3.人気オプションのカッピング。体の血行促進を助ける 4.石造りのドーム内は100℃にも達する

| 主なMENU |
|---|
| ※基本コース(汗蒸幕+全身泥パック等)…90分 W8万 |
| ※姫スペシャルコース(コラーゲン+顔リンパマッサージ等)…130分W22万 |

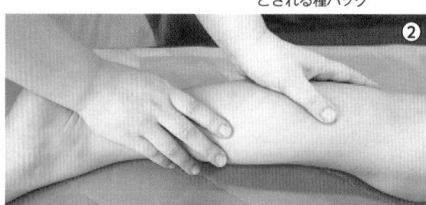

韓国式サウナで体を温める

# ぽかぽか汗蒸幕（ハンジュマク）で温まる ②店

韓国で伝統的な美容健康法として受け継がれてきた「汗蒸幕」や「よもぎ蒸し」。
汗をかいて体の中からのデトックス効果も高いとされる。
明洞・東大門エリアには日本語で安心してサービスを受けられる店も多い。

種(クネジャ)パックが大人気
## アスカ
Asuca
明洞 **MAP**付録P.9 D-1

ベテランスタッフによる腕の良い施術はリピーターも多い。特にパックとマッサージが人気で、種(クネジャ)やゴールドなどほかの汗蒸幕にはないパックが多いのも特徴。

☎02-797-6996 Ⓜ4号線明洞駅3番出口から徒歩3分 中区 退渓路20キル 19, 3F 중구 퇴계로20길 19, 3F 10:00〜21:00 無休 Ⓙ

1.よもぎ蒸しではサービスの韓方茶が出る 2.リンパマッサージは疲労回復にも 3.さまざまな植物の種がブレンドされ、保湿も助けるとされる種パック

| 主なMENU |
|---|
| ※スタンダードコース…W15万 |

グルメ&カフェ

ショッピング

歩いて楽しむ

エンターテインメント

ビューティ&ヘルス

ホテル

# 心と体を癒やしてくれるサービスがいっぱいの空間に行こう

# 施設が充実！チムジルバンでリラックス

チムジルバンとは入浴からサウナ、エステまで楽しむことができる複合入浴施設。
韓国では日頃の疲れやストレスを気軽に解消できる場所として、親しまれている。

話題の大型チムジルバンが
ソウル郊外に誕生！

## アクアフィールド河南

아쿠아필드하남
アクアビルドゥハナム

河南 **MAP**付録P3 F-4

8つのサウナをはじめ、浴場、リラックスルーム、フードコード、キッズルームまで揃う大型高級チムジルバン。最新の音響・映像技術を駆使した「メディアアートルーム」が話題。

☎031-8072-8800 **交M**2号線、8号線蚕室駅から車で30分 **所**京畿道河南市渼沙大路750 경기도 하남시 미사대로 750 **営**8:00(土・日曜、祝日7:00)〜22:00 ウォーターパークの屋内 10:00〜19:00 屋外 11:00〜18:00 **休**無休 

### 主なMENU

※チムジルバン
…W2万5000
※ウォーターパーク
…W4万5000

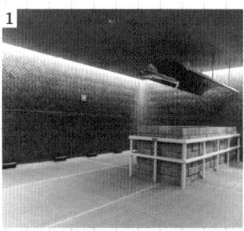

1.インテリアにもこだわりがこめられた内部　2.ソルト(塩)サウナ。きらびやかで印象的　3.窓の外に広がる景色を見ながら体をゆっくり休めよう　4.星空やオーロラをイメージした幻想的な「メディアアートルーム」

## ウォーターパークにも注目！

プールも一緒に楽しめる！アクアフィールド河南のもうひとつの目玉はチムジルバンとともにウォーターパークがあること。屋内・屋外にあるプールは設備も良く友人、カップル、家族連れと誰でも楽しめる。

⤴設備も充実の屋内プール。

リゾートのような屋外プール。チムジルバンと一日楽しめる。

## チムジルバンの楽しみ方

### 利用方法は？

入口で料金を支払い、タオルや館内着、ロッカーの鍵などを受け取ったら、あとは自由に過ごせる。原則として男女別々だが、共用スペースもあるのでカップルにも人気。

### 必要な持ち物は？

館内着やタオルは借りることができ、シャンプーやリンスなどは売店で買えるので、手ぶらでも大丈夫。ドライヤーやヘアブラシ、綿棒なども備えられていることが多い。

### どんな設備がある？

さまざまな種類のお風呂やサウナのほか、エステルーム、休憩室、売店、食堂、ゲームコーナーなどあらゆる設備が集合。睡眠室もあり、夜遊びのあとに利用する人も。

### 追加料金について

お風呂やサウナの使用は入場料に含まれているが、マッサージやエステ、アカスリなどはオプション料金となる場合がほとんど。また、館内での食事代も別途必要になる。

# ホテル

ホテルで過ごす時間も、旅の大切な一部です

## とっておきのホテルで過ごす夜

**ソウルにはラグジュアリークラスからリーズナブルなタイプまで幅広く集まる。アミューズメントや韓屋スタイルなど魅力いっぱいのホテルステイができる。**

1

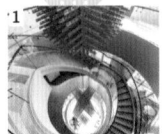

1.吹き抜けのらせん階段。天井からはアート作品が吊るされひときわ目を引く
2.「エディタールーム」。客室ごとのユニークなネーミングにも注目

2

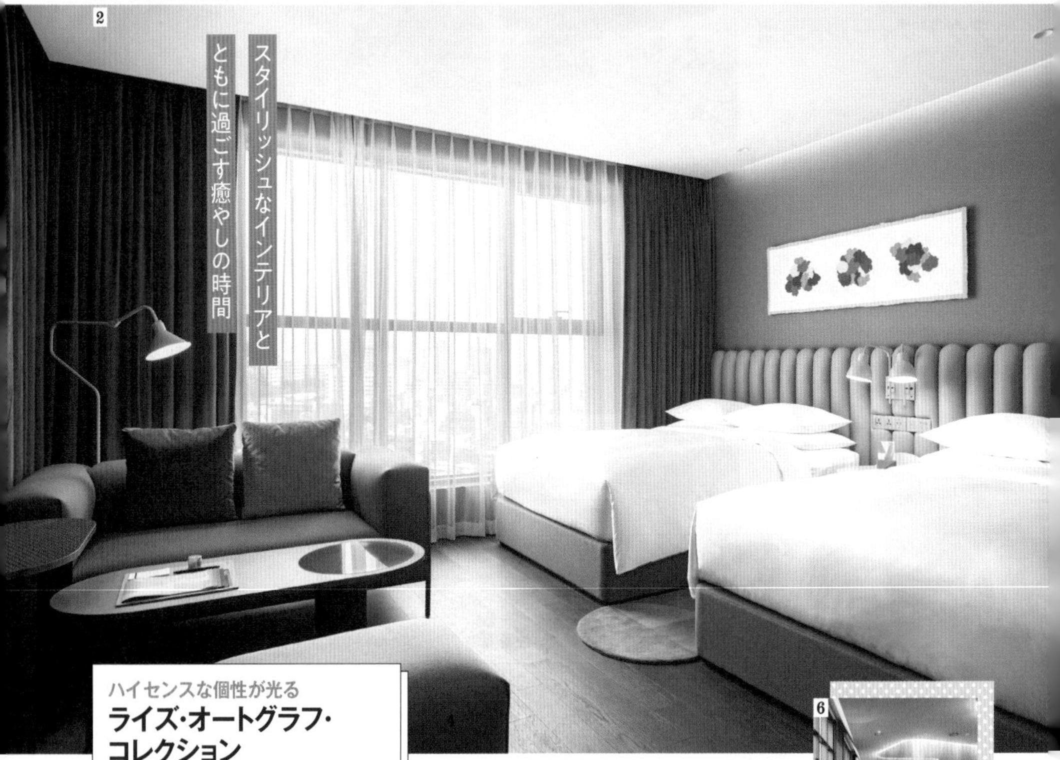

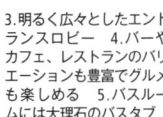

スタイリッシュなインテリアと
ともに過ごす癒やしの時間

ハイセンスな個性が光る

### ライズ・オートグラフ・コレクション

라이즈 오토그래프 컬렉션
Ryse, Autograph Collection
弘大 MAP 付録P.10 B-2

マリオットグループの展開するブランド「オートグラフコレクションホテル」として2018年にオープン。弘大の便利な立地に加えユニークでスタイリッシュな施設やルームも話題に。

☎02-330-7733(予約センター) 交 Ⓜ京義・中央線、2号線弘大入口駅9番出口から徒歩3分 所 麻浦区楊花路130 마포구 양화로130 料 W35万~ 室数 271 HP www.rysehotel.com
J E 💳

3.明るく広々としたエントランスロビー 4.バーやカフェ、レストランのバリエーションも豊富でグルメも楽しめる 5.バスルームには大理石のバスタブ

3

4

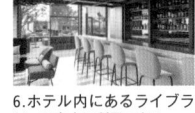

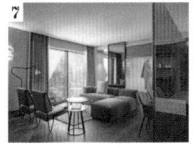

6.ホテル内にあるライブラリーは自由に利用できる
7.独特な内装の「アーティストスイート」

5

6

7

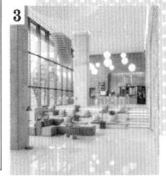

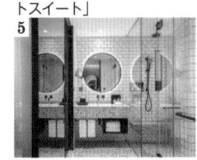

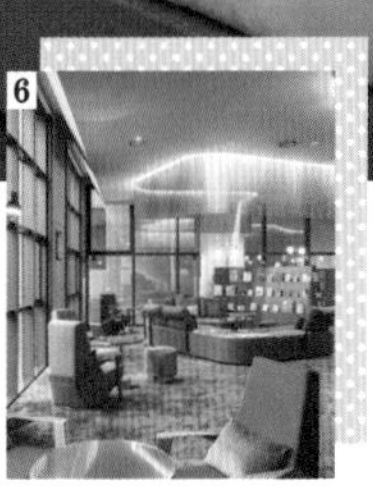

グルメ＆カフェ

ショッピング

歩いて楽しむ

エンターテインメント

ビューティ＆ヘルス

ホテル

## 韓国の伝統文化を感じられる
# 楽古斎
락고재
ラッコジェ

三清洞 **MAP** 付録P.19 D-1

130年以上の歴史を持つ韓屋を宿泊施設としてリノベーション。李氏朝鮮時代の両班の風情が感じられるつくりは韓国での滞在を忘れがたいものにしてくれることだろう。伝統文化体験などもできる。

☎02-742-3410 ✕3号線安国駅2番出口から徒歩7分 🏠鍾路区 嘉会洞 218 종로구 가회동 218 💰W21万 🛏室数4 🌐rkj.co.kr/ja/ **J E ▭**

古き良き韓国の
伝統文化を肌で体感

1.中庭の光景。喧騒を忘れる穏やかな場所　2.韓国の伝統的な料理が並び、食器にもこだわりがある朝食　3.オンドル部屋。韓国の伝統的な部屋として人気が高い

---

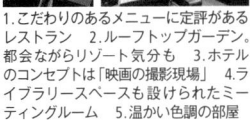

おしゃれなルームでとっておきの時間を

## ホテル滞在も観光も大満足
# ホテル28明洞
호텔28 명동
ホテル イシップパルミョンドン

明洞 **MAP** 付録P.16 C-2

映画をモチーフにしたユニークなコンセプトに加え、明洞の繁華街にありながらリゾート的な雰囲気も感じられる。リピーターの利用も多く、コスパの高いホテルとしても評価を得ている。

☎02-774-2828 ✕2号線乙支路入口駅5番出口から徒歩6分 🏠中区明洞7キル13 중구명동7길 13 💰W30万 🛏室数83 🌐hotel28.co.kr **J E ▭**

1.こだわりのあるメニューに定評があるレストラン　2.ルーフトップガーデン。都会ながらリゾート気分も　3.ホテルのコンセプトは「映画の撮影現場」　4.ライブラリースペースも設けられたミーティングルーム　5.温かい色調の部屋

---

## 極上の時間がここにある！
# パラダイスシティ
파라다이스시티

仁川 **MAP** 付録P2 A-2

北東アジアで最大規模を誇るカジノや遊園地の複合施設も兼ね備えた最上級ホテル。ホテルステイのみならず娯楽やエンターテインメントまで満喫できる。空港、ソウル市内へのアクセスも便利。

☎1833-8855 ✕仁川国際空港より専用シャトルバスで7分 🏠仁川市中区永宗海岸南路321番ギル186 인천 중구 영종해안남로 321번길 186 💰W30万9091～ 🛏室数711 🌐www.p-city.co.kr **J E ▭**

カジノから遊園地まで
夢の世界を体感

1.東京ドーム7個分の広さ　2.韓国最大規模のパラダイスカジノ　3.開放的で洗練されたルーム　4.アミューズメント「WONDERBOX」。きらびやかな世界が広がる

# ホテルリスト

## ● リピーターも多い安心の老舗ホテル
### ロイヤルホテルソウル
로얄호텔서울
ROYAL HOTEL SEOUL
明洞 **MAP** 付録P.17 D-2
☎02-756-1112 ✕Ⓜ4号線明洞駅8番出口から徒歩7分 ㊟中区 明洞キル 61 중구 명동길 61 ㊤W27万5000~ 室数310
Ⓗroyal.co.kr/jp/index.php ⒿⒺ

## ● 景福宮にも近い便利なエリアに位置
### ホテル・ベニューG
베뉴지 호텔
Hotel Venue G
仁寺洞 **MAP** 付録P.7 D-3
☎02-2223-6506~9 ✕Ⓜ1、2号線鍾路3街駅14番出口から徒歩5分 ㊟鍾路区清渓川路117 종로구청계천로117 ㊤W9万~ 室数162 Ⓗ venueg.seoultophotels.com/ja/ Ⓙ

## ● 9つの快適なダイニングとスパが魅力
### フォーシーズンズ・ホテル・ソウル
포시즌스호텔서울
Fourseasons Hotel Seoul
光化門 **MAP** 付録P.18 A-4
☎02-6388-5000 ✕Ⓜ5号線光化門駅7番出口から徒歩2分 ㊟鍾路区 セムナン路97 종로구새문안로 97 ㊤W73万~ 室数317 Ⓗwww. fourseasons.com/jp/seoul ⒿⒺ

## ● ビジネスの中心地・江南にあるモール直結ホテル
### インターコンチネンタル・ソウル・コエックス
인터컨티넨탈 서울 코엑스
Intercontinental Seoul Coex
三成 **MAP** 付録P.13 E-2
☎02-3452-2500 ✕Ⓜ9号線奉恩寺駅7番出口から徒歩5分 ㊟江南区 奉恩寺路524 강남구 봉은사로524 ㊤W30万~ 室数656 Ⓗwww. seoul.intercontinental.com/iccoex ⒿⒺ

## ● 今注目を集める、東大門初の高級ホテル
### JWマリオット・東大門スクエア・ソウル
JW 메리어트 동대문 스퀘어 서울
JW Marriott Dongdaemun Square Seoul
東大門 **MAP** 付録P.21 D-1
☎02-2276-3000 ✕Ⓜ1、4号線東大門駅8番出口直結 ㊟鍾路区清渓川路 279 종로구청계천 279 ㊤Ⓢ W45万~ 室数170 Ⓗ jwmarriottddm.com ⒿⒺ

## ● 弘大入口駅近！22階建ての4ツ星ホテル
### L7弘大 by LOTTE
L7 홍대 by LOTTE
エルセブン ホンデ バイロッテ
弘大 **MAP** 付録P.10 B-2
☎02-2289-1000 ✕Ⓜ京義・中央線、2号線弘大入口駅1番出口から徒 歩3分 ㊟麻浦区楊花路141 마포구 양화로 141 ㊤W20万~ 室数350 Ⓗwww.lottehotel.com/hongdae-l7/ja/html Ⓔ

## ● 大人数にも対応の4人部屋設備
### ホテル・カプチーノ
호텔 카푸치노
Hotel Cappuccino
江南 **MAP** 付録P.12 C-3
☎02-2038-9611 ✕Ⓜ9号線彦州駅1番出口から徒歩3分 ㊟江南区奉 恩寺路155 강남구봉은사로155 ㊤W14万~ 室数130
Ⓗhotelcappuccino.co.kr/ Ⓔ

## ● モノトーン調のシックなスタイリッシュホテル
### メイカーズ・ホテル
메이커스호텔
Makers Hotel
仁寺洞 **MAP** 付録P.19 E-4
☎02-747-5000 ✕Ⓜ1、3、5号線鍾路3街駅4番出口から徒歩1分 ㊟ 鍾路区敦化門路11キル33 종로구돈화문로11길 33 ㊤W8万5000~ 室数 42 Ⓗwww.makers-hotel.com/ ⒿⒺ

## ● 地下鉄駅&百貨店に直結する好立地
### ロッテ・ホテル・ソウル
롯데 호텔 서울
Lotte Hotel Seoul
明洞 **MAP** 付録P.16 B-1
☎02-771-1000 ✕Ⓜ2号線乙支路入口駅8番出口から徒歩1分 ㊟中区 乙支路30 중구을지로30 ㊤W51万~ 室数1120 Ⓗwww. lottehotel.com/seoul-hotel/ja/html ⒿⒺ

## ● 遊びが充実するファミリーにもおすすめのホテル
### ロッテホテルワールド
롯데호텔월드
LOTTE HOTEL WORLD
蚕室 **MAP** 付録P.5 E-3
☎02-419-7000 ✕Ⓜ2号線、8号線蚕室駅からすぐ ㊟松坡区 オリン ピック路 240 송파구 올림픽로 240 ㊤W27万~ 室数477 Ⓗwww. lottehotel.com/world-hotel/ja.html Ⓔ

## ● ロッテ系列のプレミアムビジネスホテル
### ロッテ・シティ・ホテル明洞
롯데시티호텔명동
Lotte City Hotel Myeongdong
明洞 **MAP** 付録P.7 D-4
☎02-6112-1000 ✕Ⓜ2、3号線乙支路3街駅1番出口から徒歩3分 ㊟中区三一大路362 중구 삼일대로362 ㊤W26万~ 室数430
Ⓗ www.lottehotel.com/myeongdong-city/ja/html ⒿⒺ

## ● ソウル初心者におすすめの駅近ホテル
### ホテル・スカイパーク・明洞3
호텔 스카이파크 명동3
Hotel Skypark Myeongdong3
明洞 **MAP** 付録P.17 E-4
☎02-756-9700 ✕Ⓜ4号線明洞駅9番出口からすぐ ㊟中区退渓路139 중구퇴계로139 ㊤W13万~ 室数136
Ⓗwww.skyparkhotel.com/html/main.asp ⒿⒺ

# 旅の基本情報

🅟

## 旅の準備

### パスポート（旅券）

旅行の予定が決まったら、まずはパスポートを取得。各都道府県、または市区町村のパスポート申請窓口で取得の申請をする。すでに取得している場合も、有効期限をチェック。韓国入国時には、パスポートの有効残存期間が3カ月以上必要となる。

### ビザ（査証）

韓国入国に際して、90日以内の観光目的で、出国用航空券があれば、ビザは不要。ビザ免除の場合、入国後の滞在期間の延長は、韓国国内でビザの申請を行えば可能になる。また通常ビザなしで韓国に入国する際、申請が必須になっているK-ETA（電子渡航許可）。2024年4月現在、「2023-2024韓国訪問の年」により、2024年12月31日までK-ETA（電子渡航許可）の取得は不要になっている。最新情報はHPでチェックしておこう。

### 海外旅行保険

海外で病気や事故に遭うと、思わぬ費用がかかってしまうもの。携行品の破損なども補償されるため、必ず加入しておきたい。保険会社や旅行会社の窓口やインターネットで加入できるほか、簡易なものであれば日本出国直前でも空港にある自動販売機でも加入できる。クレジットカードに付帯しているものもあるので、補償範囲を確認しておきたい。

- - - - - - - - - - - - - - - - - - - - - - - - - - -

☎ 日本から韓国への電話のかけ方

| 010 | → | 82 | → | 相手の 電話番号 |

国際電話の
識別番号

韓国
の国番号

### 荷物チェックリスト

| | | |
|---|---|---|
| ◎ | パスポート | |
| ◎ | パスポートのコピー （パスポートと別の場所に保管） | |
| ◎ | 現金 | |
| ◎ | クレジットカード | |
| ◎ | 航空券 | |
| ◎ | ホテルの予約確認書 | |
| ◎ | 海外旅行保険証 | |
| ◎ | ガイドブック | |
| | 洗面用具（歯磨き・歯ブラシ） | |
| | 常備薬・虫よけ | |
| | 化粧品・日焼け止め | |
| | 着替え用の衣類・下着 | |
| | 冷房対策用の上着 | |
| | 雨具・折り畳み傘 | |
| | 帽子・日傘 | |
| | サングラス | |
| | 変換プラグ | |
| | 携帯電話・スマートフォン／充電器 | |
| | デジタルカメラ／充電器／電池 | |
| | メモリーカード | |
| | ウェットティッシュ | |
| △ | スリッパ | |
| △ | アイマスク・耳栓 | |
| △ | エア枕 | |
| △ | 筆記具 | |

◎必要なもの　△機内で便利なもの

# 入国・出国はあわてずスマートに手続きしたい！

空港であわてないように、出入国の流れやソウル到着後に空港でしておきたいことを、事前に確認しておこう。

## 韓国入国

### ① 入国審査

飛行中に入国申告書が配布されるので、機内で記入しておこう。入国審査時はForeigner(外国人)の列に並び、パスポートと入国申告書を提出する。滞在目的などの質問と指紋採取、顔写真撮影(17歳以上)を経て入国スタンプが押される。

### ② 預けた荷物の受け取り

入国審査後、電光掲示板で便名と荷物の受取場所を確認する。搭乗便名のサインがあるターンテーブルで、自分の荷物を受け取る。日本でのチェックインの際に受け取ったバゲージクレーム・タグと荷物のタグを照合して、自分の荷物かを確認しよう。

### ③ 税関手続き

申告物がない場合、旅行者携帯品申告書の作成・提出は不要。申告物がある場合には申告書を作成し、提出する。飛行中に旅行者携帯品申告書は配布されるので機内で記入しておきたい。仁川国際空港第2ターミナルおよび、金浦国際空港を利用する場合はモバイルアプリやWebサイトで電子申告することもできる。家族で一緒に入国する場合は、家族で1枚の提出でよい。税関申告書に同伴家族数欄に人数を記入しておく。入国手続きが終わったら、空港内にある銀行で両替を済ませて出口に向かおう。

### 韓国入国時の免税範囲

| アルコール類 | US$400以下のアルコール類2本、計2ℓまで |
|---|---|
| 香水 | 100mℓ以下 |
| たばこ | 紙巻たばこ200本 |
| その他物品 | 免税店を含む海外で購入したUS$800相当以下のもの |
| 現金 | 課税されないが、現地通貨または外貨がUS$1万相当を超える場合は申請が必要 |

※アルコール類、たばこは19歳以上のみ

### 入国申告書（ARRIVAL CARD）の記入例

機内で書いておきたい。ペンは必携

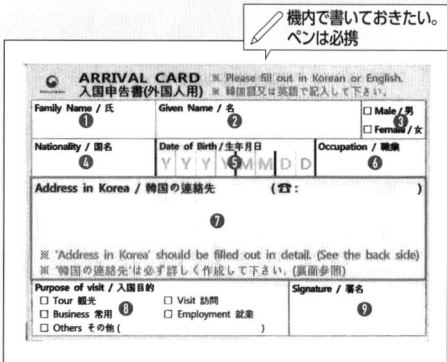

### 裏面

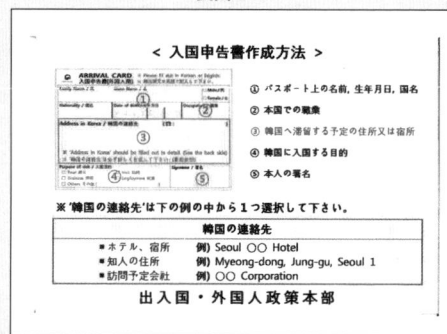

❶ 姓(パスポートと同じスペルをブロック体の大文字で記入)
❷ 名(パスポートと同じスペルをブロック体の大文字で記入)
❸ 性別(男性:Male・女性:Female)
❹ 国名(Japanなど)
❺ 生年月日(西暦・月・日)
❻ 職業(office worker会社員、student学生、housewife主婦など)
❼ 滞在予定の住所、またはホテル名
❽ 滞在目的(観光の場合はTourにチェック)
❾ 署名

# 出発前に確認しておきたい!

## Webチェックイン

搭乗手続きや座席指定を事前にWebで終わらせておくことで、空港で荷物を預けるだけで済み大幅に時間を短縮することができる。一般的に出発時刻の24時間前からチェックインが可能。パッケージツアーでも利用できるが、一部対象外となるものもあるため、その際は空港カウンターでの手続きとなる。

## 飛行機機内への持ち込み制限

◉ **液体物** 100㎖(3.4oz)を超える容器に入った液体物はすべて持ち込めない。100㎖以下の容器に小分けにしたうえで、縦横の辺の合計が40cm以内のジッパー付きの透明なプラスチック製袋に入れる。免税店で購入したものについては100㎖を超えても持ち込み可能だが、乗り継ぎの際に没収されることがある。

20cm以下
ジッパーで閉じる
容器は
ひとつ
100㎖
以下
20cm以下

◉ **刃物** ナイフやカッターなど刃物は、形や大きさを問わずすべて持ち込むことができない。
◉ **電池・バッテリー** 100Whを超え160Wh以下のリチウムを含む電池は2個まで。100Wh以下や本体内蔵のものは制限はない。160Whを超えるものは持ち込み不可。
◉ **ライター** 小型かつ携帯型のものを1個まで。

## 荷物の重量制限

預入荷物の制限は航空会社によって異なるが、エコノミークラスの場合おおよそ20～23kg以下、3辺の合計158～203cm以下、 個数は2個まで。超過料金を避けるため、事前に確認を。

## 現地で使えるアプリをチェック

旅行先で役立つ日本語対応アプリがいろいろ出ているので事前にダウンロードしておこう。例えば「Subway Korea」は地下鉄の乗り換え情報を提供。日本語対応の地図サービス「NAVER MAP」も便利だ。

## 他人の荷物は預からない!

知人や空港で会った人物に頼まれ荷物を預かったり、勝手に荷物に入れられたりして、知らないうちに麻薬を運ばされるなど、トラブルに巻き込まれる事例が発生している。自分の荷物は厳重に管理しよう。

## 韓国出国

### ① 空港へ向かう

空港が混雑していると手続きに時間がかかるので、余裕をもって出発2時間前には空港に到着していたい。再両替も空港で済ませておこう。チェックイン前には機内預け入れ荷物のセキュリティチェックを受ける。その後は荷物を開けることはできないので注意。

### ② チェックイン

搭乗する便名の掲示が出ているカウンターで、パスポートと航空券を提示してチェックインする。パスポートとともに搭乗券とバゲージクレーム・タグを受け取る。機内預け入れ荷物の制限重量は航空会社によって異なり、超えると追加料金が必要になる。

### ③ 出国審査&搭乗

機内持ち込みの手荷物のセキュリティチェックを受ける。ペットボトルのほか、キムチやシートマスクも機内持ち込み不可になっているので注意。貴金属類は外してコートは脱ぐ。出国審査ではパスポートと航空券を提示するだけでOK。

**日本帰国時の免税範囲**

| アルコール類 | 1本760㎖程度のものを3本 |
|---|---|
| たばこ | 紙巻たばこ200本、葉巻たばこ50本、その他250g、加熱式たばこ個装等10個のいずれか。1箱あたりの数量は紙巻たばこ20本に相当。 |
| 香水 | 2oz(オーデコロン、オードトワレは含まない) |
| その他物品 | 海外市価1万円以下のもの。1万円を超えるものは合計20万円まで |

※アルコール類、たばこは20歳以上のみ

**日本への主な持ち込み制限品**

| | |
|---|---|
| 持ち込み禁止品 | 麻薬類、覚醒剤、向精神薬など |
| | 拳銃などの鉄砲、弾薬など |
| | ポルノ書籍やDVDなどわいせつ物 |
| | 偽ブランド商品や違法コピー |
| | DVDなど知的財産権を侵害するもの |
| | 家畜伝染病予防法、植物防疫法で定められた動植物とそれを原料とする製品 |
| 持ち込み制限品 | ハム、ソーセージ、10kgを超える乳製品など検疫が必要なもの |
| | ワシントン国際条約の対象となる動植物とそれを原料とする製品 |
| | 猟銃、空気銃、刀剣など |
| | 医療品、化粧品など |

# ウォンは使い切ってしまう

ウォンから日本円に再両替すると、レートや手数料の関係で損をしてしまうのでなるべく現地で使い切ってしまいたい。硬貨の両替は不可であることも覚えておこう。もし余ってしまったら、日本の空港や駅に設置されている「Pocket Change」を利用するのがおすすめ。外貨を投入すると電子マネーやギフトコードに交換できるサービスで、手数料不要。 www.pocket-change.jp/ja

## 仁川国際空港

### INCHEON INTERNATIONAL AIRPORT

ソウルから西に約40kmの人工島にある空港。アジア最大のハブ空港で、広大な敷地に立つ近代的な空港ビル内には、フードコートや各種ショップなどの施設が充実しており帰国時におみやげを買うのにも便利。ソウル市内までは約40～90分。リムジンバス、空港鉄道A'REX、タクシーなどのアクセス方法がある。 **MAP** 付録P.2 A-2

### ターミナルは2つある

2018年に第2ターミナルがオープンし、仁川国際空港のターミナルは2つになった。第2ターミナルには、大韓航空やデルタ航空などスカイチーム系列の便が離発着する。第1、第2ターミナルともに、すべてのアクセス手段の利用が可能。2つのターミナルを結ぶシャトルバスは約5分間隔に運行、移動所要時間は約15分。

⬆韓国グルメが楽しめるフードコート、伝統文化を無料体験できるコーナーや展望台などのスポットが充実している

## 金浦国際空港

### GIMPO INTERNATIONAL AIRPORT

ソウル市内にある空港で、中心部までの所要時間は地下鉄で約30分とアクセスが良く便利。リムジンバス、空港鉄道のA'REX、タクシー、地下鉄2路線が利用できる。A'REXの直通列車は停車しないので、各停の一般列車を利用する。到着後は1階と2階にある両替所で必要な金額を両替しておこう。 **MAP** 付録P.2 B-2

⬆ソウル市内に近くコンパクトな金浦国際空港。大型ショッピングモールの「ロッテモール金浦空港」と隣接している

## ☑ 空港でしておきたいこと

### ☐ 両替

空港内の両替所は年中無休で深夜まで営業している。空港内の両替所は市内に比べてレートが悪い。到着後の両替は必要な分だけにしておき、なるべく街なかの両替所で換金したい。➡P.168

### ☐ SIMカードの購入

SIMフリーのスマホを持っているなら、空港の通信会社カウンターやコンビニで、旅行期間だけ使用可能なプリペイドSIMを購入しよう。➡P.171

### ☐ T-moneyカードの購入

韓国旅行で便利なチャージ式の交通カードで、空港内にあるコンビニで購入可能、W1000単位でチャージができ、地下鉄、バス、タクシーで利用可能。手数料W500で払い戻しもできる。T-moneyカードについては➡付録P.24

### ☐ 免税店で買い物

出国直前までショッピングが楽しめる空港免税店。日本円やカードが使え、日本語が通じるスタッフも多い。仁川国際空港には入国時に買い物ができる入国場免税店もある。

## 都心空港ターミナルを活用

ソウル駅とコエックスには、搭乗手続きと出国審査ができる都心空港ターミナルがあり、荷物も預け入れ可能。手続きは出国の3時間（大韓航空は3時間20分）前まで。ソウル駅のターミナルを利用する場合は、仁川国際空港への直通列車乗車券が必要。

**ソウル駅 都心空港ターミナル**
ソウル駅周辺 **MAP** 付録P8 A-2
搭乗手続き 5:20～19:00 出国審査 7:00～19:00

# 空港からホテルへはスムーズにアクセスしたい！

ソウルには仁川と金浦、2つの国際空港がある。市内へは複数のアクセス手段があるので事前確認しておこう。

## 仁川国際空港から中心部へ

市内への交通手段は、主に空港鉄道A'REX、タクシー、リムジンバスの3パターン。約40〜120分で到着する。

###  空港鉄道 A'REX

| 所要 | 約40〜70分 |
|---|---|
| 料金 | W4550〜 |

仁川国際空港〜金浦国際空港〜ソウル駅を結ぶ空港鉄道。仁川国際空港からソウル駅までノンストップの直通列車と各駅停車があり、乗り場が異なるのでよく確認しよう。直通列車は1時間に1〜2本あり、ソウル駅まで43分で到着する（料金W1万1000）。各駅停車の所要時間は66分。

**① 駅へ向かう**
空港鉄道A'REXの乗り場はターミナルの地下1階にある。1階の到着ロビーから案内板に従い、地下1階に向かおう。

**② チケットを購入**
直通列車のチケットは券売機や窓口で購入する。各駅停車は専用交通カード（デポジットW500）のT-moneyカードが使える。

**③ 乗車する**
直通列車はオレンジ、各駅停車はブルーの改札から乗車カードをタッチして入場する。直通列車は座席が指定されている。

###  タクシー

| 所要 | 約60〜80分 |
|---|---|
| 料金 | W5万5000〜 |

第1、第2ターミナルともに、1階のタクシー乗り場から乗車する。一般タクシー、模範タクシー、ジャンボタクシーなどがあり、種類・行き先別に待機している。高速道路を利用する場合は通行料が加算される。

###  リムジンバス

| 所要 | 約60〜90分 |
|---|---|
| 料金 | W1万8000〜 |

市内の主要駅やホテルまで向かうバス。安いが停車地が多く時間がかかる一般リムジンと、ゆったりシートの高級リムジン、主要ホテルを結ぶKALリムジンの3種類があるが、2024年4月現在一般リムジンは運休中。第1ターミナルは1階の到着ロビー出口から、第2ターミナルは地下1階の交通センターから乗車できる。

## 金浦国際空港から中心部へ

ソウル中心部まで約20〜70分と、アクセス良好な金浦国際空港。A'REXやリムジンバスのほか地下鉄の利用も可能だ。

### 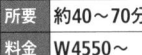 空港鉄道 A'REX

| 所要 | 約20分 |
|---|---|
| 料金 | W1700〜 |

ソウル駅に最も速く到着する。直通列車は停車しないので、各駅停車を利用する。発着ホームは国際線ターミナルと国内線ターミナルの中間の地下3階にある。各駅停車には荷物ストッカーがない。

### 地下鉄

| 所要 | 約30〜45分 |
|---|---|
| 料金 | W7000〜 |

ソウル市内へは地下鉄2号線と9号線が通っており、安くて時間も正確で便利。中心部の光化門までは5号線、汝矣島や高速ターミナル駅などへは9号線が便利。市内行きの地下鉄ホームは、どちらも地下3階にある。

###  タクシー

| 所要 | 約40〜70分 |
|---|---|
| 料金 | W1万5000〜 |

一般タクシー、模範タクシー、ジャンボタクシーなど種類ごとに乗り場が分かれている。市内までの料金の目安は一般タクシーが約W1万5000、模範タクシーがW2万7000。8人乗りの大型模範タクシーは大人数のときに便利。

###  リムジンバス

| 所要 | 約60分 |
|---|---|
| 料金 | W8000〜 |

KALリムジンと一般リムジン、高級リムジンがあるが2024年4月現在、KALリムジンと一般リムジンは運休中。通常KALリムジンと高級リムジンは20〜30分間隔で運行。一般リムジンは10〜50分間隔。路線番号6021番は、明洞やソウル駅などの主要駅、ホテルなどを経由する。

空港→市内中心部 アクセスマップ

# 韓国のお金のことを知っておきたい！

韓国の通貨の単位はW(ウォン)。現地での両替のコツやカード事情を知っておいて、お得に旅をしよう。

## 通貨

韓国の通貨単位はW(ウォン)で、紙幣と貨幣がある。紙幣は新貨幣と旧貨幣があり、現在どちらも流通している。

$$W1 = 約0.11円$$

(2024年4月現在)

$$1万円 = 約W9万$$

紙幣はW1000、W5000、W1万、W5万の4種類、硬貨はW10、W50、W100、W500の4種類があり、計8種類。W1とW5もあるが現在は流通していない。新紙幣は金額があがるほど横幅が長くなっておりW5万が一番長い。

| 紙幣 | 硬貨 |
|---|---|

 W1000  W10

 W5000  W50

 W10000  W100

 W50000  W500

### ATMで現地通貨を引き出す

自分の銀行口座から現地通貨を引き出すには海外のATMで引き出しができるデビットカードを用意しておくとよい。プラスやシーラス、ビザ、マスターカードなどのマークがついたカードを用意。銀行でグローバルATMと表記されたATMでウォンを引き出すことができる。利用するカードや銀行によって異なるが3～4%の手数料のほか引き出し手数料が必要になる場合もある。

## 両替

### どこで両替をすればいい?

日本国内でもウォンに両替できるが、現地での両替のほうがレートが良く換金率が良い。一般的には街なかの公認両替所、銀行、空港、ホテルの順に換金率は悪くなる。到着時、空港での両替は必要最低限にしておこう。両替できる場所は「¥」「exchange」「換銭両替」などの看板が目印。明洞、仁寺洞などの街なかにある両替所はレートが良い。両替の際にパスポートの提示を求められることもある。再両替の際には両替時に渡された外貨交換証明書が必要な場合があるので、大切に保管しておきたい。

✏ 日本円からの両替はBUYING

### レート表の見方

| CURRENCY(通貨) | UNIT | SELLING | BUYING |
|---|---|---|---|
| JAPANESE YEN | 100 | 1112 | 1094 |
| US DOLLAR | 1 | 2.889 | 2.889 |

日本円を100円に対するレート

韓国ウォンを日本円に両替するときのレート

日本円を韓国ウォンに両替するときのレート。この場合、1万円がW10万9400の換算になる

※数値は実際のレートとは異なります

### クレジットカードでキャッシング

キャッシングによる現地通貨の引き出しは、利息が発生するが、帰国後すぐに繰上返済すれば、現金での両替よりもレートが有利なこともある。事前にキャッシングの可否やPIN(暗証番号)の確認を忘れずに。

### 海外トラベルプリペイドカード

プリペイドカードを利用してATMで現地通貨を引き出すのも便利。事前に入金しておいた分しか引き出せないので、ついつい使いすぎる心配がなく、盗難・紛失にあった際のリスクもクレジットカードに比べて少ない。

## クレジットカード

クレジットカードの普及率が高い韓国。ホテルのチェックインの際にデポジットとして提示を求められる場合もある。屋台や市場を除くほとんどのお店でカード使用可能なので、多額の現金を持ち歩くのではなく、支払いの際にはカード払いも活用しよう。店によっては使えるカードが限られていることもあるので2種類以上持っていると安心。

# 📍 ATM の使い方

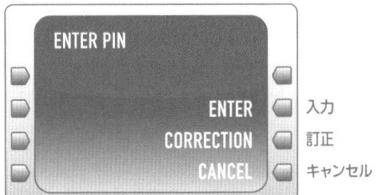

## 暗証番号を入力 ENTER PIN

ENTER PIN（暗証番号を入力）と表示されたら、クレジットカードの4ケタの暗証番号を入力し、最後にENTER（入力）を押す。

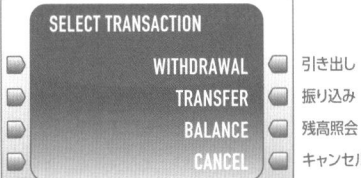

## 取引内容を選択 SELECT TRANSACTION

クレジットカードでのキャッシングも、国際キャッシュカードやデビットカード、トラベルプリペイドカードで引き出すときもWITHDRAWL（引き出し）を選択。

## 取引口座を選択 SELECT SOURCE ACCOUNT

クレジットカードでキャッシングする場合はCREDIT（クレジットカード）、トラベルプリペイドカードなどで預金を引き出す場合はSAVINGS（預金）を選択。

## 金額を選択 SELECT AMOUNT

引き出したい現地通貨の金額を選ぶ。決められた金額以外の場合はOTHER（その他）を選ぶ。現金と明細書、カードを受け取る。

---

## 物価

旅行で気になるのが現地の物価。韓国コスメやグルメは日本よりも割安だが、韓国の物価は年々上昇しており、日本と変わらないものも多い。地下鉄やタクシーなどの交通費は日本に比べると安いが、近年は上昇傾向にある。

地下鉄初乗り
W1500〜（約165円〜）

タクシー初乗り
W4800〜（1.6kmまで）
（約528円〜）

ジュース（500mℓ）
W680〜
（約74円〜）

ビール
W2000〜
（約220円〜）

焼肉
W2万5000〜（約2750円〜）

冷麺
W6000〜（約660円〜）

### 予算の目安

韓国の物価は上昇傾向にあるが、航空券が安いのでリーズナブルな旅行が楽しめる。予算に応じてプランを立てよう。

**宿泊費** スタンダードなホテルを利用するなら1泊7000〜1万7000円、特1級ホテルは2万〜4万5000円が目安になる。

**食費** 高級な韓定食店はコース料理で1万円かかる場合もある。街なかの食堂なら1000〜1500円、焼肉なら最低3000円の予算が必要だろう。トッポッキなどの屋台料理を食べ歩くなら、数百円で楽しめる。

**交通費** 日本よりも交通費が安い韓国。市内の移動なら、地下鉄を使えば初乗り料金で足りる。模範タクシーを利用しても500〜2000円で移動可能だ。

## チップ

韓国にはチップの習慣はないため、特に意識する必要はない。高級レストランやホテルでは、あらかじめ精算の際にサービス料が含まれる。特別なサービスを受けたときは、小銭を渡したり、おつりを受け取らないなどで、感謝の気持ちを伝えよう。

### 金額の目安

| ホテル | W1000〜 | 予約を頼んだときなど |
|---|---|---|
| タクシー | W1000〜 | 荷物を運んでもらったときなど |
| 高級レストラン | 基本的に飲食代に含まれていることが多い | |

# 滞在中に知っておきたい韓国のあれこれ！

韓国は儒教精神に基づくマナーが根強い国。文化を理解して有意義な旅にしよう。

## 飲料水

ソウルの水道水は歯磨きや洗顔に使うには問題ないが、飲用には適していないので市販のミネラルウォーターを購入しよう。コンビニやスーパーなどで500mℓ～2ℓの水を購入することができる。ソウルの南山公園内の湧水は薬水（ヤッス）と呼ばれ、健康にいい名水として知られている。

## トイレ

日本のトイレと同じ洋式で使用方法も同様。公衆トイレや小さな飲食店のトイレは紙がない場合が多いので、紙は持ち歩こう。使用後の紙はそのまま流せるところが多いが、備え付けのゴミ箱に捨てるよう表記されているところもある。

## 各種マナー

**路上で** ソウルではレストランやホテル、駅などの公共施設、公園などでは禁煙となっている区域が多い。違反すると罰金が科されるので注意しよう。歩きたばこやたばこのポイ捨ても厳禁だ。

**公共交通機関で** 年長者を敬う韓国では、地下鉄やバスなど公共交通機関では必ず年長者に席を譲りたい。優先席が空いていても座らないようにしよう。車中での携帯通話はマナー違反にはならない。

**レストランで** 韓国の年長者と一緒にいるときは、年長者が箸をつけるまで食べないで待つのがマナー。お酒もすすめられるまでは控えよう。年長者にお酒を注がれたら、相手と正面に向き合って飲むのはマナー違反。体と顔を少し横に向けて飲むようにしよう。

**写真撮影** 国家保安上の理由で、空港や港、地下街、軍事施設などは撮影が制限されている。市街地を一望できる高台からの撮影、寺院内部、神事の撮影も禁止されている事があるので気をつけたい。

## 度量衡

日本と同じくメートル、ヘクタール、リットル、グラムなどの単位を使用。洋服は胸囲と身長が記載されている。

## 服装・ドレスコード

高級レストランや高級ホテル以外では基本的にドレスコードはなし。また、日本と同じ温帯性気候で四季がある韓国。冬は日本より厳しい寒さになるので防寒対策が必要。夏は冷房が強い場所が多いので羽織物を用意したい。

## 電化製品の使用

### 電化製品の対応電圧をチェック

韓国の電圧は110Vと220Vの2種類で周波数は60Hz。日本は100Vで50／60Hz。日本から持参した電化製品を韓国で使うには専用の変圧器が必要になる。最近のノートPCやスマホなどは240Vまで対応しているものもあるので、現地で使う予定の電化製品の仕様を確認しておこう。中級ホテル以上ならレンタル用の変圧器を用意していたり、高級ホテルは両方のコンセントを用意しているところも多い。

### 電源プラグの変換アダプターは必携

韓国のプラグの形状は日本のAタイプと異なり、Cタイプや2本ピンのSEタイプが多い。そのままでは使えないので変換アダプターを持って行こう。1つで複数のコンセントに対応できる汎用型が便利だ。

C型プラグ

## 郵便

### はがき／手紙

日本までの航空郵便料金は、はがきW430、封書は10gまでW570、20gまでW610、30gまでW690。街なかの郵便局で切手を購入できる。明洞にある中央郵便局は簡単な英語や日本語が通じるので、観光客も利用しやすい。

### 小包

直接郵便局の窓口に持ち込む。航空便（7～15日）と船便（20～60日）が選べて20kgまで送れる。EMSなら書類は最大2Kgまで書類以外は30Kgまで送ることができ、伝票番号で追跡可能。

## 飲酒と喫煙

飲酒、喫煙とも19歳から。

### 公共の場での飲酒

お酒が残るグラスに、さらに注ぎ足すのは韓国ではマナー違反になる。また、女性が身内以外の男性にお酌をする習慣はない。乾杯の掛け声は「乾杯（コンベ）」が一般的だ。

### 喫煙は喫煙スペースで

レストランやホテル、駅など公共の建物内はほとんど禁煙になっている。屋外でもバス停や広場、公園などは禁煙エリアがあるので注意したい。喫煙したい人は、喫煙所や喫煙コーナーを探そう。バーやカフェなどのなかには、テラス席で喫煙できる店もある。

# 電話／インターネット事情を確認しておきたい!

**外国人観光客向けのサービスが整っているが、情報収集、緊急連絡のためにも、通信手段は頭に入れておきたい。**

## 電話をかける

> 日本の国番号は81、
> 韓国の国番号は82

### 韓国から日本への電話のかけ方

**ホテル、公衆電話から**　※国際電話の識別番号はほかにも 002、005、008などがある

| ホテルからは<br>外線番号 | → | 001 | → | 81 | → | 相手の電話番号 |
|---|---|---|---|---|---|---|
| | | 国際電話の<br>識別番号 | | 日本の<br>国番号 | | ※固定電話・携帯電話とも<br>市外局番の最初の 0 は不要 |

**携帯電話、スマートフォンから**

| 0または＊を長押し | → | 81 | → | 相手の電話番号 |
|---|---|---|---|---|
| ※機種により異なる | | 日本の<br>国番号 | | ※固定電話・携帯電話とも<br>市外局番の最初の 0 は不要 |

### 固定電話からかける

**ホテルから**　外線番号(ホテルにより異なる)を押して から、相手先の番号をダイヤル。たいて いは国際電話もかけることができる。

**公衆電話から**　地下鉄の駅や空港以外ではほとんど見か けない。テレホンカードはコンビニなど で購入できる。T-moneyカードが使用できるものも。

###  日本へのコレクトコール

緊急時にはホテルや公衆電話から通話相手に料金が 発生するコレクトコールを利用しよう。

◉**KDDIジャパンダイレクト**
☎**00722-081**

オペレーターに日本の電話番号と話したい相手の名前を伝える

### 携帯電話／スマートフォンからかける

国際ローミングサービスに加入していれば、日本で使用し ている端末でそのまま通話できる。ソウルに滞在中、市内 の電話には8桁の番号をダイヤルするだけでいい。日本の 電話には、＋を表示させてから、国番号＋相手先の番号(最 初の0は除く)。同行者の端末にかけるときも、国際電話と してかける必要がある。

**海外での通話料金**　日本国内での定額制は適用され ず、着信時にも通話料が発生す るため、料金が高額になりがち。ホテルの電話やIP電話を 組み合わせて利用したい。同行者にかけるときも日本への 国際電話と同料金。

**IP電話を使う**　インターネットに接続できる状 況であれば、SkypeやLINE、 Viberなどの通話アプリを利用することで、同じアプリ間 であれば無料で通話することができる。SkypeやViberは 有料プランで韓国の固定電話にもかけられる。

## インターネットを利用する

**街なかで**　インターネット環境が充実している韓国。 ソウルでは空港や地下鉄、タクシーや飲食 店など多くの場所で無料でWi-Fi接続ができる。接続の際に ログインやパスワードが必要な場合もあるので、わからな いときはお店の人に聞いてみよう。レシートや店内の壁に パスワードが書いてある場合もあるのでチェックしよう。

**ホテルで**　ホテルでは基本的にWi-Fiは使用できるが、 客室内では弱い場合もある。ロビーやフ ロントでしか接続できないホテルもあるので、ホテルを予 約する際には、事前にWi-Fi環境について調べておきたい。 Wi-Fiルーターをレンタルしているホテルもある。

###  インターネットに接続する

海外データ定額サービスを利用すれば、1日1000〜3000円 程度でデータ通信を利用できる。空港到着時に自動で案内 メールが届く通信業者もあるが、事前の契約や手動での設 定が必要なこともあるため、よく確認しておきたい。定額 サービスなしでデータ通信を行うと高額な料金となるため、 不安であれば電源を切るか、機内モードなどにしておく。

| | カメラ／時計 | Wi-Fi | 通話料 | データ通信料 |
|---|---|---|---|---|
| 電源オフ | × | × | ✕ | ✕ |
| 機内モード | ○ | ○ | ✕ | ✕ |
| モバイルデータ<br>通信オフ | ○ | ○ | $ | ✕ |
| 通常<br>モバイルデータ<br>通信オン | ○ | ○ | $ | $ |

○ 利用できる　$ 料金が発生する

###  SIMカード／レンタルWi-Fiルーター

データ通信を頻繁に利用するなら、現地SIMカードの購入 や海外用Wi-Fiルーターのレンタルも検討したい。SIM フリーの端末があれば、空港やショッピングセンターで購入 できるSIMカードを差し込むだけで、インターネットに接 続できる。しかし、購入にはパスポートが必要。Wi-Fiルー ターは複数人で同時に使えるのが魅力で、料金はさまざま だが大容量プランで1日500〜1500円ほど。

### オフラインの地図アプリ

地図アプリでは、地図データをあらかじめダウンロード しておくことで、データ通信なしで利用することができ る。機内モードでもGPS機能は利用できるため、通信料 なしで地図アプリを利用できる。

# 病気、盗難、紛失…。トラブルに遭ったときはどうする?

**警戒していても不慮の事故は避けられない場合もある。トラブルに遭った際は速やかに連絡を。**

## 治安が心配

韓国は治安の良い国だが、観光客はスリや置き引き、ひったくりに狙われやすい。油断せずに、荷物から目を離さないなど十分な注意を払おう。

## 緊急時はどこへ連絡?

荷物をなくしても大丈夫なよう、メモや携帯電話に記録しておこう。

〔警察〕☎112
〔消防・救急〕☎119
〔大使館〕
**在大韓民国日本国大使館**
仁寺洞 MAP 付録P.18 B-3
☎02-2170-5200
⊕鍾路区栗谷路6ツインツリータワーA棟
**在大韓民国日本国大使館領事部（ソウル）**
☎02-739-7400（代表）
⊕鍾路区栗谷路6ツインツリータワーA棟8F
〔病院〕
**カトリック大学校ソウル聖母病院 国際医療センター**
高速ターミナル駅 MAP 付録P4 C-3
☎02-2258-5747（平日8:00〜17:00）
**延世大学校新村セブランス病院 国際医療センター**
新村 MAP 付録P.11 E-1
☎02-2228-5801（平日8:30〜17:30）

## 病気・けがのときは?

海外旅行保険証に記載されているアシスタンスセンターに連絡するか、ホテルのフロントに医者を呼んでもらう。海外旅行保険に入っていれば、提携病院で自己負担なしで安心して治療を受けることができる。

## パスポートをなくしたら?

① 最寄りの警察署に届け、顔写真（4.5×3.5cm）2枚を用意し、紛失等届出の証明書を発行してもらう。

② 在大韓民国日本国大使館領事部で、「紛失届」と「帰国のための渡航書（有効期限は3日程度）」を申請する。用意するものは紛失証明書と顔写真（4.5×3.5cm）2枚、戸籍謄（抄）本など日本国籍であることが証明できる書類（日本の運転免許証は不可）、帰国する飛行機の便名。

③ 通常、約2〜3時間後に受け取り可能。 発行の手数料はW2万5000（カードや円での支払いは不可）。
※新規パスポートも申請できるが、発行は申請日から休館日を除く4日後。戸籍謄（抄）本、顔写真入りの身分証明書が必要となる。手数料は、5年有効がW11万、10年有効がW16万（カードや円での支払いは不可）。

## クレジットカードをなくしたら?

不正利用を防ぐため、カード会社にカード番号、最後に使用した場所、金額などを伝え、カードを失効してもらう。再発行にかかる日数は会社によって異なるが、翌日〜3週間ほど。事前にカード発行会社名、紛失・盗難時の連絡先電話番号、カード番号をメモし、カードとは別の場所に保管しておくこと。

## 現金・貴重品をなくしたら?

現金はまず返ってくることはなく、海外旅行保険でも免責となるため補償されない。盗難の場合荷物は補償範囲に入っているので、警察に届け出て盗難・紛失届出証明書（Police Report）を発行してもらい、帰国後保険会社に申請する。

### 外務省 海外安全ホームページ& たびレジ

外務省の「海外安全ホームページ」には、治安情報やトラブル事例、緊急時連絡先などが国ごとにまとめられている。出発前に確認しておきたい。また、「たびレジ」に渡航先を登録すると、現地の事件や事故などの最新情報が随時届き、緊急時にも安否の確認や必要な支援が受けられる。

---

## スリ

〔事例1〕地下鉄駅構内や路上でコインやハンカチを落としたり、背中に飲み物やクリーム状のものをつけられたりなど、気を取られている隙に、後ろにいた共犯者から財布や貴重品を抜き取られた。
〔事例2〕地下鉄車内や買い物中に、背後からカミソリなどでバッグを切り裂き、中身を抜き取られた。
〔対策〕多額の現金や貴重品はできる限り持ち歩かず、位置を常に意識しておく。支払いのときに、財布の中を他人に見えないようにする。バッグはいつも腕にかけてしっかりと抱え込むように持つ。

## 旅のトラブル実例集

### 置き引き

〔事例1〕屋台で料理を購入するときやビュッフェ形式の食事中に、席に置いていた荷物を盗まれた。
〔事例2〕ホテルのチェックイン、チェックアウトのときに、足元に置いていた荷物を盗まれた。
〔対策〕決して荷物からは目を離さない。席取りには、なくなってもよいポケットティッシュなどを置く。2人以上の場合は、必ず1人はしっかりと荷物の番をする。トートバッグなど蓋のないカバンは使用しない。

## ぼったくり

〔事例1〕タクシーでメーターが動いていなかったり、メーターと異なる金額を請求された。
〔事例2〕レストランやショップの会計で、注文していないものや買っていないものが請求された。
〔対策〕悪質なタクシードライバーは少ないが、メーターがきちんと動いているかは確認しておく。特別料金が最後に加算されるため、悪質な請求と勘違いすることも。納得できなければレシートを求め、タクシー会社に連絡する。レストランでは、有料のおしぼりやつきだしが出されることがある。必要なければ、はっきりと断ること。飲食や買い物の際には、レシートをよく確認する。

## ◆ 観光

## ◆ グルメ

※順番は日本語の音読みの五十音順になっています

## スイーツ＆カフェ

## ショッピング

## ◆ エンターテインメント

## ナイトスポット

## ◆ ビューティ&ヘルス

## ◆ ホテル

# STAFF

● **編集制作 Editors**
K&Bパブリッシャーズ K&B Publishers

● **取材・執筆・撮影 Writers & Photographers**
千智宣 Jisun Chun
朴垓泰 Haeju Park
沈揆泰 Kyutai Shim
金ヨウル Yeowool Kim
鹿井七恵 Nanae Shikai
阿部真奈美 Manami Abe
大原扁理 Henri Ohara

遠藤優子 Yuko Endo
原美和子 Miwako Hara
伊藤麻衣子 Maiko Ito
のなか あき子 Akiko Nonaka
森合紀子 Noriko Moriai

● **カバー・本文デザイン Design**
山田尚志 Hisashi Yamada

● **地図制作 Maps**
トラベラ・ドットネット TRAVELA.NET
フロマージュ Fromage

● **表紙写真 Cover Photo**
PIXTA

● **写真協力 Photographs**
PIXTA
iStock.com

● **取材協力 Special Thanks to**
金德鎔 Derong Jin
藤田麗子 Reiko Fujita
藤本信輔 Shinsuke Fujimoto

● **総合プロデューサー Total Producer**
河村季里 Kiri Kawamura

● **TAC出版担当 Producer**
君塚太 Futoshi Kimizuka

● **エグゼクティヴ・プロデューサー**
**Executive Producer**
猪野樹 Tatsuki Ino

## おとな旅プレミアム
## ソウル

2024年7月8日 初版 第1刷発行

| | |
|---|---|
| 著　　　者 | TAC出版編集部（しゅっぱんへんしゅうぶ） |
| 発　行　者 | 多 田 敏 男 |
| 発　行　所 | TAC株式会社 出版事業部 |
| | （TAC出版） |

〒101-8383 東京都千代田区神田三崎町3-2-18
電話 03（5276）9492（営業）
FAX 03（5276）9674
https://shuppan.tac-school.co.jp

| | |
|---|---|
| 印　　　刷 | 株式会社 光邦 |
| 製　　　本 | 東京美術紙工協業組合 |